大学生

创新创业基础

主 编 曲 芳 李 姝 王 萌
副主编 田志峰 王 清 曲慧珠

湘潭大學出版社
XIANGTAN UNIVERSITY PRESS

图书在版编目（CIP）数据

大学生创新创业基础 / 曲芳，李姝，王萌主编．--
湘潭：湘潭大学出版社，2023.12
ISBN 978-7-5687-1368-9

Ⅰ．①大… Ⅱ．①曲… ②李… ③王… Ⅲ．①大学生
－创业 Ⅳ．①G647.38

中国国家版本馆 CIP 数据核字（2024）第 042154 号

大学生创新创业基础

DAXUESHENG CHUANGXIN CHUANGYE JICHU

曲芳 李姝 王萌 主编

责任编辑：丁立松
封面设计：张伟实
出版发行：湘潭大学出版社
社　　址：湖南省湘潭大学工程训练大楼
电　　话：0731-58298960 0731-58298966（传真）
邮　　编：411105
网　　址：http://press.xtu.edu.cn/
印　　刷：湖南高速印务有限公司
经　　销：湖南省新华书店
开　　本：787 mm×1092 mm 1/16
印　　张：16
字　　数：325 千字
版　　次：2023 年 12 月第 1 版
印　　次：2023 年 12 月第 1 次印刷
书　　号：ISBN 978-7-5687-1368-9
定　　价：42.00 元

前　言

我国高等教育正逐步走向“大众创业、万众创新”的趋势，这既是社会发展的潮流趋势也是国家政策的导向。同学们作为当代大学生，是中国最具活力的群体，如果失去了创新的精神以及能力，那么整个民族将失去发展的动力。正如梁启超先生在《少年中国说》中所说的：“少年智则国智，少年富则国富；少年强则国强，少年独立则国独立；少年自由则国自由，少年进步则国进步。”

党的二十大报告指出，教育、科技、人才是全面建设社会主义现代化国家的基础性、战略性支撑。必须坚持科技是第一生产力、人才是第一资源、创新是第一动力，深入实施科教兴国战略、人才强国战略、创新驱动发展战略，开辟发展新领域新赛道，不断塑造发展新动能新优势。

本书共分为九个项目，包含：创新的基本理论、创新思维培养、创新方法、创业基础知识、创业者及创业团队管理、创业机会与创业风险、创业中的商业模式构建与资源获取、创业计划书的制订、新企业的创建与管理。本书内容全面、讲解通俗易懂、图文并茂，本书在内容的编写上设置了“案例分享”“学习目标”“趣味故事”“知识链接”“思考练习题”等多个模块，经过归纳、提炼和总结具有较强的实用性和可操作性，旨在帮助和引导学生更好地掌握知识内容，也为想自主创业的学生提供参考资料。

本书由沈阳职业技术学院曲芳、李姝、淄博市技师学院王萌担任主编，由田志峰、王清、曲慧珠担任副主编。项目四、五、六由曲芳老师编写（共计10万字）；项目一、二由李姝老师编写（共计7万字）；项目三、项目七由王萌老师编写（共计7万字）。项目八、九由田志峰、王清、曲慧珠编写（共计8.5万字）。

在编写过程中，我们参考、引用了部分相关书籍和资料，在此表示感谢。由于时间及知识水平有限，本书在编写过程中难免有不足之处，恳请广大师生在使用过程中不吝赐教，批评指正。

编　者

目 录

项目一 创新的基本理论

学习目标

知识目标

★ 了解创新的概念、特征与原则。

★ 了解创新能力的概念，清楚创新来源。

★ 掌握创新能力的公式。

能力目标

★ 能够提出有创意的点子，感受创意的快乐，激发自己的创新意识。

素质目标

★ 培养个人创新情感，激发创新兴趣。

★ 在日常生活中逐渐开拓思维，解放思想。

★ 激发学生的创新意识，锻炼学生的创新能力。

思政目标

★ 大学生是我国发展的主要科技力量，当今科技的迅速发展，通过学习，同学们不仅仅要掌握书本上的理论知识，更需要具备实践和创新的能力。同学们需要掌握多方面的能力，这样才能在激烈的竞争中处于不败之地。

案例分享

小小榫卯斩获“互联网＋”金奖 “三生万木”推动传统文化创新

一支汇集了建筑、环艺、规划、工商管理等多专业本科生所组成的团队——“三生万木”，出现在第八届中国国际“互联网＋”大学生创新创业大赛的总决赛上，经过激烈角逐，凭借项目“三生万‘木’儿童榫卯拼装积木”获得本科生赛道全国金奖，而这也是天津大学参加“互联网＋”大赛以来首个本科生赛道金奖。

“项目的灵感诞生于建筑学院的专业课堂上。”团队创始人何佳怡说。在天津大学课堂上测绘实践的经历让她拥有了与古建筑直接对话交流的机会。“榫卯作为传统木结构营造的核心，仿佛是一门成熟的语言，建构着华夏的千万种姿态。”何佳怡在专业课堂上接触到的极具巧思的各种木结构部件，让她想到儿时玩过的孔明锁，“如果能把这些传统技艺，变成像乐高一样可以在手中自由变化的积木就好了。”而这些有意思的益智玩具，正是由中国传统木结构技艺结晶转化而来的。

如何让传统技艺的瑰宝再度进入市场为大众所接受，成为“三生万木”团队组建之初尝试与研发的主要方向。“最好可以一生二，二生三，三生万物！”依托天津大学深厚的古建筑研究积累，团队以直榫、抄手榫、十字枨、肩榫等传统结构为原型，最终研发出了一套灵活度可达六面相连的“榫卯 PLUS”新型积木模块库，这是一种可拼装成近两万种不同造型的新式榫卯国潮玩具。它弥补了传统榫卯玩具变化的单一性，实现多难度互通和造型上的千变万化，真正做到了一生二，二生三，三生万物。

“三生万木”团队怀抱发扬中华传统技艺的决心，始终致力于传统榫卯的新时代创新。“三生万木”团队研发的儿童榫卯拼装积木，以古建筑为基础，外观采用绯红、藏青、黛绿等中国传统色为主色调。结合诗词、成语等优秀传统文化，团队开发出“与古建一起游家乡”“从诗词中看中国”等多套产品系列。同时，他们为榫卯积木产品量身打造了独家吉祥物 IP、主题漫画和表情包。以天津的地标性建筑为原型，打造“玩转天津”系列产品，助力天津本地文化 IP 的推广。团队同时建立了线上平台提供榫卯科普和虚拟拼装，以中国传统榫卯文化和古建筑为主线，结合人物 ID 角色扮演、创新交流社区、古建故事主线任务、榫卯零件库创新及收集四大板块展开游戏探索，致力于让榫卯文化走进千家万户。

任务一　创新的概念、特征与原则

一、创新的概念

创新是指人类为了满足自身需要，不断拓展对客观世界及其自身的认知与行为的过程和结果的活动。或具体讲，创新是指人为了一定的目的，遵循事物发展的规律，对事物的整体或其中的某些部分进行变革，从而使其得以更新与发展的活动。

创新，顾名思义，创造新的事物。《广雅》：创，始也；新，与旧相对。创新一词出现很早，如《魏书》有革弊创新，《周书》中有创新改旧。和创新含义近同的词汇有维新、鼎新等，如咸与维新、革故鼎新、除旧布新、苟日新、日日新，又日新。

创是始的意思，所以创造不是后造，而是始造。创造和仿造相对。通常说创造，含有造出了一个前所未有的事物的意味。说创新，大致有两种意味。一种意味是创造了新的东西，这和创造实际是同一个意思。另一种意味是本来存在一个事物，将它更新或者造出一个新事物来代替它。在这种意味下，创新中包含了创造。但创造不可能凭空而起，新的创造一般是建立在原有的事物或其转化的基础上，包含了对原有事物的创新，因而创造中又包含了创新。人类的创造创新可以分解为两个部分，一是思考，想出新主意；一是行动，根据新主意做出新事物；一般是先有创造创新的主意，然后有创造创新的行动。创造和创新还有一种特定的含义，即创造创新学术界主流的术语定义，创造是指想新的，创新是指做新的。在西方，英语中 Innovation（创新）这个词起源于拉丁语。它原意有三层含义，第一是更新，就是对原有的东西进行替换；第二是创造新的东西，就是创造出原来没有的东西；第三是改变，就是对原有的东西进行发展和改造。

创新是人类社会的普遍现象，是正在兴起的知识经济的根本特征。创新是指在前人基础之上，以新思维、新发明和新描述为特征的一种概念化过程，包含更新、改变和创造。例如，提出思想、产生技术、创新产品等行为活动都属于创新。熊彼特认为创新包含以下五种情况：

（1）采用一种新的产品，即消费者还不熟悉的产品或某种产品的一种新的品质。

（2）采用一种新的生产方法，即制造部门在实践中尚未知悉的生产方法，这种新的方法不需要建立在科学新发现的基础之上；并且，它可以存在于商业上对一种商品进行新的处理。

（3）开辟一个新的销售市场，也就是相关国家的制造部门以前不曾进入的市场，这个市场以前可能存在，也可能不存在。

（4）获得原材料或半制成品的一种新的供应来源，不论这种供应来源是否业已存在，还是需要创造出来。

（5）实现一种新的组织，如造成一种垄断地位，或打破一种垄断地位。

知识链接

约瑟夫·熊彼特1901—1906年在维也纳大学攻读法学和社会学，1906年获法学博士学位，是一位有深远影响的美籍奥地利政治经济学家（尽管他并非是“奥地利学派”成员，但在早期他受到了“奥地利学派”的深刻影响）。其后移居美国，一直任教于哈佛大学。

熊彼特与同时代的凯恩斯，用“既生瑜，何生亮”来形容再贴切不过了。两人之间既惺惺相惜，也充斥不屑与论争。其被誉为“创新理论”的鼻祖。1912年，其发表《经济发展理论》一书，提出了“创新”及其在经济发展中的作用，轰动了当时的西方经济学界。《经济发展理论》创立了新的经济发展理论，即经济发展是创新的结果。其代表作有《经济发展理论》《资本主义、社会主义与民主》《经济分析史》等，其中《经济发展理论》是他的成名作。

近年来，熊彼特在中国大陆声名日隆，特别是一谈到“创新”，熊彼特的“五种创新”理念时常被人引用和提及，几乎到了“言创新必称熊彼特”的程度。不仅仅是中国，作为“创新理论”和“商业史研究”的奠基人，熊彼特在西方世界的影响也正在被“重新发现”。据统计，熊彼特提出的“创造性毁灭”，在西方世界的被引用率仅次于亚当·斯密的“看不见的手”。

（资料来源：https://chuangxin.sjzpt.edu.cn/info/1110/1250.htm）

二、创新的特征与原则

（一）创新的特征

创新是人类特有的活动，创新成果是人类在意识支配下进行的创造性活动所取得的成效。在人类社会之外，其他动植物只是进化、演化，而不是创新。创新是以扎实的专业知识为基础，以艰苦卓绝的精神劳动为途径，以敏锐的观察力、丰富的想象力、深刻的洞察力为导向，反映符合事物发展要求的基本规律，是一种有规律的实践活动。创新是突破性的实践活动，它不是一般的重复劳动，更不是对原有内容的简单修补，而必须是突破性的发展、根本性的变革、综合性的创造。创新是继承的升华，继承是创新的必要。创新具有以下特征：

1. 人人可创新

创新，不分年龄大小、正常人和不正常人，也不分智商高低，更没什么内外行、条件好坏之分。但是人们在实际生活中常常因为自身条件不足而认为无法创新。

2. 时时可创新

创新本身不受时间和空间的限制，或许是一次闲谈，或许是在看剧，或许是在聊天、逛街的时候……只要保持一份善于联想的思维，创意随时可能到来。产生最佳创意的时间，或许就是让自己暂时休息一下，离开桌子去倒杯水；走到别的部门；放下手头的学习，改做另一件积压已久但很容易完成的工作；翻翻杂志；看看窗外的景致……南茜·贝朵，福特汽车公司执行中心总裁，习惯在上下班开车时放松自己。她说："在开车时，我会有意识地让大脑浮想，漫无边际地想。我不开收音机，不去想那些还没做完的工作。时间飞逝，很难找到时间让自己完全自在；我在开车时就能达到那种状态，我发现那是我最有创造力的时刻。"

3. 处处可创新

日常生活中，处处可见创新。例如，书报上的字太小，老年人看不方便，就借助放大镜来看。放大镜的作用，就是把字"扩一扩"，于是放大镜诞生了。再如，原来的电视屏幕较小，看电视节目费力，所以大屏幕彩电问世，这是把屏幕的面积和电视的体积"扩一扩"。在生活中，我们也经常使用一些袖珍物品，如袖珍小电筒（图1-1）、折叠雨伞、iPad mini 等，它们都是通过"缩一缩"技法研制出来的。缩小后的东西体积小、造价低、便于携带，给人们生活带来了很大方便。"缩一缩""减一减"，这也是一种可行的发明思路。

图 1-1 袖珍小电筒

（二）创新的原则

创新的原则就是开展创新活动所依据的法则和判断创新构思所凭借的标准。

1. 科学原理原则

创新不得违反科学规律。在进行创新构思时，要注意以下几点：①应进行科学原理相容性检查，与科学原理是否相容，是检查创新设想有无生命力的根本标准；②还必须进行技术方法可行性检查，如果设想所需要的条件超过现有技术方法可行性范围，则该设想还只能是一种空想；③新设想的功能体系是否合理，关系到该设想是否具有推广应用的价值，因此，必须对其合理性进行检查。

2. 相对较优原则

创新不可盲目追求最优、最佳、最美、最先进。许多创新设想都各有千秋，这时，就需要按相对较优的原则，对设想进行判断选择。要注意以下几点：①从创新技术先进性上比较，看谁领先和超前；②从创新经济合理性上比较，看谁合理和节省；③从创新整体效果性上比较，看谁全面和优秀。

3. 机理简单原则

在现有科学水平和技术条件下，如不限制实现创新方式和手段的复杂性，所付出的代价可能远远超出合理程度，使得创新的设想或结果毫无使用价值。因此，在创新的过程中，要注意以下几点：①新事物所依据的原理是否重叠，超出应有范围；②所拥有的结构是否复杂，超出应有程度；③所具备的功能是否冗余，超出应有数量。

4. 构思独特原则

兵法中一直强调“出奇制胜”，所谓“出奇”，就是“思维超常”和“构思独特”。创新贵在独特，创新也需要独特。在创新活动中，往往要从创新构思的新颖性、开创性和特色性几个角度进行系统的检查和思考。

5. 不轻易否定，不简单比较原则

在分析评判各种创新方案时应注意避免轻易否定的倾向。创新的广泛性和普遍性都源于创新具有的相融性。我们应在尽量避免盲目地、过高地估计自己的设想的同时，也注意珍惜别人的创意和构想。简单的否定与批评是容易的，难得的却是闪烁着希望的创新构想。

趣味故事

最有创意的画

过去曾有一位画师收了几个徒弟，为了考验徒弟们的天赋，画师给了每个徒弟一张白纸，出了一道题，要大家用最简练的笔墨画出最多的骆驼。结果当答卷交上来时，师傅发现，几个徒弟的画法有很大的差异。

几个年龄较大的徒弟想法很普通，有的在纸上画了许多小骆驼，有的干脆用细笔密密麻麻地在纸上画了大量的圆点，用圆点表示骆驼。但这些画都被画师认为缺乏创意。因为这几幅画的思路是一样的，即尽可能画更多的骆驼，而纸上无论画多少，都是有限的。只有小徒弟的画最有独创性：他画了一条弯弯的曲线表示山峰和山谷，画上只画了一只骆驼从山谷中走出来，另一只骆驼只露出一个头和半截脖子。这可以表明，谁也不知会从山谷里走出多少只骆驼，或许就是这一二头，或许三四头，或许是一个庞大的骆驼群……

独创常常表现为打破常规。打破常规就要求思维具有批判性；追求与众不同，就要求思维具有求异性。

知识链接

创新能力的公式及特点

1. 创新能力的公式

· 公式 1：创造力 = 智力 + 创造性

智力是创造力的必要条件，是基础。我们要想改造这个世界，首先要认识这个世界。因此，一个成功的创新者必然掌握大量的相关知识和技能。当然，这里的知识不仅包括书本上的专业知识，还包括实践中的经验积累。

· 公式 2：创造性 = 创新精神 + 创新思维 + 创新方法

创造性是创造力的充分条件。有没有创造性是一个人有没有创造力的核心。有的人智商很高，书读了很多，知识很丰富，学历也很高，但就是缺乏创造性，因此一生中没有多少真正的创造性成果；而有些人学历虽然不高，在开始进行创新的时候也没有积累大量的知识，但他们的创造性很好，尤其在创新精神和创新思维方面超常，最终他们取得了令人羡慕的成绩，也为人类的发展做出了巨大的贡献。

任务二　创新精神培养

一、创新精神的内涵和特征

（一）创新精神的内涵

创新精神是指要具有能够综合运用已有的知识、信息、技能和方法，提出新方法、新观点的思维能力和进行发明创造、改革、革新的意志、信心、勇气和智慧。创新精神是一个国家和民族发展的不竭动力，也是一个现代人应该具备的素质。创新精神是一种勇于抛弃旧思想旧事物、创立新思想新事物的精神。例如，不满足已有认识，不断追求新知；不满足现有的生活生产方式、方法、工具、材料、物品，根据实际需要或新的情况，不断进行改革和革新；不墨守成规，敢于打破原有框框，探索新的规律、新的方法；不迷信书本、权威，敢于根据事实和自己的思考，向书本和权威质疑；不盲目效仿别人想法、说法、做法，不人云亦云、唯书唯上，坚持独立思考，说自己的话，走自己的路；不喜欢一般化，追求新颖、独特、异想天开、与众不同；不僵化、呆板，灵活地应用已有知识和能力解决问题……都是创新精神的具体表现。

（二）创新精神的特征

（1）反对僵化教条，打破旧的平衡

当今世界，科技革命把人类带入了一个全新的时代，知识积累速度加快，知识传播手段日新月异，信息知识的产业化进程飞速发展，知识经济和传播媒介成本降低，知识经济时代已初现端倪，要跟上时代的发展速度，要适应飞速发展的世界经济，要不断改变我们的落后状态，大学生就应该改变多年来已经形成的惯性思维与学习作风，敢于在“换一种想法、换一种做法、换一种活法”的过程中追新求异，同时应当善于利用现代高科技去打破现有思维束缚，勇于创新。

（2）反对孤立静止，突破原有限制

片面、孤立、静止的形而上学思维方法，常常有意无意地局限人们的视野。而当今的全球化经济已令任何一个国家都不能置身事外，任何一个民族都不能游离于科技之外，因此，孤立静止地看问题、处理问题，只能阻滞思路，堵塞言路，窒息民主，扼杀创新。没有千古不变的、永恒神圣的东西，一切事物都是发展变化的。古希腊哲学家赫拉克利特曾说过：“人不能两次踏入同一条河流。”创新是时代发展之精华，是推动历史前进之动力。要发展、要变化、要前进，就必须突破原有的思想限制，革除腐朽落后的思想与事物，开拓有潜力的未知领域，不断强化超前意识，增强对事物发展的前瞻性与预见性，高屋建瓴地创造新事物，不断开拓新的生存和发展空间。

（3）反对因循守旧，创立新的模式

因循守旧来源于思想上的惰性。反映在政治、经济、文化和科技生活中，是遭受各种因素的相互制约和牵制，使创新精神受到遏制，创造能力不能发挥。很多大学生在长期的学习中比较强调客观，强调主观要顺从客观，因而往往拘泥于书本知识，停留在维持性的学习上，没有充分发挥主观能动性，知识应用的被动性色彩很浓，思想相当僵化。大学生只有把书本、权威当作对手，敢于挑战权威，主体学习的创造性、积极性才能得以充分发挥，使自己成为尊重事实、独立思考、充满自信的人。

趣味故事

苹果被冰雹砸伤了

有个专门种苹果的农夫，他种的苹果色泽鲜艳，美味可口，供不应求。

这一年，一场突如其来的冰雹把大多数的苹果都砸上了，即将成熟的苹果上留下一道到疤痕。这对农夫来说无疑是一场毁灭性的打击，这样的苹果销售商怎么能够接受呢！苹果无法销出，还得赔款。

乐观的农夫却想到了一个绝妙的办法，他在苹果的包装上打出了这样的广告词：

“亲爱的顾客，您注意到了吗？在我们脸上有一道道的疤痕，这是上帝馈赠给我们高原苹果的吻痕——高原上常有冰雹，因此高原苹果才有美丽的吻痕。如果你喜爱高原苹果的美味，那么请记住我们的正宗商标——疤痕！”

农夫的这则绝妙的广告起到了神奇的效果，他的苹果不仅没有滞销，而且比往年的销量更好。

二、创新意识

（一）创新意识的含义与价值

1. 创新意识的含义

创新意识是人们对创新与创新的价值性、重要性的一种认识水平以及由此形成的对待创新的态度，并以这种态度来规范和调整活动方向的精神态势。人们根据对创新的认识和生产生活的需要，引起创造新事物的观念和动机，并在创造活动中表现出意向、兴趣、愿望等。创新意识是一种思想观念和主观欲望，是唤醒和发挥人的创新潜能的前提。不仅是科学家等人群需要创新意识，每个人都需要创新意识，从而更好地解决问题，使自身和社会受益，同时更大程度地实现自我价值。它是人类意识活动的一种积极的、富有成果性的表现形式，是人们进行创造活动的出发点和内在动力，是创造性思维和创造力的前提。

心理学家马斯洛把创造性分为“特殊才能的创造性”和“自我实现的创造性”。“特殊才能的创造性”是指在某个领域有独特才华的人，如科学家、发明家、艺术家等所表现出来的创造性；而“自我实现的创造性”是指追求创新，实现人的价值，这是人人都具有的创造潜力。因此，我们要增强创新意识，认识到自身有创新的可能，从而进一步提升创新能力，取得创新成果。

2. 创新意识的价值

（1）创新意识是决定一个国家、民族创新能力最直接的精神力量

创新意识推动社会生产力的发展。科学的本质就是创新，科学技术的每一次进步都是通过创新实现的。科学技术的迅猛发展对人类社会各个方面都产生了深刻而广泛的影响。创新更新了人们的生产工具和生产技术，提高了劳动者的素质，开辟了更广阔的劳动对象，推动了社会生产力的发展。

（2）创新意识促成社会多种因素的变化，推动社会的全面进步

创新意识根源于社会生产方式，它的形成和发展必然进一步推动社会生产方式的进步，从而带动经济的飞速发展，促成上层建筑的进步。创新意识进一步推动人的思想解放，有利于人们形成开拓意识、领先意识等先进观念。创新意识会促进社会政治向更加民主、宽容的方向发展，这是创新发展需要的基本社会条件。这些条件反过来又促进创新意识的扩展，更有利于创新活动的进行。

（3）创新意识促成人才素质结构的变化，提升人的本质力量

创新实质上确定了一种新的人才标准，它代表人才素质变化的性质和方向，它输出一种重要的信息：社会需要充满生机和活力的人、有开拓精神的人、有道德素质和现代科学文化素质的人。创新意识客观上引导人们朝这个目标提高自己的素质，使人的本质力量在更高的层次上得以确证。它激发人的主体性、能动性、创造性的进一步发挥，从而使人自身的内涵获得极大丰富和扩展。

（二）创新意识的特征

1. 创新意识是求新求变的意识

创新意识区别于其他意识的最典型特征是求新求变。创新意识是一种不安于现状的精益求精的意识，是一种面对未知问题而不无动于衷的尝试冲动，是不断探索、求新求异的兴趣和欲望。总之，创新意识是与墨守成规相对立的，是创造美好的新生事物的必要条件。

2. 创新意识是创新的起点

如果说创新是一种从思想到实践的变化过程，那么创新意识就是思想的起点，是人们进行创新活动的出发点。所以，创新意识是开展创造活动的先决条件，也是开发创新思维和创新能力的起点。很难想象，一个没有创新意识的人会持续开展创新活动，取得创造性成果。所以，培养创新能力首先要从培养创新意识着手。

3. 创新意识是各种心理因素构成的整体

创新意识是个体对创新的认识和态度，以及由此引发的情感和意志。创新意识包含好奇心、怀疑感、兴趣、动机、情感等，是多种心理因素共同组成的一种精神状态，是人类意识活动的一种积极的、富有开创性的表现形式。

4. 创新意识具有可塑性

创新意识是可以被塑造的。创新意识需要在生活和学习中逐步建立和发展，它可以通过学习和实践加以激发，也可以通过培养和锻炼加以巩固。大学生要充满好奇心、求知欲，力求掌握更多知识及其原理，深入探索未知的事物和新方法。同时要有质疑精神，保持思维的独立性和求真性。树立远大抱负和工作责任感，也是塑造创新意识的催化剂。

三、培养大学生创新精神

培养大学生的创新精神，主要应从培养独立精神、探索精神、批判精神和献身精神四个方面进行。

1. 培养独立精神

独立精神是指不以他人意志为转移而具有独立自主的思想和意识，在行为上表现为不随波逐流，不盲从依赖他人，当在现实中遇到问题和困难时，能够从自己的角度进行独立思考和判断，并在多种行为可能中做出有明确自主倾向的选择。

2. 培养探索精神

探索精神以求知为目的，以实践为方式，能引发人们不满足于已知领域从而对未知世界进行探索与摸索，结果往往带来新的发现。实践是探索精神的行为体现，也是检验探索结果的唯一标准。正是人类勇敢顽强、不屈不挠的无数次探索实践，才创造出了一个五彩缤纷、丰富多样的美丽世界。探索精神带领我们走向未知世界，走向真理。探索精神具有主动性和开放性特征，是实现创新的动力所在。

3. 培养批判精神

批判精神是一种独立的怀疑精神，是指对观念、事物以及人们的行为发出疑问，进行反思，并在此基础上寻求解决问题的合理途径。批判精神要求积极地对可以求证的结论进行思考求证，对无法求证的论据和结论始终持一定的怀疑态度，不轻易下结论。总的来说，批判精神是一种表现为行为倾向的人格特征，可以从以下三个方面来理解：一是批判性精神是一种人格特征；二是批判性精神与心理的情感及态度有关；三是批判性精神是批判性思维的内在动力。

4. 培养献身精神

献身精神是指把自己的全部精力、生命献给祖国与人民的事业，鞠躬尽瘁，死而后已。这是我们民族发展、科技进步过程中必不可少的一种精神，是创新精神中最具人性光辉的部分。南极科考、沙漠考古、冰山探险（图1–2）、太空飞行……人类文明的每一次飞跃都离不开勇敢者的献身精神。有时，要取得一项创新，不知要经过多长时间持之以恒的努力奋斗，不知要克服多少意想不到的艰难险阻，不知要经受多少次的挫折和失败的打击，因此，在创新的过程中需要献身精神。没有冒险的勇气，没有献身的精神，人们的视野就得不到延伸，人的生活区域就得不到拓展。人一旦有了献身精神，就不畏艰险、勇往直前，去追求真理和个人价值，并对社会和他人做出贡献。

图 1–2　冰山探险

实训　培养创新兴趣

【实训目标】

1. 认识创新的重要性。
2. 了解创新兴趣的作用。
3. 发现个人的创新兴趣。

【实训流程】

流程1——分析《郑板桥独创一体》的故事

阅读以下故事，回答问题。

郑板桥是清代书画家、文学家，“扬州八怪”之一。他自幼爱好书法，立志掌握古今书法大家的要旨。他勤学苦练，然而开始时只是反复临摹名家字帖，进步不大，深感苦恼。据说，有次练书法入了神，他竟在妻子的背上画来画去。妻子问他这是干什么，他说是在练字。

他妻子嗔怪道："人各有一体，你体是你体，人体是人体，你老在别人的体上缠什么？"郑板桥听后，猛然醒悟到：书法贵在独创，自成一体，老是临摹别人的碑帖，怎么行呢！从此以后，他力求创新，摸索着把画竹的技巧渗透在书法艺术中，终于形成了自己独特的风格——板桥体。

1. 郑板桥妻子所说的话说明了什么道理？你认为创新有什么作用？

2. 你身边是否有类似的案例？请举例说明。

流程2——收集名人对创新兴趣的名言

在网络和图书中查找5段有关创新兴趣作用的名言警句，并谈谈你对这几句话的理解。

人物	名言警句	个人感悟理解

流程3——盘点个人创新兴趣

请将你个人创新兴趣的情况罗列下来，并给予评估。

领域	你对该领域的哪个方面感兴趣?	你认为这个创新兴趣的价值是什么?

【思考练习题】

一、名词解释

1. 孤立静止

2. 创新意识

二、简答题

1. 你认为创新需要做哪些准备?

2. 结合自身情况，你可以做哪些方面的创新?

思政之窗

创新是科学发展、文明进步的动力。当代大学生肩负着中华民族伟大复兴的历史使命，培养大学生创新能力，是大学教育的首要任务。培养大学生创新能力，必须培养其理性的思辨精神，使之具备良好的判断能力和批判精神，鼓励其在学习和继承人类优秀文明成果的基础上，勇于突破成规，勇于对现有知识质疑，敢于独辟蹊径，不断发现和创新科学知识，推动社会不断向前发展。

项目二 创新思维培养

学习目标

知识目标

★ 了解创新思维的内涵和特点，理解创新思维的价值。

★ 学习创新思维常见的六种方式，并有意识地加以训练和运用。

★ 了解创新思维的障碍，减少不利影响，从而更好地发挥创新思维。

★ 理解创新思维的过程。

能力目标

★ 能够摆脱各种思维定式的困境。

★ 结合所学，有意识地加以思维训练，扩展自己的思维视角。

素质目标

★ 在实事求是的基础上，有效激发创新思维、善于运用创新思维。

★ 在日常生活中慢慢磨炼自己，提高创新思维能力。

思政目标

★ 作为新时代的青年人，要学会创新，转变自身思维，将思维的发展与新时代特色相结合。当今世界，创新者胜，创新者强，创新并不只意味着打破旧有的规则，更要建立新的秩序。所以我们要拥有一双敏锐的双眼，时刻从生活中发现创新的闪光，在实践中不断完善自我，成为时代引领者。作为新时代的青年人，要尽己所能，行善拒恶。

案例分享

工中有农，以工支农

为了全面推进乡村振兴，保障粮食和重要农产品供给，国家正加快补上农业机械化短板弱项，强化农业装备的支撑保障。移栽可以缩短蔬菜生产周期，提高经济效益，成为蔬菜主要种植方式之一。然而人口老龄化带来的劳动力严重短缺、国内先进适用的自动移栽机无机可选等现状，给蔬菜种植农户带来了极大困扰，也严重制约了蔬菜产业的发展。

针对我国缺乏自动移栽机核心技术与装备痛点问题，神机妙栽团队依托江苏大学现代农业装备高技术重点实验室和农业工程省优势学科支撑，经过多年技术攻关，研发出了一款自走式双行全自动移栽机。该机从苗盘精确输送、自动取苗、有序分苗到直立栽苗多个关键技术取得了突破，发明的双排并列四指气动取苗机构实现单次 6 ～ 8 株的高效低损自动取苗，国际首创的电驱鸭嘴式栽植机构实现了株距和栽深的任意调控，整机仅需一人操作，效率可抵 15 个人工。本项目在第八届中国国际“互联网 +”大学生创新创业大赛中获得国家金奖（高教主赛道研究生初创组）。

神机妙栽团队成员主要来自江苏大学农业工程学院，团队长期从事蔬菜行业研究，深耕于蔬菜移栽关键技术及装备研发。团队于 2014 年研制出第一台乘坐式全自动蔬菜移栽机，目前已经研发出手扶自走式、悬挂式自动移栽机三种样机，并在叶菜多行密植移栽、草莓移栽等方面研制出相应机型。在 2022 年团队将第三代全自动蔬菜移栽机落地转化，成立了镇江普朗特科技有限公司。

神机妙栽团队坚持产学研协同，以创新实践精神带动教育发展，助力新工科、新农科融合建设，推动乡村振兴，解决了当前我国全自动蔬菜移栽机依赖进口，以及国内无机可用的难题，为国家农业现代化建设贡献力量。

任务一　创新思维概述

一、创新思维的概念

创新思维，是开拓人类认识新领域、开创人类认识新成果的思维活动。一般而言，创新思维是创造者利用已掌握的知识和经验，从某些事物中寻找新关系、新答案，创造新成果的高级的、综合的、复杂的思维活动。创新思维是有主动性和创见性的思维。

广义的创新思维是指思维主体有创见、有意义的思维活动，每个正常人都有这种创新思维。狭义的创新思维是指思维主体发明创造、提出新的假说、创建新的理论、形成新的概念等探索未知领域的思维活动，这种创新思维是少数人才有的。

从形式上看，创新思维是以感知、记忆、思考、联想、理解等能力为基础，以综合性、探索性和求新性为特征的高级心理活动，需要人们付出艰苦的脑力劳动。

从基础上看，创新思维往往要经过长期的探索、刻苦的钻研，甚至多次的挫折方能取得，而创新思维能力要经过长期的知识积累、素质磨砺才能具备，至于创新思维的过程，则离不开繁多的推理、想象、联想、直觉等思维活动。

从效果上看，通过创新思维，不仅可以揭示客观事物的本质和规律，而且能在此基础上产生新颖的、独特的、有社会意义的思维成果，开拓人类知识的新领域。创新思维能力是个人推动社会前进的必要手段。

从实现上看，创新思维的培养训练途径在于丰富知识结构、培养联想思维的能力、克服习惯思维对新构思的抗拒性、培养思维的变通性、加强讨论、经常进行思想碰撞。

表2-1汇总了创新思维的特点。

表 2-1　创新思维的特点

特点	描述
对传统的突破性	体现为创造者突破原有的思维框架。 还体现为突破已有的思维定式。 也体现在超越人类既存的物质文明和精神文明成果。
思路上的新颖性	创新思维是以求异、新颖、独特为目标的。

续表

特点	描述
程序上的非逻辑性	往往在超出逻辑思维、出人意料地违反常规的情形下出现。它不严密或暂时说不出什么道理。 创新思维的产生常常具有跳跃性，省略了逻辑推理的中间环节。
视角上的灵活性	表现为视角能随着条件的变化而转变，能摆脱思维定式的消极影响，反对一成不变的教条，善于变换视角看待同一问题，善于变通与转化，重新解释信息。
时空上的开放性	开放性表现为在时间和空间上敢于突破思维框架，使思维像阳光一样向外放射。

二、创新与创新思维

（一）创新的来源

德鲁克认为，创新主要分为三种类型：一是产品创新；二是社会创新，即市场和消费者行为及价值方面的创新；三是管理创新，即制造产品、提供服务、市场推广的各种技能与活动的创新。科技的突破固然可以提升产品和服务性能、实现产品和服务创新，但通过对市场动向和社会变化的敏锐观察，并以新的方式更加高效地整合资源，也可以创造更多更优的客户价值，实现社会创新和管理创新。

把握创新机会的方法在于以细致的体会和从广泛联系的视角，对不断发展的现实进行观察，系统的创新存在于有目的、有组织地寻找和发现存在的变化之中。按照发现重大变化、分析变化影响、识别和创造机会的步骤来追溯创新的来源，德鲁克归纳出了7个相互关联的创新机遇的来源。创新的契机源于事物发展变化中的矛盾，矛盾普遍存在，因而创新的机会来源很丰富。

（1）意料之外的事件——意外成功、意外失败、意外发生的事件。

（2）不一致的状况——经济现状之间、现实和假设之间、顾客价值观和期望之间不一致。

（3）基于程序需要的创新，如产品改进的需要。

（4）产业结构与市场结构的改变，这种情况为创新提供了巨大的机会。

（5）人口统计特征。人口的变化，如一个城市人口平均年龄增加时，地产、娱乐、保健行业需求增加。

（6）认知、情绪和意识的改变。

（7）科学的及非科学的新知识。发明是以深厚的知识积累为基础的，新思想、新方法都是新知识的产物，是创造新产品的基础。

其中前四项产生于产业或单位内部，后三项与企业或产业以外的社会环境、哲学环境、政治环境以及知识环境的变化有关。表2–2列出了创新的7个来源的例子。

表 2–2 创新的 7 个来源示例

来源类型	典型案例	行业领域
意料之外的事件	20 世纪 50 年代，服装部门是美国百货公司的业务明星，备受商家重视，而家电的销量和盈利却悄然猛涨，在未特别倾注精力的情况下赶超了服装部门。顺势而为升级家电部门的商家取得成功，而固守原有业务结构的商家失去竞争力。	商业运营
不一致的状况（现实情况与“理所当然”的情况存在差别）	20 世纪中叶，医疗保健在发达国家国民支出中的比重从不足 1% 跃升到 10% 左右，医院的经济效益却出现下滑。大而全的综合医院试图一揽子解决所有健康问题而导致运营成本骤升，小而专的妇产医院、流动外科手术中心、心理诊疗中心、老年病治疗中心发展势头强劲。	公共服务机构
程序需要	日本老式道路狭窄且平交道口错综复杂，交通事故频发，年轻人岩佐多门发明了公路反射镜。	工程技术
产业结构和市场结构的变化	金融机构一向专注于追求超高的投资回报，但随着专业人士、小商人以及富裕农民群体的壮大，追求高于存款利率的稳定回报的“明智投资”需求增加，相关的金融服务应运而生。	新创企业
人口统计特征的变化	20 世纪 80 年代，大批接受过高等教育且有抱负的年轻女性进入求职市场。当大多数美国大公司仍然认为女性求职者是一个“问题”的时候，花旗银行积极招聘和培训有潜质的女性员工，并派往全美各地，助力花旗跻身行业领袖。	内部管理运营
认知、情绪和意识的改变	20 世纪下半叶，美国黑人的社会地位、教育和求职机会大幅提升，但相当一部分黑人的维权诉求和被剥夺感反而越发强烈，杰西·杰克逊牧师通过回应这种认知变化成为黑人运动的领袖。	政治实践
新知识	二进制、打孔机、三极管、符号逻辑等新知识和新发明共同孕育了计算机。管理学的相关知识一度零散分布在多个相关学科领域，德鲁克发现了所缺的关键知识——企业的宗旨、有关工作的知识、高层管理的结构、企业政策和战略以及目标等，从而奠定了现代管理学的基础。	科技发明、社科研究

（二）创新的类型

1. 破坏性创新

哈佛大学教授克里斯坦森在《创新者的困境》一书中首次正式提出“破坏性创新”（disruptive innovation）的概念。他认为创新有不同的路径，第一种创新路径是维持性创新，指在现有市场上使得现有产品或服务更好或更便宜，虽然这些提升可能是困难的或者是昂贵的，他们是在已知的路径中应用现有的一系列能力和流程。第二种创新路径是通过不连续的变化，可能是技术上的能力来破坏。例如，以计算机为基础的文字处理的发展排除了机械打字创新的需要。这些提升特别需要不同于在位企业所有的能力或技能，可能是通过表面上对现有技术重新组合的创新，或针对不同市场大幅度地加强现有的产品或服务。

后一类创新路径称为破坏性创新，与维持性创新相比，这类创新起初立足的市场不是现有的主流市场，而是一些低端市场或新市场。随着技术的进步、产品性能的提高，新产品逐渐侵蚀现有的市场，甚至取代现有产品或产业。破坏性创新能够改变"游戏规则"，为小企业和新兴企业提供跨越式发展机会。新兴经济体正在成为破坏性创新的重要来源，中国在诸多行业进行了大量破坏性创新尝试。另外，破坏性创新解释了为何具有良好管理能力、竞争能力和执行能力的成熟企业会丧失市场主导地位，以及成熟企业应该如何应对破坏性创新的挑战。开展破坏性创新能够发展新市场，破坏现有市场结构，对管理实践产生重大影响。破坏性创新已成为当前国外创新理论和战略管理理论研究的热点。

知识链接

共享单车是依托移动互联网、大数据等技术实现租借、盈利的新型自行车租赁形式，近年来在中国得到飞速发展和推广。中国共享单车市场已经历了三个发展阶段。2007—2010 年为第一阶段，由国外兴起的公共单车模式开始引进国内，由政府主导分城市管理，多为有桩单车。2010—2014 年为第二阶段，专门经营单车市场的企业开始出现，但公共单车仍以有桩单车为主。2014—2018 年为第三阶段，随着移动互联网的快速发展，互联网共享单车应运而生，更加便捷的无桩单车开始取代有桩单车（图 2-1）。

图 2-1　共享单车

共享单车的商业模式可以被认为是一种破坏性创新。原因是：

◢共享单车的初始目标是低端市场或边缘市场。其低租金使更多消费者，尤其是低收入人群得到更多可负担的服务。而其便利性与低价吸引了大量在距离较短的情况下更倾向于步行的消费者，解决了“最后一公里”的问题。

◢共享单车在主流市场消费者所重视的属性上不如现有的交通出行方式，例如安全性、舒适性较差，受天气影响较大，没有电动助力需骑行等。但其更简单、便捷、廉价的优势，如价格低廉，“无桩”取车还车的模式，无现金支付方式以及大量投放于校园、地铁口、景区及商圈等人流密集之处等吸引了大量消费者。

◢共享单车不沿着现有的技术轨迹发展。共享单车不同于其他的交通出行方式，在初始阶段并不涉及新技术，只是将原有的一些要素（自行车、移动互联技术、第三方支付软件等）整合为一种全新的组合，为顾客提供了之前从未体验的新属性。

◢共享单车所提供的产品或服务的属性不断提升。共享单车在最初进入市场时，车辆多是比较简单低端的自行车，容易损坏并且骑行体验一般。但后来在市场竞争中存活的几个主要品牌都逐步进入转化阶段，通过技术手段提升自己的硬件质量与服务水平。例如，提升车辆的骑行性能及安全性、改善车辆报修与处理机制、设置电子栅栏或划定停车区域以解决影响道路规范秩序的问题等。共享单车企业还开始着手对用户使用的大数据进行分析利用，以帮助企业进行市场分析以及推动政府政策法规的制定等。

共享单车通过技术和市场的手段不断提升原本较弱的一些主流属性，同时加强原有的优势属性，占据了交通出行市场的一定份额。它不仅颠覆了原来的社会交通结构与经营模式，而且不断推动政府的政策制定以及其他交通运营参与者的改变。因此，从共享单车的发展过程来看，其基本符合破坏性创新的发展轨迹和基本特征，属于破坏性创新。

2. 渐进性创新

渐进性创新是指对现有技术局部的改进和完善，是非质变性的技术创新。渐进性创新以持续技术创新为基础，对企业现有产品的客户所关注的产品性能持续改进并提高产品服务质量。例如，很多日化洗护用品都属于渐进性创新，包括技术升级、提高某成分的纯度或添加草本精华等。这些新产品建立在原有产品的基础之上，对原有产品进行改进，并无实质性的突破。

创新项目在技术特性方面可能具有技术上的跨越和突破，但是不管这种革新困难有多大、跨度有多大，只要性能改进的轨迹不变，它就仍然是渐进性创新。如无论英特尔的微处理器的研发多么困难、性能有多少改进，只要创新的轨迹仍然是让微处理器运行速度更快，这样的创新就属于渐进性创新。

（三）创新思维的特点

（1）多向性

多向性表现在遇到问题时不是一味地进行单方向探索，而是从多角度、多渠道、多因素方面去考虑问题。

（2）非定势性

非定势性表现了思维的开放性。比如，元宵除了可以是乒乓球大小之外，还可以是弹球大小的；除了是白色的之外，还可以是彩色的。

（3）非逻辑性

非逻辑性是创新思维和常规思维的重要区别。但凡创新思维都是多多少少不符合一般逻辑的，都是超出常人思想的，大多可能会不被主流思维所接受。纵观历史，不论是政治上的（各种变法、新政等）还是科学上的（各种学说、观点等），大都是很多年后才被普遍接受，才被证明其先进性和合理性的。

（四）创新思维与创新的关系

人类对创新思维的认识是从对以往大量具有创新意义或创造价值的事件中归纳、提炼、推演中出来的，在这种认识过程中吸收了认识论、心理学、思维科学等学科的一切有益成果。但学习创新思维的特点和方法后，人们就能做出创新了吗？学习认识创新思维只是为我们提供一种走近创新的工具。学习创新思维会有助于你从整体上认识创新的过程和规律，在思维上为你提供一些技巧性的指导，以便你在日后的工作实践中，能创造性的处理和解决问题。

但创新思维与创新的关系又不是完全不确定的。首先，创新思维既然是对以往创新活动中人类思维规律的认识，那它就对我们今后创造性解决问题的思维方式具有指导意义。其次，培训界普遍认同的 ASK 模型认为，人类行为变化的顺序是：A（态度）—S（技能）—K（知识），且它们之间是一种扇形关系。也就是前一项少量的变化就会引起后一项大幅的改变。但影响人态度改变的却又是思维。因此，创新思维对创新的产生是有促进作用的。它是创新产生的充分条件、非必要条件。对创新思维的学习会有助于更多的人对问题做出创新思考，有助于人们在工作实践中，对问题做出更具创造性的解决之策。

任务二　创新思维的方式

一、发散思维

发散思维（Divergent Thinking），又称辐射思维、放射思维、扩散思维或求异思维，是指大脑在思维时呈现的一种扩散状态的思维模式。它表现为思维视野广阔，思维呈现出多维发散状，如“一题多解”“一事多写”“一物多用”等方式。吉尔福特（Guilford）在研究智力的三维结构模型时，对创造力所涉及的思维能力进行了实证研究，指出训练人的发散思维能力是培养创造力的一种方法，发散思维示意图如图2-2所示。

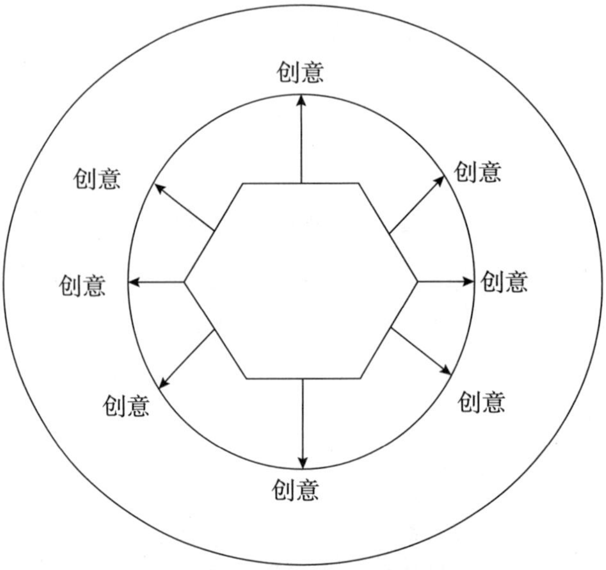

图 2-2　发散思维示意图

发散思维的客观依据是，由于事物的内部及其所处客观环境的复杂性，事物的发展往往不是只有单一的可能性，而是有多种可能性，而其中的每一种可能性都可以被作为设计一个解决问题方法的依据。事物发展的可能性是多样的，以多种多样的可能性为依据而设计出来的解决问题的方法也是多种多样的。

发散思维的经典案例——曲别针的用途。1987年，在广西南宁召开了我国“创造学会”第一次学术研讨会。其中，与会的日本专家村上幸雄先生在会议期间让大家思考曲别针的用途。与会者说可以别胸卡、挂日历、别文件、挂窗帘、钉书本……大约有20种。村上幸雄先生表示，曲别针的用途能有3 000种。而我国魔球理论的创始人许国泰先生则表示，他能说出更多的用途。许先生说："曲别针的用途可以简单地用4个字加以概括，即钩、挂、别、联。"接着，他绘制了曲别针的二维信息场图示，X轴指人类活动，即想象曲别针在钩、挂、联、画、化学反应、计算、书写、日常生活等方面的应用，Y轴表示曲别针的要素，包括材质、重量、体积、长度、截面、韧性、弹性、硬度、直边、弧边等。两轴相交就是信息场，各点相乘，进行信息交和，可见其用途是无穷无尽的。

1. 发散思维的特征

（1）流畅性

流畅性就是观念的自由发挥，是指在尽可能短的时间内生成并表达出尽可能多的思维观念，以及较快地适应、消化新的思想观念。流畅性反映的是发散思维的速度和数量特征。

（2）变通性

变通性就是克服人们头脑中某种自己设置的僵化的思维框架，按照某一新的方向来思索问题的过程。变通性需要借助横向类比、跨域转化、触类旁通，使发散思维沿着不同的方面和方向扩散，表现出及其丰富的多样性和多面性。

（3）独特性

独特性是指人们在发散思维中做出不同寻常的异于他人的新奇反应的能力。独特性是发散思维的最高目标。

（4）多感官性

发散思维不仅要运用视觉、听觉，而且也要充分利用其他感官接收信息并进行加工。发散思维还与情感有密切关系。如果思维者能够想办法激发兴趣，产生激情，把信息情绪化，赋予信息以感情色彩，会提高发散思维的速度与效果。

2. 发散思维的工具

"思维导图"一词最早由英国流行心理学作家和电视名人托尼·布赞在其主持英国广播公司连续剧"开动大脑"的期间提出并普及，此后，布赞又用该词注册了商标。思维导图（The Mind Map），又称脑图、心智地图、脑力激荡图、灵感触发图、概念地图、树状图、树枝图或思维地图，是一种图像式思维的工具，是一种利用图像式思考辅助工具来表达思维的工具，是表达发散性思维的有效图形思维工具。它简单却又很有效，是一种具有实用性的思维工具。思维导图是用一个中央关键词或想法以辐射线形连接所有的代表字词、想法、任务或其他关联项目的图解方式。

思维导图运用图文并重的技巧，把各级主题的关系用相互隶属与相关的层级图表现出来，把主题关键词与图像、颜色等建立记忆链接。思维导图充分运用左右脑的机能，利用记忆、阅读、思维的规律，协助人们在科学与艺术、逻辑与想象之间平衡发展，从而开启人类大脑的无限潜能。

思维导图是一种将思维形象化的方法。人们知道放射性思考是人类大脑的自然思考方式，每一种进入大脑的资料，不论是感觉、记忆或想法——包括文字、数字、符码、香气、食物、线条、颜色、意象、节奏、音符等，都可以成为一个思考中心，并由此中心向外发散出成千上万的关节点，每一个关节点代表与中心主题的一个联结，而每一个联结又可以成为另一个中心主题，再向外发散出成千上万的关节点，呈现出放射性立体结构，而这些关节的联结可以视为你的记忆，就如同大脑中的神经元一样互相连接，也就是你的个人数据库。

思维导图的绘制可以手绘，也可使用专门的软件工具。常用的软件工具有百度脑图、MindMaster、Mindmanager、Xmind、FreeMind 等。

二、收敛思维

收敛思维也叫作“聚合思维”“求同思维”“辐集思维”或“集中思维”，是指在解决问题的过程中，尽可能利用已有的知识和经验，把众多的信息和解题的可能性逐步引导到条理化的逻辑序列中去，最终得出一个合乎逻辑规范的结论，收敛思维示意图如图2–3所示。

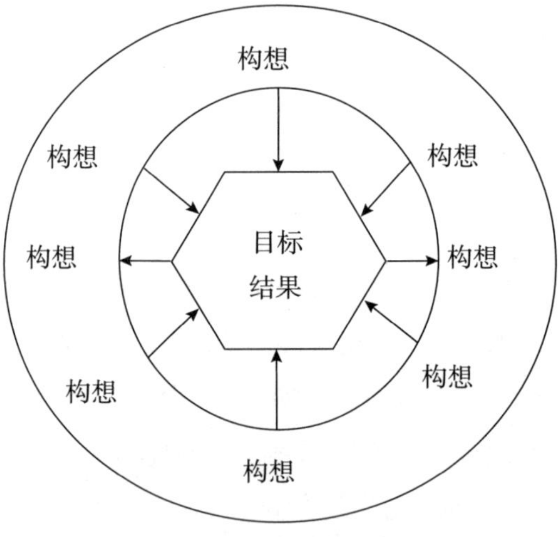

图 2–3　收敛思维示意图

收敛思维也是创新思维的一种形式，与发散思维不同，发散思维是为了解决某个问题，从这一问题出发，想的办法、途径越多越好，总是追求还有没有更多的办法。而收敛思维也是为了解决某一问题，在众多的现象、线索、信息中，向着问题的一个方向思考，根据已有的经验、知识或发散思维中针对问题的最好办法去得出最好的结论和最好的解决办法。

1. 收敛思维的特征

（1）封闭性

如果说发散思维的思考方向是以问题为原点指向四面八方的，具有开放性，那么，收敛思维则是把许多发散思维的结果由四面八方集合起来，选择一个合理的答案，具有封闭性。

（2）连续性

发散思维的过程，是从一个设想到另一个设想时，可以没有任何联系，是一种跳跃式的思维方式，具有间断性。收敛思维的进行方式则相反，是一环扣一环的，具有较强的连续性。

（3）求实性

发散思维所产生的众多设想或方案，一般来说多数都是不成熟的，也是不实际的，人们也不应对发散思维做这样的要求。对发散思维的结果，必须进行筛选，收敛思维就可以起这种筛选作用。被选择出来的设想或方案是按照实用的标准来决定的，应当是切实可行的。这样，收敛思维就表现了很强的求实性。

2. 收敛思维的形式

（1）目标确定法

平时人们见到的大量问题比较明确，很容易找到问题的关键，只要采用适当的方法，问题便能迎刃而解。但有时，一个问题并不是非常明确，很容易产生似是而非的感觉，把人们引入歧途。目标确定法要求我们首先要正确地确定搜寻的目标，然后进行认真的观察并做出判断，找出其中关键的现象，最后围绕目标进行收敛思维。

目标的确定越具体越有效，不要确定那些各方面条件尚不具备的目标，这就要求人们对主客观条件有一个全面、正确、清醒的估计和认识。目标也可以分为近期的、远期的、大的、小的。开始运用时，可以先选小的、近期的，熟练后再逐渐扩大。

在实际生活中，目标确定法对于决策至关重要。以一家初创公司为例，面对资源分配决策时，目标确定法可助其明确优先级。若目标是推出竞争力强的产品，则研发更关键；若目标是短期内扩大品牌知名度，则市场推广更合适。无论何种选择，都需根据实际情况与目标来决策，确保公司长期发展。总之，目标确定法有助于清晰明确目标，做出明智高效的决策。

这里就有目标的问题，前者是为了及时交上打字稿件，不是为了学习打字。而后者则是学习了规范打字，可以提高打字的速度和质量。显然，目标不同，处理问题的方法也会不同。

（2）求同思维法

如果有一种现象在不同的场合反复发生，而在各场合中只有一个条件是相同的，那么这个条件就是这种现象的原因，寻找这个条件的思维方法就叫求同思维法。

（3）求异思维法

如果一种现象在第一场合出现，第二场合不出现，而这两个场合中只有一个条件不同，这一条件就是现象的原因。寻找这一条件，就是求异思维法。

（4）聚焦法

聚焦法就是围绕问题进行反复思考，有时甚至停顿下来，使原有的思维浓缩、聚拢，形成思维的纵向深度和强大的穿透力，在解决问题的过程中，应坚持明确的指向性思考，并持续投入一定量的努力，通过量的积累最终促成质的飞跃，进而顺利解决所面临的问题。

三、逆向思维

逆向思维也称求异思维，它是对司空见惯的似乎已成定论的事物或观点反过来思考的一种思维方式。敢于“反其道而思之”，让思维向对立面的方向发展，从问题的相反面深入地进行探索，树立新思想，创立新形象。逆向思维主要有结构逆向、功能逆向、状态逆向、原理逆向、序位逆向、方法逆向。

1. 逆向思维的特点

（1）普遍性

逆向思维在各种领域、各种活动中都有适用性，由于对立统一规律是普遍适用的，而对立统一的形式又是多种多样的，有一种对立统一的形式，相应地就有一种逆向思维的角度，所以，逆向思维也有无限多种形式。如性质上对立两极的转换：软与硬、高与低等；结构、位置上的互换、颠倒：上与下、左与右等；过程上的逆转：气态变液态或液态变气态、电转为磁或磁转为电等。不论哪种方式，只要从一个方面想到与之对立的另一方面，都是逆向思维。

（2）批判性

逆向是相对于正向而言的，正向是指常规的、常识的、公认的或习惯的想法与做法。逆向思维则恰恰相反，是对传统、惯例、常识的反叛，是对常规的挑战。它能够克服思维定式，破除由经验和习惯造成的僵化的认识模式。

（3）新颖性

循规蹈矩的思维和按传统方式解决问题虽然简单，但容易使思路僵化、刻板，摆脱不掉习惯的束缚，得到的往往是一些司空见惯的答案。其实，任何事物都具有多方面属性。由于受过去经验的影响，人们容易看到熟悉的一面，而对另一面却视而不见。逆向思维能克服这一障碍，往往是出人意料，给人以耳目一新的感觉。

2. 逆向思维的具体应用

一般情况下，人们都希望写出的字能字迹清晰、保留时间长，但有时在不能涂改的情况下，人们又希望字迹可以轻易擦除。南京理工大学的王卫东便发明了可擦圆珠笔油墨，如今市场上也已出现了可擦圆珠笔、可擦中性笔、可擦水性笔（颜色比水笔略微淡些）、可擦钢笔等不同种类的可擦笔。

在意大利有一个琴德餐馆，运用方法逆向的逆向思维想出一个由顾客自定价格的经营方式。店主将餐馆经营的菜肴、点心、饮料等搭配成套餐，每种套餐分别从高到低制定5种价格，由顾客自己认付。实际情况如何？据老板介绍，大部分顾客都付一二等价格，因为去餐馆就餐的顾客认为自定价格偏低有失体面。只有当顾客觉得菜肴不合口味或遇到质量问题时，才会支付三等价格。

趣味故事

买菜小贩的智慧

一人去买牛奶。小贩说：1 瓶 3 块，3 瓶 10 块。他遂掏出 3 块买 1 瓶，重复三次。他对小贩说：看到没，我花 9 块就买了 3 瓶。你定价定错了。小贩心头说：自从我这么干，每次都能一下卖掉 3 瓶。

大家记住：客户要的不是便宜而是占便宜。

四、想象思维

想象思维是人体大脑通过形象化的概括作用，对大脑内已有的记忆表象进行加工、改造或重组的思维活动。想象思维可以说是形象思维的具体化，是大脑借助表象进行加工操作的最主要形式，是人类进行创新及其活动的重要的思维形式。

想象思维的基本元素是记忆表象。表象，是大脑对外界事物通过形象储存下来的信息，包括静止的、活动的画面，平面的、立体的画面，有声的、无声的画面。作为心理过程结果，它就是在大脑中保持的客观事物的形象。人们在看小说时，大脑中会出现各种人物和情景的形象；久别的老同学偶然相遇时，从前在一起生活、学习中的情景都仿佛浮现在自己的眼前，这些情景就是表象。与此同时，想象思维是个体对已有表象进行加工，产生新形象的过程。想象以记忆表象为基础，但它不是记忆表象的简单再现。想象是以组织起来的形象系统对客观现实的超前反映。工程师根据自己在建筑方面的知识经验，设计出建筑物的形象。在想象中，这些记忆表象的画面就像过电影一样，在脑中涌现，经过黏合、夸张、人格化、典型化等加工，当形成新的有价值的表象时，新想法、新技术、新产品出现了。

想象思维有再造想象思维和创造想象思维之分。再造想象思维是指主体在经验记忆的基础上，在头脑中再现客观事物的表象；创造想象思维则不仅再现现成事物，而且创造出全新的形象。文学创作中的艺术想象属于创造性想象，是形象思维的主要形式，存在于整个过程之中。即作家根据一定的指导思想，调动自己积累的生活经验，进行创造性的加工，进而形成新的完整的艺术形象。

想象思维具有形象性、概括性、新颖性、超越性的特征。想象思维是借助形象或图像展开的，不是数字、概念、或符号。想象思维是对外部世界的整体把握，概括性很强。想象中出现的形象是新的，它不是表象的简单再现，而是在已有表象的基础上加工改造的结果。想象中的形象源于现实但又不同于现实，是对现实形象的超越。

例如：有个商人在外做生意。他的同乡要回家，于是他就托同乡带100两银子和一封家书给妻子。同乡在路上打开信一看，原来只是一幅画，上面画着一棵大树，树上有8只八哥，4只斑鸠。同乡大喜：信上没写多少银子，我留下50两，她也不知。同乡将书信和银子交给商人妻子以后，说："你丈夫捎给你50两银子和一封家书，你收下吧。"商人妻子拆信看过后说："我丈夫让你捎带100两银子，怎么成了50两？"那同乡见被识破，忙道："我是想试试弟媳聪明不聪明。"忙把那50两银子还给了商人的妻子。

商人妻子怎么知道是100两银子的呢？原来那幅画的意思是：8只八哥是八八六十四，4只斑鸠是四九三十六，加起来是100，所以商人妻子知道是100两银子。

商人写信不用文字而用图画，商人妻子读信不是认字而是解画，他们两人使用的思维法就是再造想象思维法。

五、联想思维

联想思维是一种由一事物的表象、语词、动作或特征联想到其他事物的表象、语词、动作或特征的思维活动。联想一般是由于某人或者某事而引起的相关思考，人们常说的"由此及彼""由表及里""举一反三"等就是联想思维的体现。

1. 联想思维的类型

（1）相似联想

其是指由一个事物外部构造、形状或某种状态与另一种事物的类同、近似而引发的想象延伸和连接。这种相似可以是事物的形状、结构、功能、性质等某一方面或某几个方面。最主要的特征是不同质的甲与乙之间由此及彼地类比推移。例如，床前明月光，疑是地上霜。

（2）相关联想

其是指联想物和触发物之间存在一种或多种相同而又具有极为明显属性的联想。例如，看到鸟想到飞机。

（3）对比联想

其是指联想物和触发物之间具有相反性质的联想。例如，看到白色想到黑色。

（4）因果联想

其源于人们对事物发展变化结果的经验性判断和想象，触发物和联想物之间存在一定因果关系。例如，看到蚕蛹就想到飞蛾，看到鸡蛋就想到小鸡。

（5）接近联想

其是指联想物和触发物之间存在很大关联或关系极为密切的联想。例如，看到学生想到教室、实验室及课本等相关事物。

2. 联想思维与想象思维的比较

联想思维与想象思维的主要区别是：联想只能在已存入的记忆系统的表象之间进行，而想象则可以超出已有的记忆表象范围。想象可以产生新的记忆表象，而联想不能。联想思维的操作过程是一维的、线性的、单向的，想象思维则可以是多维的、立体的、全方位的。联想思维的活动空间是封闭的、有限的，想象思维的活动空间则是开放的，无限的。想象思维的结果可以超越现实，联想思维的结果不能超越现实。

联想思维与想象思维的共同点是：它们都可以呈现为非逻辑形式。它们都属于形象思维的范畴，都可以借助于形象展开。二者可以互为起点，也就是说，想象思维可以在联想到的事物周围展开，同时，想象思维所获得的结果又可以引起新的联想。

六、灵感思维

唯物主义认为，所谓灵感思维，即长期思考的问题，受到某些事物的启发，忽然得到解决的心理过程。灵感是人脑的机能，是人对客观现实的反映。灵感思维活动本质上就是一种潜意识与显意识之间相互作用、相互贯通的理性思维认识的整体性创造过程。在人类历史上，许多重大的科学发现和杰出的文艺创作，往往是灵感这种智慧之花闪现的结果。

灵感思维作为高级复杂的创造性思维理性活动形式，它不是一种简单逻辑或非逻辑的单向思维运动，而是逻辑性与非逻辑性相统一的理性思维整体过程.

灵感与创新可以说是休戚相关的，灵感不是神秘莫测的，也不是心血来潮，而是人在思维过程中带有突发性的思维形式长期积累、艰苦探索的一种必然性和偶然性的统一。

（一）灵感思维的特点

1. 突发性和模糊性

由于没有在显意识领域单纯地遵循常规逻辑过程所形成，所以灵感思维产生的程序、规则以及思维的要素与过程等都是不能被自我意识清晰地意识到的，而是解析不清、只可意会不可言传的。

2. 独创性

独创性是定义灵感思维的必要特征。不具有独创性，就不能叫灵感思维。

3. 非自觉性

其他的思维活动，都是一种自觉的思维活动，灵感思维的突发性，必然带来它的非自觉性。

4. 思维灵活活动的意象性

在灵感思维活动过程中，潜意识领域或显意识领域总伴有思维意象运动的存在。没有意象的暗示与启迪，就没有思维的顿悟。

5. 思维高度灵活的互补综合性

思维高度灵活的综合互补性是灵感思维的重要特征，如潜意识与显意识的互补综合，逻辑与非逻辑的互补综合，抽象与形象的互补综合等等。

（二）灵感思维的方法

1. 久思而至

久思而至指思维主体在长期思考竟日不就的情况下，暂将课题搁置，转而进行与该研究无关的活动。恰好是在这个“不思索”的过程中，无意中找到答案或线索，完成久思未决的研究项目。

2. 梦中惊成

梦是以被动的想象和意念表现出来的思维主体对客体现实的特殊反映，是大脑皮层整体抑谢状态中，少数神经细胞兴奋进行随机活动而形成的戏唱性结果。并不是所有人的梦都具有创造性的内容。梦中惊成，同样只留给那些“有准备的科学头脑”。

3. 自由遐想

科学上的自由遐想是研究者自觉放弃固化的、保守的思维习惯，围绕科研主题，依照一定的随机程序对自身内存的大量信息进行自由组合与任意拼接。经过数次、数月乃至数年的意境驰骋和间或的逻辑推理，完成一项或一系列课题的研究。

4. 急中生智

利用此种方法的例子，在社会活动中数不胜数。即情急之中做出了一些行为，结果证明，这种行为是正确的。

5. 另辟新径

思维主体在科学研究过程中，课题内容与兴奋中心都没有发生变化，但寻解定势却由于研究者灵机一动而转移到与原来解题思路相异的方向。

6. 原型启示

在触发因素与研究对象的构造或外形几乎完全一致的情况下，已经有充分准备的研究者一旦接触到这些事物，就能产生联想，直接从客观原型推导出新发明的设计构型。

7. 触类旁通

人们偶然从其他领域的既有事实中受到启发，进行类比、联想，并能升华而获得成功。他山之石，可以攻玉。触类旁通往往需要思维主体具有更深刻的观察能力，能把表面上看起来完全不相干的两件事情沟通起来，进行内在功能或机制上的类比分析。

8. 豁然开朗

这种顿语的诱因来自外界的思想点化。主要是通过语言表达的一些明示或隐喻获得。豁然开朗这种方法中的思想点化，一般来说要有这样几个条件：一是“有求”，二是“存心”，三是“善点”，四是“巧破”。

9. 见微知著

从别人不觉得稀奇的平常小事上，敏锐地发现新生事物的苗头，并且深究下去，直到做出一定创建为止。见微知著必须独具慧眼，也就是用眼睛看的同时，配合敏捷的思维。

10. 巧遇新迹

由灵感而得到的创新成果与预想目标不一致，属意外所得。许多研究者把这种意外所得看作是“天赐良机”，也有的称之为“正打歪着”或“歪打正着”。

七、组合思维

组合思维又称“联接思维”或“合向思维”，是指把多项貌似不相关的事物通过想象加以连接，从而使之变成彼此不可分割的新的整体的一种思考方式。

例：在一次国际酒类展销会上，各国代表都拿出自己国家的名酒展示：

中国——茅台酒　俄国——伏特加　德国——威士忌

意大利——葡萄酒　法国——香槟　美国——鸡尾酒

（一）组合思维的特征

1. 创新性

许多科学家认为知识体系的不断重新组合是人类知识不断丰富发展的主要途径之一，从这一角度看，近现代的科学的三次大创造是由三次大组合所带来的。

第一次大组合是牛顿组合了开普勒天体运行三定律和伽利略的物体垂直运动与水平运动规律，从而创造了经典力学，引起了以蒸汽机为标志的技术革命。第二次大组合是麦克斯韦组合了法拉第的电磁感应理论和拉格朗日、哈密顿的数学方法，创造了更加完备的电磁理论，因此引发了以发电机、电动机为标志的技术革命；第三次大组合是狄拉克组合了爱因斯坦的相对论和薛定谔方程，创造了相对量子力学，引起了以原子能技术和电子计算机技术为标志的新技术革命。

2. 广泛性

组合思维的应用范围极为广泛，能够跨越不同领域和学科，实现知识的有效整合与创新。这种思维的广泛性使得人们能够在面对复杂问题时，通过灵活组合各种知识、技能和资源，找到新的解决方案和突破点，从而推动社会的进步与发展。

3. 时代性和继承性

例如：电视 + 电话 = 可视电话；数据 + 文字 + 图像 + 声音 = 多媒体；电子管 + 电阻 + 电容 = 集成电路；台秤 + 电子计算机 = 电子秤；飞机 + 飞机库 + 军舰 = 航空母舰，手枪 + 消音器 = 无声手枪；自行车 + 电机 + 蓄电池 = 电动自行车。

（二）组合思维的方法

1. 主体附加法

主体附加法是指以某一特定的对象为主体，通过置换或插入其他技术或增加新的附件而使发明或创新诞生的方法。

例如：电扇加定时器、电冰箱加温度显示器、彩色电视机上附加一遥控器、带橡皮头的铅笔、含微量元素的食品、红绿灯加白杠等。

江苏省常熟中学的庞颖超发明了一种能够让色盲识别的红绿灯，在现行的纯红绿颜色的灯中加入一些白色的有规则形状的图形。如红色图形中间加入一条横着的白杠，绿色圆形中间加入一条竖着的白杠，以此来让色盲进行识别。“我们现在的交通灯都是红绿色，而那些有色盲的人不能分辨出这两种颜色，这就给他们的生活带来了极大的不便。”为了证明这种不便性有多大，庞颖超列举了一个数据：世界人口色盲占到了5.6%。“有一次，我看到交警抓了一个闯红灯的人，结果发现他是色盲，分辨不出红绿灯，于是我就有了做这个红绿灯的想法。”

2．二元坐标法

二元坐标法（图2–4）就是借用平面直角坐标系在两条数轴上标点（元素），按序轮番地进行两两组合，然后选出有意义的组合物的创新方法。

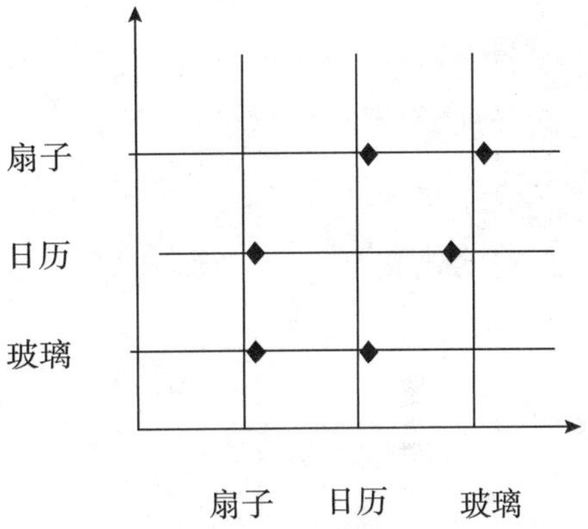

图 2–4　二元坐标法

3．焦点法

焦点法是以一预定事物为中心、为焦点，依次与罗列的各元素一一构成联想点，寻求新产品、新技术、新思想的推广应用和对某一问题的解决途径。

知识链接

德鲁克的管理思想

德鲁克是经验主义管理思想流派的创立者和代表人物，是现代组织理论和管理学科的重要奠基人，更是一位走出了象牙塔的管理学大师。《哈佛商业评论》认为“只要一提到彼得·德鲁克的名字，在企业的丛林中就会有无数双耳朵竖起来听”；《经济学人》称他是“大师中的大师”；菲利普·科特勒说“如果人们说我是营销管理之父，那么德鲁克就是营销管理的祖父”。包括英特尔的安迪·格鲁夫、微软前总裁比尔·盖茨、通用电气前首席执行官杰克·韦尔奇在内的许多商界领袖都深受其管理思想的启发。改革开放以来，中国持续引进西方科技和管理经验，德鲁克的管理思想在其中具有里程碑式的意义。20 世纪 80 年代初，中央号召领导干部积极学科学、学管理，德鲁克的《卓有成效的管理者》成为必读之作，华为的掌舵者任正非、海尔的领军人物张瑞敏等不约而同地成为德鲁克管理思想的积极学习者、实践者和传播者。

德鲁克的管理思想之所以受到学界的高度认可和企业家的广泛欢迎，是因为他的研究既具备高度的理论思辨性，又具备较强的实践关联性。德鲁克联结理论研究与实践应用的关键在于，他总是将微观组织管理问题研究与宏观社会历史脉络分析结合起来。一方面，作为管理学家，德鲁克探讨目标管理、企业使命、绩效、员工责任和价值实现，以及知识经济和信息时代背景下的管理策略，以其深刻的见地成为这些领域的先驱和代表。另一方面，德鲁克的研究领域并不局限于管理学本身，在其广为人知的30余本传世之作中，既有对政治经济现实的犀利洞察，又有对哲学宗教的终极追问；既有对社会历史脉络的追根溯源，又有对“已经发生的未来”的先见之明；既有对个体微观管理精当准确的指导，又有对组织机构运行原理切中肯綮的分析；既有对人文艺术细致传神的点评，又有对社会生态栩栩如生的描摹。基于广博的研究领域和纵观玄览的思维方式，他称自己是一名“社会生态学家”，其管理思想也因此具备了沟通历史与未来、联结理论与实践的独特张力。

任务三　创新思维的培养与训练

一、培养创新思维的原则

1. 要注重书本知识的积累

知识是人类进步的阶梯，同学们只有踩在前人的肩膀上，才能走得更远，才能走得更稳，所以要培养创新能力，必须要先积累基础知识。

2. 要培养善于思考的习惯，不能遇到问题就问

在同学们平时的学习生活中，同学们遇到了难题，就要充分的发挥同学们的大脑，想出解决的办法，不能什么事情都想着一蹴而就，不动脑子就可以做出一道难题或者解决了一件困难的事情。

3. 要培养动手能力，要勇于实践

实践出真知这句话是有道理的，书本上的东西是死的，同学们的思维是灵活的，遇到一些操作性的理论知识，同学们只有动手去做，才能知道自己对于这个理论知识的瓶颈在

哪里，同学们才能想出解决的办法，这样同学们不仅能解决问题，还能从前人的方法上实现创新，想出更加完美的解决方法。

4. 要善于借鉴他人的创新思维和成果，同时与自己的相结合

不管一个人是多么聪明，多么优秀，都会有自己的缺点，有自己的局限，往往自己想不到的别人很轻松地就能想出来，这就是思维的局限性。同学们借助别人的与自己的相结合，这样创新起来就事半功倍，往往会节约很多时间。

5. 要从兴趣爱好出发

不管任何人，让你去做一件你根本不感兴趣的事情，你做起来都不会有兴趣的，更别说让你去创新了，所以要创新还是要从爱好、兴趣出发。

6. 要善于从失败中总结经验

任何创新都不是立竿见影的，任何创新也不是一次就能成功的，失败是正常的事情，只要能从失败中总结经验，相信总会成功的。

7. 要尊重自然规律

不管做什么事情都应该要尊重自然规律，创新也不例外，任何创新思维都是要尊重自然规律的，这样才能成功。

二、各类创新思维方式的培养

（一）发散思维的培养

1. 流畅性

是指在短时间内表达出不同观点和设想的数量。培养学生的思维速度，使其在短时间内表达较多的概念，列举较多的解决问题方案，探索较多的可能性。

2. 灵活性

是指多方向、多角度思考问题的灵活程度。培养学生从不同的角度灵活考虑问题的良好品质。

3. 独创性

是指产生与众不同的新奇思想的能力。培养学生大胆突破常规、敢于创新的创造精神。

4. 精致性

是指对学生事物描述的细致、准确程度的培养。

在教学过程中，教师要有意识、有步骤地扩大思路，让学生从多角度思考问题，从而达到训练和培养学生发散思维的目的。

（二）收敛思维的培养

收敛思维的培养，是一个需要长期积累与实践的过程。它要求我们在面对问题时，能够迅速从纷繁复杂的表象中提炼出核心要点，进而形成明确的目标和方向。在这个过程中，以下几个方面的训练尤为关键。

第一，我们需要加强基础知识的学习。收敛思维不是空中楼阁，而是建立在扎实的知识储备之上的。因此，我们需要不断学习、积累各个领域的知识，以便在面对问题时能够迅速调动相关知识进行分析和判断。

第二，我们需要培养分析问题的能力。收敛思维的核心在于对问题的深入剖析和理解。我们需要学会从多个角度审视问题，挖掘问题的本质和关键点，从而找到解决问题的最佳途径。这需要我们具备敏锐的观察力和深入的思考能力。

第三，我们还需要注重实践经验的积累。收敛思维不是一种纯粹的理论知识，它需要在实践中不断摸索和总结经验。通过参与实际问题的解决过程，我们能够更好地理解收敛思维的运用方法，提高自己在实践中的收敛思维能力。

第四，我们需要保持开放的心态和积极的态度。收敛思维并不意味着故步自封或排斥新思想。相反，它需要我们保持对新知识的渴望和接受新观点的勇气。只有这样，我们才能在不断的学习和实践中不断提高自己的收敛思维能力。

（三）逆向思维的培养

第一，多看书，看书可以提高人的眼界，这对于逆向思维来说，十分重要，只有见多识广，才能找到逆向的切入点。

第二，在每个思维中，都会有一个连接点，如果要培养逆向思维，一定要在对方的话语或思维中，找到这个连接点。只有找到思维的连接点，才能理清顺序，从而反向明白对方的思维，至于怎么寻找这个点，大家可以在对方语气停顿词中多下点功夫。

第三，根据哲学来培养，任何逆向思维都离不开模仿，如果同学们是对方，同学们想自己为何要这样做，这样做有什么意义，换位思考对逆向思维来说，重中之重。

第四，寻找对方话语中的疑惑点，每个人说出的话语在理论上来说，都有误区，而这个误区恰恰就是逆向思维的天堂，比如，我喜欢你，而这里的误区就是喜欢，为何喜欢我，理由是什么。

第五，想象力模拟，模拟可以让同学们明白事情的大致走向，而逆向思维，恰恰就是明白故事的主要思维，想象力在培养逆向中，也是重中之重。

三、创新思维训练

六顶思维帽是“创新思维学之父”爱德华·德·博诺博士开发的一种思维训练模式，

或者说是一个全面思考问题的模型。它提供了“平行思维”的工具，避免将时间浪费在互相争执上。强调的是“能够成为什么”，而非“本身是什么”，是寻求一条向前发展的路，而不是争论谁对谁错。运用博诺的六顶思维帽，将会使混乱的思考变得更清晰，使团体中无意义的争论变成集思广益的创造，使每个人变得富有创造性。

作为思维工具，六顶思维帽已被美、日、英、澳等50多个国家政府在学校教育领域内设为教学课程。同时也被世界许多著名商业组织所采用作为创造组织合力和创造力的通用工具。这些组织包括微软、IBM、西门子、诺基亚、摩托罗拉、爱立信、波音公司、松下、杜邦及麦当劳等。

六顶思维帽，是指使用6种不同颜色的帽子代表6种不同的思维模式。任何人都有能力使用以下6种基本思维模式。

1. 白色思维帽

白色是中立而客观的。戴上白色思维帽，人们思考的是客观的事实和数据。

2. 绿色思维帽

绿色代表茵茵芳草，象征勃勃生机。绿色思维帽寓意创造力和想象力。具有创造性思考、头脑风暴、求异思维等功能。

3. 黄色思维帽

黄色代表价值与肯定。戴上黄色思维帽，人们从正面考虑问题，表达乐观的、满怀希望的、建设性的观点。

4. 黑色思维帽

戴上黑色思维帽，人们可以运用否定、怀疑、质疑的看法，合乎逻辑地进行批判，尽情发表负面的意见，找出逻辑上的错误。

5. 红色思维帽

红色是情感的色彩。戴上红色思维帽，人们可以表现自己的情绪，人们还可以表达直觉、感受、预感等方面的看法。

6. 蓝色思维帽

蓝色思维帽负责控制和调节思维过程。负责控制各种思维帽的使用顺序，规划和管理整个思考过程，并负责做出结论。

六顶思维帽的最大价值在于其非常便于思考，为避免思考受到干扰，该方法只允许思考者在同一时间内做一件事情。其应用程序为：陈述问题（白帽）；提出解决问题的方案（绿帽）；评估该方案的优点（黄帽）；列举该方案的缺点（黑帽）；对该方案进行直觉判断（红帽）；总结陈述，作出决策（蓝帽）。

实训 逆向思维

【实训目的】

1. 让学生学会从对立面的角度去思考问题，避免思想狭隘。
2. 掌握逆向思维的基本步骤和方法。

【实训流程】

流程1——根据事物的已知特性思考其对立性质

事物	已知性质	对立性质
吹风机		
手电筒		
降雨		
录音机		
制冷空调		
潜水艇		
手机		
干燥器		

流程2——根据其对立性质思考相关事物

1. 具有吹风机对立性质的相关事物：____________________
2. 具有手电筒对立性质的相关事物：____________________
3. 具有降雨对立性质的相关事物：____________________
4. 具有录音机对立性质的相关事物：____________________
5. 具有制冷空调对立性质的相关事物：____________________
6. 具有潜水艇对立性质的相关事物：____________________
7. 具有手机对立性质的相关事物：____________________
8. 具有干燥器对立性质的相关事物：____________________

流程3——总结并联系生活实际

通过训练，你认为在生活中还有哪些地方可以运用到逆向思维？试举例说明。

通过训练，你获得了哪些启示？请撰写一篇不少于200字的心得体会，并与同学们分享。

【思考练习题】

一、名词解释

1. 发散思维

2. 灵感思维

二、简答题

（1）请简述发散思维的基本概念。

（2）结合实际，制订自我创新精神和创新能力提升的计划。

思政之窗

过去的教育习惯于让学生死记硬背已有的知识，不激发学生的思考能力和思辨精神，致使创新人才缺少生长的环境与氛围。培养大学生质疑精神，就是要大学生敢于挑战老师、挑战书本、挑战权威、挑战固有，勤于思考、善于质疑，以科学的理性态度进行“每事问”，赞同正确的，否定错误的，并努力于新的创造，只有这样，才能培养出具有创新能力的优秀人才。

项目三　创新方法

学习目标

知识目标

★ 了解创新方法的概念和作用。

★ 掌握创新方法及如何运用创新方法。

★ 理解掌握常见的创新方法的原理、实施步骤。

能力目标

★ 在实际学习、生活、工作中运用相关方法解决问题。

素质目标

★ 培养思维能力，打破惯有的思想。

★ 能够把握机会，锻炼开放性思维。

思政目标

★ 通过学习，大学生应该在学习知识的过程中，不拘泥书本，不迷信权威，不墨守成规，以已有的知识为基础，结合学习的实践和对未来的设想，独立思考，大胆探索。

案例分享

在第六届中国国际“互联网 +”大学生创新创业大赛总决赛冠军争夺赛中，来自厦门大学的“西人马：中国 MEMS 芯片行业领军者”项目荣获大赛亚军。“西人马”项目由厦门大学航空航天学院 2016 届博士聂泳忠负责，该项目致力于民用、航空、能源、医疗、交通及工业设备的控制与检测，打造“端—边—管—云—用”的一体化解决方案（图 3–1）。

图 3–1　第六届中国国际“互联网 +”大学生创新创业大赛总决赛冠军争夺赛

西人马（FATRI）就是聂泳忠创立的一家具备芯片和传感器材料合成、设计、制造、封装和测试全方位能力的芯片 IDM 公司。

立足于感知与人工智能的核心技术，包括先进材料技术、先进芯片技术、先进传感器技术及人工智能算法技术等领域，西人马通过持续、大幅度的投入，每年以几百项专利的速度快速递增，弥补了我国国产高端压力芯片的空白。

项目团队精于各种振动和冲击类加速度，速度传感器、压力传感器、位移传感器、IMU、激光雷达、量子传感器及各类传感器的测试校准系统的研发，并率先在国际上提出利用多层复合高温层状材料通过热曲线耦合补偿温漂的理论，从而使得高温传感器温漂从 ±18% 减至 ±1.5% 以内。

2020 年新冠感染疫情暴发后，市场对测温计的需求出现爆发式增长，但国内能够生产测温计中的核心原件“红外测温传感器”的公司屈指可数。加之芯片研发流程复杂，工艺更是难点中的难点。为了攻克难关，聂泳忠带领团队夜以继日地搞研发，经过几十次的修改优化，最终突破了研发瓶颈，迎来新曙光。产品量产交付后，经过国内多家知名厂商测试，其精度、响应率、探测率均属国内一流水平，充分验证了卓越的产品性能和西人马公司强劲的科研实力。

带着“敬畏生命，感动自己，感动客户”的信条，聂泳忠撑着“乐舟”，破风斩浪，在深耕科研领域获得无数赞誉的同时，也在创新的快车道上享受着科研的乐趣。此次比赛的重要意义除了精彩的赛事外，还激发了年轻人创新创业的极大热情。

任务一　创新方法的概念与作用

一、创新方法的概念

创新方法是创造学家收集大量成功的创造和创新的实例后，研究其获得成功的思路和过程，经过归纳、分析、总结，找出的一些带有普遍规律性的原理、方法和技巧。它们可以供人们学习、借鉴和效仿。

二、创新方法的作用

众所周知，做任何事情，如果方法得当，则事半功倍，甚至点石成金；方法不当，则事倍功半，甚至得不偿失。人们往往将一个人拥有的东西称为财富，其实真正的财富是获得这些东西的方法。

创新方法基于思维心理学的基础，指导人们克服常态的思维定式，开发人们的思维能力，提高人们的联想能力和想象能力，激发人们思维的敏感性、独立性、灵活性、流畅性和连续性，是发展创新智力的有效方法。创新方法是创新的重要手段，是进行创新活动的有效智能性工具，可以拓展思路，更好地开发智力、智慧，实现创新。人们在实践过程中运用创新方法能够省时、省力地解决问题，可以直接产生创新成果，还可以提高创造力和创新成果的实现率。

1. 促进高效解决问题

人类在征服自然、改造自然的过程中遵循着一定的客观规律，创新方法就是对人类解决问题、实现创新的共性方法的高度总结和概括，运用创新方法可以使解决问题的方案更科学，少走弯路，更高效地解决问题。

2. 推动培养创新思维

思维惯性是决定创新能力的关键因素，思维模式不同带来的结果也就大相径庭。每个人都有一种思维惯性，习惯将思维方式局限在已知的、常规的解决方案上，从而阻碍新方案的产生。通过学习创新方法，人们可以掌握各种创新思维的特征和规律，打破固有的思维模式，学会用“新的眼光”去发现问题和解决问题，敢于否定、质疑和超越常规去思考、实践，养成创新思维的习惯，形成变通性思维。

3. 科学指导创新实践

在不同时期、不同领域里出现的创新问题以及为了解决这些问题所使用的创新原理与方法是有规律的。通过学习创新方法，人们可以根据实践活动的具体情况，科学地运用创新方法中实用和适用的创新原理，在实际工作中实现创新，少走弯路，尽快、尽早地剔除那些复杂而效率不高的解决方案，找出更高效的解决方案，使实践活动的方案更具方向性、有序性和可操作性。

任务二　创新方法的种类

一、头脑风暴法

头脑风暴法（Brain Storming），又称智力激励法、BS 法。它是由美国创造学家亚历克斯·奥斯本于1939年首次提出，原指精神病患者头脑中短时间出现思维紊乱现象，产生大量的胡思乱想。

1953年，奥斯本正式提出一种激发创造性思维的方法，即无限制地自由联想和讨论。目标是培养参加人员的创造性能力，激发他们的创造性思维，以得到创造性的构想，为解决新问题或重大问题开辟新的途径，寻找新的解决方案。

头脑风暴是产生新观点的一个过程；头脑风暴是“一个团体试图通过聚集成员自发提出的观点，以为一个特定问题找到解决方法的会议技巧”（亚历克斯·奥斯本）；头脑风暴是一系列激励和引发新观点的特定的规则和技巧。具体来看，它通过小型会议的组织形式，让所有参加者在自由愉快、畅所欲言的气氛中自由交换想法或点子，以此激发与会者的创意及灵感，使各种设想在相互碰撞中激起脑海的创造性“风暴”。

头脑风暴的规则如表3-1所示。

表 3–1　头脑风暴的规则

规则	描述
规则 1：延迟和不给予你对观点的评判	要到头脑风暴会议结束时才对观点进行评判。不要暗示某个想法不会有作用或它有一些消极的副作用，所有的想法都有潜力成为好的观点，所以要到后面才能评判。在现阶段要避免讨论这些观点，因为这最终将导致两种后果：批评或称赞。 观点的提出应该作为解决方法，也可以作为找到解决方法的基础。表面上愚蠢的想法可能引起好的想法，所以要到头脑风暴会议结束之后才能评判。记录下所有的观点。这里没有糟糕的想法。切记，对观点的评估要占用珍贵的脑力，脑力应该用于观点的产生。只花时间产生新观点会使你在头脑风暴会议中所耗脑力最小化。
规则 2：鼓励狂热的和夸张的观点	提出一个狂热的想法比想出一个立即生效的观点要容易得多。观点越“疯狂”越好。大声说出奇异的和不可行的观点，陈述任何怪异的观点，把观点夸张到极限。同样，你也可以使用创造性的思考技巧和工具来开始从一个新角度思考。
规则 3：在现阶段有价值的是量而不是质	此时寻求观点的量，之后浓缩观点清单。所有活动应该适合在给定的时间内提炼出尽可能多的观点，供选择的观点越有创造性越好。如果头脑风暴会议结束时有大量的观点，就更可能发现一个非常好的观点。简要保存每个观点，不详细地描述它，仅仅抓住它的本质，也可能需要简短阐述、快速思考、稍后反思。
规则 4：在他人提出的观点之上建立新观点	即将新观点建立在其他人的观点之上并且进行扩展。尝试把另外的思想加入到每个观点之中，使用其他人的观点来激发你自己的，结合提出的观点来探索新的可能性。
规则 5：每个人和每个观点都有相等的价值	每个人都有有效的观点，对情形和解决方法都有独特的视角。在一个头脑风暴会议里，你可以提出观点，纯粹只是为了激发其他人，而不是作为最终的观点。你可能需要把自己的观点写在纸上后递交上去。鼓励每个人参与。

头脑风暴法并不是一剂万能良药，在实践中也暴露出各种问题，主要体现在：

（1）头脑风暴法让参与者畅所欲言，有可能提出各种荒诞的想法，不符合实用性、独创性和一致性的标准，会后难以一次性形成系统化的决策。

（2）由于参与者的选择不当，易陷入“群体思考”或者不愿意主动发表意见，形成冷场局面，导致发言欲望降低。

（3）在集体讨论解决问题的过程中，个人的想法不受任何干扰和控制，但是由于时间限制，有见地的或者特别出色的想法未能得到探讨和实施。

知识链接

九型人格

20世纪60年代，在智利公开举办一个灵性心理训练班，掀开了九型人格论这套学问的神秘面纱。20世纪70年代，九型人格正式传入美国，这一古老的理论既简单精确又深刻，它和现代的人格论述竟然不谋而合，引起广泛关注。1993年，斯坦福大学率先正式开办这一课程。

如果你对自己够坦诚，学习完九型人格，通过自我探索，你就可以真正认识自己、了解别人，找到那条人生中暗自牵引你的命运之线。九型人格论今天已被演化成一种人际沟通的管理工具，广泛应用在企业管理的各个领域，如表3–2所示。

表3–2　九型人格

序号	类型	具体特点	代表人物	适合工作领域
1	完美型	重原则，不易妥协，黑白分明，对自己和别人均要求高，追求完美。	包公	适合需要坚持原则与公正的所有领域，如法官、医生、质量检查、纪律检查、安全检查、财会等。
2	助人型	渴望与别人建立良好关系，以人为本，乐于迁就他人。	雷锋	在营销推广的领域中拥有非比寻常的优势，如保险行业等； 所有跟人打交道的工作都能发挥其天赋与才能，如客服、教师、护士、工会主席、推销人员等。
3	成就型	好胜心强，以成就去衡量自己价值的高低，是一名工作狂。	武则天	充满弹性、擅长说服别人，又很有目标性，在具有挑战性和说服别人的工作中尤其能发挥天赋与才能，如在推销、保险、演讲等领域尤其容易成功。
4	感觉型	情绪化，惧怕被人拒绝，觉得别人不明白自己，我行我素。	林黛玉	适合从事各类要求高度创意的工作，所有涉及美的工作都能发挥他们的天赋与才能，如美术、音乐、艺术、时装、戏剧、文学、装潢、广告、产品设计等领域； 幻想力丰富，对不同角色扮演的适应力强，亦可担任如律师、医生、工程师等； 富有同情心，凭着丰富的创意和与人为善的交际能力，也将成为优秀的市场策划和推广人员。

续表

序号	类型	具体特点	代表人物	适合工作领域
5	思想型	喜欢思考分析，求知欲强，但缺乏行动，对物质生活要求不高。	爱因斯坦	擅长将大量数据有条不紊地分门别类，有过人的洞察和分析能力，会成为某个特定领域的专家，适合科学家、咨询顾问、决策分析、数据分析整理、研究等岗位； 亦适合执行侦察、刺探情报等任务。
6	忠诚型	做事小心谨慎，不易相信别人，多疑虑，喜欢群体生活，尽心尽力工作。	曹操	在需要细心、耐心、警惕、忠诚的岗位上能发挥他们天赋的才能，如策划、规划、警察、情报人员、保卫人员等。
7	活跃型	乐观，喜新鲜感，爱赶潮流，不喜承受压力。	周伯通	一切能吸引这一型兴趣的岗位，尤其是公关、社交、计算机等需要创意的工作。
8	领袖型	追求权力，讲求实力，不靠他人，有正义感。	乔布斯	在需要勇气、智慧面对冲突时最能够展现天赋的才能，做领导者，带领一个团队，或作为创业者。
9	和平型	需花长时间做决策，怕纷争，难于拒绝他人，祈求和谐相处。	拉·甘地	不需要面对冲突的、和人打交道的工作，最能发挥第九型天赋的能力，如教师、护士、咨询师、治疗师、服务人员等。

二、奥斯本检核表法

1941年，奥斯本在《创造性想象》一书中提出了奥斯本检核表法。根据需要研究的对象特点列出有关问题，形成检核表，然后一个一个来核对讨论，从而发掘出解决问题的大量设想。它引导人们根据检核项目的一条条思路来求解问题，力求比较周密地思考。针对某种特定要求制定的检核表，主要用于新产品研制开发，由于突出的效果而被誉为“创造技法之母”。

奥斯本认为：“针对一项任务或一个新的产品，应事先确定很多提问要点，通过这些要点逐个核对讨论就可以全面地、系统地考虑各种解决办法的可能性，从中获得解决问题的方法和创造性设想，进而选定改进及创新的方向。”检核表实际上是一张人为制定的从各个不同的角度来启迪思路的分类提问表，对各个不同的创造对象及不同的创造目标，都可以列出解决问题应思考的方方面面，以便按拟定的问题来开展全面、周密、多方位的思考，从而完善地解决问题。

奥斯本检核表法的价值在于：

（1）远离思维惰性。由于习惯和适应，人们在考虑事情的时候不想去思考，仅仅是把大脑内存里形成的物质重新提取出来，毕竟这样做短期内比较节省时间，也比较节省脑力。人们进入思维的舒适区后，在舒适区生活得越久，成长就越慢。奥斯本检核表法提供了9个维度去刺激人的大脑，让你慢慢去逃离自己的思维舒适区，强迫自己去思考和改变，进而远离思维惰性。

（2）突破思维定式。所谓思维定式，就是按照积累的思维活动的经验教训和已有的思维规律，在反复使用中所形成的比较稳定的、定型化的惯性思维。在环境不变的条件下，定式使人能够应用已掌握的方法迅速解决问题。而在情境发生变化时，它会妨碍人采用新的方法。消极的思维定式是束缚创造性思维的枷锁。奥斯本检核表法的9个维度75个问题，帮助人们突破思维定式，激发人们的想象力。

（3）建立思维自信。创新思维自信是指相信自己有能力改变周围的世界，拥有思维创造力自信的人会有很强的自我效能感，相信自己有创造力，敢于挑战挫折和失败。IDEO 创始人大卫·凯利谈到，他的使命就是通过帮助人们提升创造力自信，从而改变世界。在创新的过程中，很多人不愿意、不知道如何提出高质量的问题，害怕提问错了被人嘲笑，而奥斯本检核表法提供了提问的清单，有效帮助人们突破不愿意提问、不会提问的心理障碍，帮助人们建立提问、思考、想象和创新思维等方面的自信。

（4）具体创造技法。①引导主体在创造过程中对照9个方面的问题进行思考，比如能否他用、能否借用、能否改变、能否扩大、能否缩小、能否替代、能否调整、能否颠倒、能否组合。②启迪思路，开拓想象空间，促进人们产生新设想、新方案，比如采用顺藤摸瓜式的自问自答，比起海阔天空式的随机遐想，会使创造性设想的方向性更强、目的性更明确、成功的可能性更大。

表3–3为奥斯本检核表。

表 3–3　奥斯本检核表

检核项目	说明
能否他用	现有的事物有无其他用途？保持不变能否扩大用途？稍加改变有无其他用途？
能否借用	能否引用其他的创造性设想？能否模仿别的东西？能否从其他领域、产品、方案中引入新的元素、材料、造型、原理、工艺、思路？
能否改变	现有的事物能否做些改变，如颜色、声音、味道、式样、花色、音响、品种、意义、制造方法？改变后效果如何？

续表

检核项目	说明
能否扩大	现有事物可否扩大适用范围？能否增加使用功能？能否添加部件？能否延长事物的使用寿命，增加长度、厚度、强度、频率、速度、数量、价值？
能否缩小	现有事物可否体积变小、长度变短、重量变轻、厚度变薄以及拆分或省略某些部分（简单化）？能否浓缩化、省力化和方便化？
能否替代	现有事物能否用其他材料、元件、结构、力、设备、方法、符号、声音等替代？
能否调整	现有事物能否变换排列顺序、位置、时间、速度、型号？内部元件可否交换？
能否颠倒	现有的事物能否从里外、上下、左右、前后、横竖、主次、正负、因果等相反的角度颠倒过来用？
能否组合	能否进行原理组合、材料组合、部件组合、功能组合、目的组合？

三、列举法

知识链接

双插口插座

2018 年是中国改革开放 40 周年。40 年来，不但我们的国力增强了，而且有越来越多的中国企业走向了世界。但是，客观地说，中国的企业家们是在向世界著名企业家学习的过程中逐渐成长起来的。

据分析，影响中国企业家的有七大著名商业偶像，分别是松下幸之助、皮尔·卡丹、李·艾柯卡、杰克·韦尔奇、安迪·格鲁夫、比尔·盖茨和沃伦·巴菲特。

下面重点说一下松下幸之助。先看一个他早年的故事。

1894 年，松下幸之助出生在日本一个贫寒的家庭里。正像一些朋友了解的那样，又瘦又小的他九岁起就开始打工养家。后来，他凭着一项发明开创了自己的事业。这项发明和我们将要介绍的方法有关系，它就是双插口插座。

在松下幸之助那个时代，电源的插口只有一个，也就是说点上电灯就不能干别的，比如熨衣服就不能干了，人们使用起来很不方便，但大家觉得这很正常，是理所当然的，没有人着手进行改进。

勤奋好学的松下幸之助很快就注意到了这个缺点。

优秀的人总是善于看到普通人看不到的问题和缺点！

于是他开始动脑筋、想办法：怎样才能克服这种不便呢？经过反复思考和实验，他终于发明了双插口插座，有效克服了以前电源插座的缺点，赢得了巨大的市场。

“为什么呢？怎么你会那么想呢？”松下幸之助经常这样问别人。正是他这种处处留心看到事物的不足和缺点，才使得他做出了许许多多电器方面的创新，而这些创新也成就了他的事业。

因此，松下幸之助被誉为“经营之神”。

1978 年 10 月，邓小平访问日本，期间专程参观了松下电器的产品展览室，双画面电视机、高速传真机、录像机、立体声唱机、微波炉……这位阅历丰富的领导人被琳琅满目的现代化产品深深吸引并为之震撼。在国际市场上，出自日本的电子产品曾风靡一时、举世无敌。

1979 年 6 月，松下幸之助来访中国。从而引发了以松下公司为首的一轮日本公司投资中国的热潮，日本产品也如潮水般涌向中国。

（一）缺点列举法

缺点列举法即通过发掘事物的缺陷，把它的具体缺点一一列举出来，然后针对发现的缺点，有的放矢地设想改革方案，从而确定创新目标、获得创新发明成果的一种创新方法。该方法的实质是一种否定思维，对事物抱否定的态度，继而充分地揭露事物的缺点，然后再加以改进。

缺点列举法是日本鬼冢喜八郎提出的一种决策方法。他是在改进运动鞋设计的过程中总结出的这个方法。为了战胜竞争对手，他走访了许多运动员，请他们指出市场上现有运动鞋的各种缺点。大多数人反映鞋底容易打滑。他便设法使自己的产品克服这个缺点，从而占领了市场。鬼冢喜八郎在调查中发现，在提方案的过程中，一般提方案者，总是考虑优点多，对缺点考虑不够，因此他将重点转向事物的缺点，从而总结出缺点列举法。

使用缺点列举法并无十分严格的步骤，一般可按照如下步骤进行：首先，找出选定事物的缺点；其次，将所找出的缺点加以归类整理并分析缺点产生的原因；最后，针对所列缺点逐条分析，要有针对性、系统性，要研究其改进方案能否将其缺点逆用、化弊为利。

例如，对雨伞的各种缺点进行改进，每改进一种，就是一种新产品。纯色雨伞颜色单调，许多放一起不易区别，容易拿错，改变雨伞的颜色和图案；雨伞太长，不易收纳和携带，改为折叠式，有二折、三折、五折之分，雨伞体积及重量越来越小；为了挡住迎面吹来的雨，伞布遮住了视线，容易撞到别人，改伞布为透明塑料；拿东西撑伞不方便，做成自动伞；上车收伞时，雨水会滴落到别人或自己脚上且容易弄湿座椅，做成反向伞，湿面朝内；打伞抱孩子、用手机不方便，将雨伞手柄做成“C”型，便于将雨伞挂在手上；面对狂风暴雨天气，雨伞很容易损坏，双层伞面、加厚加粗伞骨、伞面通风孔等设计可以增强雨伞防风防雨的功效……

在具体运用缺点列举法做创造发明时，主要有会议法、用户调查法、对照比较法。

1. 会议法

召开一次缺点列举会，会议由5～10人参加，会前负责人先选定一项需要改革创新的事物，在会上发动与会者围绕这一事物尽量列举各种缺点，愈多愈好，另请人将提出的缺点逐一编号，记在一张张小卡片上，然后从中挑选出主要的缺点，并围绕这些缺点制订出切实可行的革新方案。一次会议的时间大约在一两小时之内，会议讨论的主题宜小不宜大，即使是大的主题，也要分成若干小题，分次解决，以使缺点不致被遗漏。

2. 用户调查法

现在的商品大都配有厚厚的说明书来说明产品的使用方法，而这种使用方法对于用户来说是否如设计师所愿，方便用户和容易操作呢？如果说明书本身语义明确，具有很强的指示功能，就可以帮助消费者掌握使用方法，则产品就是成功的，否则由于产品本身设计不良，会使用户在使用过程中产生这样或那样的误操作。产生这种缺点的原因往往是由于设计师没有深入研究实际生活中消费者的心理和行为模式，而主观臆断造成的。因此，从用户意见中找缺点也是对事物进行创新改良的有效途径。

如若产品已投入市场，则要重视收集用户使用后的反馈意见。消费者在实际使用过程中发现产品的不足，将意见反馈到厂家。通过用户意见反馈所获得的信息针对性比较强，有较高的参考价值。

如若产品尚未进入市场流通，在产品进入市场之前，则可让一定量的对产品没有了解的人来试用该产品，通过实际的操作发现存在的弊端，及时改进后再大规模上市。让无关人员进行实验是因为相关人员对所设计的产品过于了解，往往发现不了使用过程中的缺点。如某种电磁炉的操作面板的设计，设计人员对消费者的需求考虑得十分周到，烹饪方法样样俱全，火力从小到大有6档，火力与烹饪方法的组合方案达30种之多。但在实际操作中，由于它调节火力虽可循环选择但需要逐一调节，想从小火1变为大火6就需要按火力按钮5下。在这个过程中，消费者要精力集中，否则一不小心按过了，还得从头再来，非常麻烦而且容易造成误操作。通过用户意见的反馈，该产品设计者改进了操作面板设计，消费者不论换哪种火力，只需按一次按钮，这样不但方便了操作，还可避免因误操作而造成的事故。

3. 对照比较法

对照比较法是一种通过将产品或服务与竞争对手或同类产品进行比较来揭示缺点的方法。通过对比分析，我们可以发现产品或服务在性能、功能、外观等方面的不足之处，并据此进行改进和创新。对照比较法不仅可以帮助我们了解自身的优劣势，还可以为我们提供改进的方向和思路。

（二）希望点列举法

希望点列举法由内布拉斯加大学的克劳福特发明。从发明者的意愿提出各种新的设想，它可以不受原有物品的束缚，不断地提出希望点、怎么样才会更好等创造性强且又科学、可行的理想和愿望，进而探求解决方法和改善对策，是一种积极主动型的创造发明方法。通常用于新产品开发上。

以风扇为例（见表3–4），看看原始的风扇是如何一步步发展到现今种类繁多、功能多样的。

表 3–4　希望点列举法在风扇上的运用

希望点	产生的效果
希望角度不仅仅限制在一定角度范围	摆头风扇
希望不摆头部就能得到不同的风向	转页式台扇
希望风吹的范围更大	吊扇
希望随意调节风力的强弱，而不用换挡位	无极调整风扇
希望电扇也像电视一样用遥控器控制	遥控风扇
希望风扇样式能丰富多彩	各式各样的卡通风扇，可装点生活
希望风扇像折扇那样方便随身携带	帽檐风扇、手持风扇
希望风扇的扇叶不会伤到人	弯曲叶，采用软性材料，无叶风扇
希望节约空间	挂壁式风扇
希望只是调节空气流动	塔式气流扇
希望更关注身体健康	带负离子功能的电风扇
希望风速根据温度的高低而大小变化	温控电风扇
希望能驱蚊虫	驱蚊风扇

续表

希望点	产生的效果
希望在停电时也能享受风扇	带蓄电池电源风扇
希望在电脑前享受舒服的凉风	USB 风扇
希望结合空调和风扇的优点	空调扇

（三）特性列举法

特性列举法亦称属性列举法或分部改变法，是一种通过列举事物的各种特性以便引发新思维寻求问题解决途径的创造学方法。由美国学者克劳福德在他1954年发表的《创造性思维方法》一书中提出。他提出该法的理论依据主要出自他的一个基本观点，他认为世界上一切新事物都出自旧事物，只有对旧事物的某些特征进行继承和改造，才能做出创造。因此，列举特性的过程，就是通过分解分析，把问题分成局部小问题加以解决的过程。

日本学者上野阳一为找到研究对象的特性，提出了区分研究对象特性的3种方式：（1）名词特性，指事物的整体、部分、材料、制法、要素等；（2）形容词特性，指事物的性质、形状、颜色、状态等；（3）动词特性，指事物的功能、变化等。

具体实施该创新方法时分为4个步骤：首先，选取改进对象；其次，了解事物现状，熟悉其基本结构、工作原理及使用场合，应用分析、分解及分类的方法对研究对象进行一些必要的结构分解；再次，从需要出发，对列出的属性进行分析、抽象、对比，通过提问方式诱发创新思想，采用替代、联想、修改、补充的方法对原属性进行改造；最后，应用综合的方法将原属性与新属性进行综合，寻求功能与属性的替代与更新完善，提出新设想。在采用该法的过程中，特别注意抓住特性分析这个关键环节，一要做到从各个角度全面进行分析；二要做到具体分析，使各种特性越明确越好。

改进烧水的水壶，已经成为介绍特性列举法的典型案例，虽然水壶似乎已经不易想到可以改进之处，但运用特性列举法分析它，仍然可以打开思路找到创新思路。

1. 名词特性

整体：水壶；

部分：壶嘴、壶把手、壶盖、壶底、蒸汽孔；

材料：铝、铁皮、搪瓷、铜材等；

制作方法：冲压、焊接、烧铸。

根据所列特性，可做如下提问并进行分析：壶嘴的长度是否合适？壶把手可否改成塑料以免烫手？壶体可否一次成型？蒸汽孔可否改变位置以免烫手？制作材料有无更适用的？

2. 形容词特性

性质：轻、重；

状态：美观、清洁、高低、大小等；

颜色：白色、紫色、各种图案；

形状（壶底）：圆形、椭圆形等。

针对形容词特性，可做如下提问：怎样改进更便于清洁？颜色图案还可做哪些变化？壶底用什么形状才更利于吸热传热？

3. 动词特性

功能：烧水、装水、倒水、保温等。

针对动词特性，可做如下提问：能否在壶体外加保温材料，以提高热效率并具有保温性能？

四、组合法

组合型创新法是指按照一定的技术原理，通过将两个或多个功能元素合并，从而形成一种具有新功能的新产品、新工艺、新材料的创新方法。

组合型创新方法具有以下特点：

（1）将多个特征组合在一起；

（2）组合在一起的特征相互支持、相互补充；

（3）组合后要产生新方法或达到新效果，有一定的飞跃；

（4）利用现成的技术成果，不需要建立高深的理论基础和开发专门的高级技术。

组合型创新技法常用的有主体附加法、异类组合法、同物自组法、重组组合法及信息交合法等。

（一）主体附加法

主体附加法是以某事物为主体，再添加另一附属事物，以实现组合创新的方法。在琳琅满目的市场上，我们可以发现大量的商品是采用这一技法创造的。如在铅笔上端安上橡皮头，在电风扇中添加香水盒，在摩托车后面的储物箱上装上电子闪烁装置，都具有美观、方便又实用的特点。主体附加法是一种创造性较弱的组合，人们只要稍加动脑和动手就能实现，但只要附加物选择得当，同样可以产生巨大的效益。

主体附加法的运用，首先，要确定主体附加的目的，可以通过缺点列举法全面分析主体的缺点，然后用希望点列举法列出种种希望，再确定某种希望作为附加的目的。其次，根据附加目的确定附加物。主体附加法的创造性很大程度上取决于附加物的选择是否使主体产生新的功能和价值，以增加其实用性。

（二）异类组合法

异类组合法又称异物组合法，是将两种或两种以上的不同种类的事物组合，产生新事物的技法。这种技法是将研究对象的各个部分、各个方面和各种要素联系起来加以考虑，从而在整体上把握事物的本质和规律，体现了综合就是创造的原理。异类组合法和主体添加法在形式上很相近，但又有区别，主体添加法是一种简单要素的补充，而异类组合法是若干基本要素的有机综合。

例如，根据统计，因火灾丧生的人们，大多数并非因为火本身，而是因为东西着火后导致的浓烟和有毒气体。所以很多火灾救生指南中都有类似的表述“建议人们能佩戴防毒面罩，并弯腰沿着墙壁逃生”。不过，当人们佩戴防毒面罩后，于浓烟之中，该如何提醒救援人员自己的存在呢？于是，带哨子的面罩应运而生，伴随每一次的呼吸，哨子都能被吹响。再者，还有结合 VR 技术的室内健身器械。该健身器械看起来像一台个人飞行模拟器，佩戴好 VR 头盔后，需要调动全身肌肉来保持平衡与策应，运动量很大且惊险刺激。

（三）同物自组法

同物自组法就是将若干相同的事物进行组合，以图创新的一种创新技法。例如，在两支钢笔的笔杆上分别雕龙刻凤后，一起装入精制考究的笔盒里，称为“情侣笔”，作为馈赠新婚朋友的好礼物；把3支风格相同颜色不同的牙刷包装在一起销售，称为“全家乐”牙刷。

同物自组法的创造目的，是在保持事物原有功能和原有意义的前提下，通过数量的增加来弥补不足或产生新的意义和新的需求，从而产生新的价值。

（四）重组组合法

任何事物都可以看作是由若干要素构成的整体。各组成要素之间的有序结合，是确保事物整体功能和性能实现的必要条件。如果有目的地改变事物内部结构要素的次序，并按照新的方式进行重新组合，以促使事物的性能发生变化，这就是重组组合。

在进行重组组合时，首先，分析研究对象的现有结构特点。其次，列举现有结构的缺点，考虑能否通过重组克服这些缺点。最后，确定选择什么样的重组方式。田忌赛马的故事就是这一创新方法的最好例证。

（五）信息交合法

信息交合法是一种基于信息交叉与融合的创新技法，它突破了传统思维的局限性，将不同领域、不同层面的信息进行交汇，通过对比分析、归纳总结，发掘出信息之间的内在联系和潜在价值，进而产生创新的思维和创意。

五、TRIZ 创新方法

知识链接

BRT 免停车上下客系统

现在很多大城市都采用了 BRT 系统，BRT 有效弥补了常规公交速度慢、准点率低和路权等问题，但是仍然存在公交车进站制动停车引起能源浪费、运行效率低、管理成本高等问题。因此，设计一种免停车上下客公交系统具有重要的现实意义。

这种问题可采用 TRIZ 理论的物理矛盾模型来分析。一方面，公交车要满足顺利上下客，进站时就需要停车，并且要让乘客能安全地上车与下车，就需要公交车进站停车的时间越长越好；而另一方面，公交车进站停车的时间越长，能源和时间的无效损耗就越多，即为了降低能源和时间的无效损耗，就需要公交车进站停车的时间越短越好。因此，关于公交车进站停车就出现了“时间”这一参数的明显对立。这就是 TRIZ 理论的物理矛盾。

为了解决物理矛盾，TRIZ 理论提出可以采用时间分离、空间分离、条件分离和系统级别上的分离等分离方法。本方案采用空间分离方法，在空间上将相互矛盾的需求分离开，即考虑将传统的公交车从空间上分割为多个部分，某些部分满足“停车时间长”，其他部分满足“停车时间短”。按照这一思路，将传统公交车分割为乘客车、上客中转车和下客中转车三部分。站台主要由站台扶梯、中转站台、中转车铁轨及中转车供电系统等组成。

免停车上下客系统工作流程如下：第一步，当 BRT 公交车进站前，预上车的乘客进入上客中转车，与此同时，需要下车的乘客通过车内楼梯或电梯预先进入下客中转车，准备下车。第二步，当 BRT 公交车进站，安装在中转车铁轨进站口方向的到位传感器检测到下客中转车准确进入中转铁轨时，分离装置启动，下客中转车与乘客车自动分离，乘客车继续沿行车道前进，下客中转车沿铁轨减速前行；与此同时，上客中转车启动，开始加速前行。当传感器检测到下客中转车减速运行到预定位置，系统自动控制下客中转车停车，开启车门下车。此时，下客中转车替代上客中转车，供下一批乘客上车中转用，因此站台铁轨上始终只需要一辆中转车。第三步，当下客中转车停车时，上客中转车已加速到和底层乘客车同步速度，并在预定位置与底层乘客车通过锁紧装置固定为一体，上下两层车在底层乘客车的驱动下沿着行车道自动行驶，直到下一站，又重复第一步骤。通过以上设计，满足了公交车进站不用停车就能顺利进行乘客上下的需求。

（一）TRIZ 的起源与发展

20世纪以来，随着科学技术的发展，发明问题的数量和复杂性都急剧增加，学者和工程师们迫切希望提高创新效率，在提高新想法产生的速度和增加创新方案的淘汰率两方面对试错法进行改进，由此催生了对创新理论和方法的分析研究。

1946年，年仅20岁的阿奇舒勒成为苏联里海舰队专利部的一名专利审查员，也就是从这时起，他有机会接触大量的专利并对其进行分析研究。在研究中阿奇舒勒发现，发明是有一定规律的，掌握了这种规律有助于做出更多、更高级别的发明。从此，阿奇舒勒花费了将近50年的时间，揭示出隐藏在专利背后的规律，创立了 TRIZ 理论。TRIZ 是俄文单词的缩写，含义是“发明问题解决理论”。TRIZ 的中文翻译“萃智”很形象。实际上，TRIZ 就是从科学技术研究人员、工程师长期勤奋工作取得的发明创造成果中提取出的智慧精华。

学习 TRIZ 不能孤立地就其理论和应用案例去学，否则可能因专业知识面的狭窄或浅显而失去兴趣，应该结合前面讲的创新思维方法、结合自己熟悉的物品或问题、结合自己的专业，去学、去思考、去领悟、去发现。

在阿奇舒勒看来，人们在解决发明问题的过程中，所遵循的科学原理和技术进化法则是客观存在的。大量发明所面临的基本问题是相同的，其所需要解决的矛盾从本质上说也是相同的。同样的技术创新原理和相应的解决问题的方案，会在后来的一次次发明中被反复应用，只是所使用的技术领域不同而已。因此，将那些已有的知识进行整理和重组，形成一套系统化的理论，就可以用来指导后来者的发明和创造。正是基于这一思想，阿奇舒勒与科学家们一起，对数以百万计的专利文献和自然科学知识进行研究、整理和归纳，最终建立起一整套系统化的、实用的、解决发明问题的理论和方法体系（如图3-2所示）。

20世纪90年代初期和中期，随着部分 TRIZ 研究人员移居到欧美等西方国家，TRIZ 也系统地传入西方并引起学术界和企业界的关注。特别是在 TRIZ 传入美国后，密歇根州等地的学者成立了 TRIZ 研究咨询机构，继续对 TRIZ 进行深入的研究，使 TRIZ 得到了更加广泛的应用和发展。

2008年，国家科技部、发展改革委、教育部、中国科协联合发布了《关于加强创新方法工作的若干意见》，明确了创新方法工作的指导思想、工作思路、重点任务及其保障措施等。目前，全国已分批在各省（区、市）开展了以 TRIZ 理论体系为主的创新方法的推广应用工作。

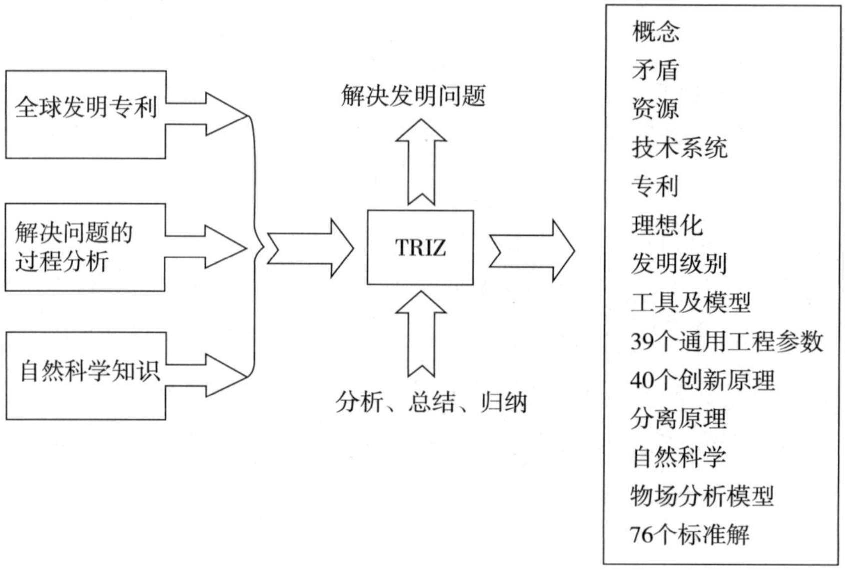

图 3–2　TRIZ 的内容和方法

（二）发明的五个等级

人类历史上的许多发明成果，如爱迪生发明的电报机、电灯等，可以说为人类进步做出了巨大贡献。在现实生活中，发明创造形式多样、种类繁多，其质量、层次也各不相同，小到一个椅子的简单改进，大到一套科学理论的创建。专利本身在创新程度上也各不相同。在具体实现这些发明的过程中，基于它们各自的创新程度不同，对发明者在知识领域、经验、创新能力等方面的要求也各不相同。如要改进一个牙刷的手柄，只要了解产品设计、材料、加工技术就可以了；而要发明一个电动牙刷，则还需要掌握专业的电机、控制技术等。

通过深入分析和研究不同等级发明的特点，可以开发出面向不同等级的科学创新方法和软件工具。TRIZ 理论定义的五个发明等级按照创新程度见表3–5。

表 3–5　发明的级别

发明级别	创新程度	所占比例	知识来源	试错次数
一	明确的结果	32%	个人的知识	1 ～ 10
二	局部的改进	45%	行业内的知识	10 ～ 100
三	根本的改进	18%	跨行业内的知识	100 ～ 1000
四	全新的概念	4%	跨学科的知识	1 000 ～ 10 000
五	重大的发现	1%	最新的知识	10 000 ～ 1 000 000

第一级是最小型发明，指在产品的单独组件中进行少量的变更，这些变更不会影响产品系统的整体结构的情况。该类发明并不需要任何相邻领域的专门技术或知识。特定专业领域的任何专家依靠个人专业知识基本都能做到。利用试错法解决这样的问题通常只需要进行10次以下的尝试。例如，增加隔热材料，以减少建筑物的热量损失；将单层玻璃改为双层玻璃，以增加窗户的保温和隔音效果；用大型拖车代替普通卡车，以实现运输成本的降低。该类发明约占所有发明总数的32%。

第二级是小型发明，指在解决技术问题时，对现有系统某一个组件进行改进，解决了技术矛盾的发明。这一类问题的解决，主要采用本专业内已有的理论、知识和经验，设计人员需要具备系统所在行业中不同专业的知识。解决这类问题的传统方法是折中法。这种发明能小幅度地提高现有技术系统的性能，属于小发明。利用试错法解决这样的问题通常需要进行10～100次尝试。例如，在气焊枪上增加一个防回火装置、把自行车设计成可折叠、把斧头的手柄做成空心以便存放钉子等。该类发明约占所有发明总数的45%。

第三级是中型发明，指对已有系统的若干个组件进行改进，是解决了物理矛盾的发明。这一类问题的解决，需要运用本专业之外但在同一个学科以内的现有方法和知识，如用机械方法解决机械问题，用化学知识解决化学问题。可以用一些组合的物理效应来解决这类问题。如果系统中的一个组件彻底改变，就是很好的发明。例如，利用电动控制系统代替机械控制系统、汽车上用自动换挡系统代替机械换挡系统、在冰箱中用单片机控制温度等。这种发明能从根本上提升现有技术系统的性能，属于中级发明。利用试错法解决这样的问题通常需要进行100～1 000次尝试。该类发明约占所有发明总数的18%。

第四级是大型发明，一般是在保持原有功能不变的前提下，用组合的方法构建新的技术系统。通常是采用全新的原理来实现系统的主要功能，属于突破性的解决方案，能够全面升级现有的技术系统。系统原型中是存在矛盾的，这些矛盾通常是由其他科学领域中的方法来消除的，设计人员需要拥有来自不同科学领域的知识。需要多学科知识的交叉，主要是从科学底层的角度而不是从工程技术的角度出发，充分挖掘和利用科学知识、科学原理来实现发明。在解决第四级发明问题时所找到的原理通常可以用来解决属于第二级发明和第三级发明的问题。例如，内燃机替代蒸汽机、核磁共振技术代替 B 超和 X 光技术、世界上第一台内燃机的出现、集成电路的发明等。利用试错法解决这样的问题通常需要进行1 000～10 000次尝试。该类发明在所有发明中所占比例小于4%。

第五级是特大型发明，这种发明催生了全新的技术系统，推动了全球的科技进步。利用试错法解决这样的问题通常需要进行10万次以上的尝试。这里，问题的解决方法往往不在人们已知的科学范围内，是通过发现新的科学现象或新物质来建立全新的技术系统。就这类发明而言，首先是要发现问题，然后再探索新的科学原理来解决问题。本级发明中的低端发明为现代科学中许多物理问题的解决带来了希望。支撑这种发明的新知识为开发新技术提供了保证，使人们可以用更好的方法来解决现有的矛盾，使技术系统向最终理想迈进了一大步。一般的设计人员通常没有能力解决这类问题。这一类问题的解决，主要依据人们对自然规律或科学原理的新发现。例如，计算机、激光、晶体管、飞机等的首次发明。该类发明约占所有发明总数的1% 甚至更少。

考虑发明级别必须立足于不同历史时期的发明创造对人类的认识水平和社会进步的促进。如晶体管发明于20世纪40年代，它使计算机的体积大大缩小、结构更加紧凑，是今天高度信息化的技术基础，因而属于第五级发明，同属于第五级发明的还有电话、收音机、冰箱、互联网等。一个简单的杯子是一级发明。但对杯子从材料、功能等方面做出不同的改进，就可以达到从第二级到第四级发明。

（三）发明级别划分的意义

阿奇舒勒认为，第一级发明过于简单，谈不上创新，不具有参考价值，它只是对现有系统的改善，并没有解决技术系统中的任何矛盾；第二级和第三级发明解决了矛盾，可以看作创新；第四级发明也改善了一个技术系统，但并不是解决现有的技术问题，而是用某种新技术代替原有技术来解决问题；第五级发明是利用科学领域发现的新原理、新现象推动现有技术系统达到一个更高的水平，它对于工程技术人员来说又过于困难，也不具有参考价值。

利用 TRIZ 能帮助工程技术人员解决第一级到第四级的发明问题，而第五级的发明无法利用 TRIZ 来解决。阿奇舒勒曾明确表示：利用 TRIZ 方法可以帮助发明家将其发明的级别提高到第三级和第四级水平。

阿奇舒勒认为，如果问题中没有包含矛盾，那这个问题就不是发明问题，或者说不是 TRIZ 问题。这就是判定一个问题是不是发明问题的标准。需要注意的是，第四级发明是利用以前在本领域中没有使用过的原理来实现原有技术系统的主要功能，属于突破性的解决方法。

发明级别对发明的水平、获得发明所需要的知识以及发明创造的难易程度等概念进行了量化。总体上，对发明级别有以下几方面的认识：

（1）发明的级别越高，完成该发明时所需的知识和资源就越多，这些知识和资源所涉及的领域就越宽，搜索所用知识和资源的时间就越多，因此就要投入更多、更大的研发力量。

（2）随着社会的发展、人类的进步、科技水平的提高，已有发明级别也会随时间的变化而不断降低。因此，原来级别较高的发明，逐渐变成人们熟悉和容易掌握的东西。而新的社会需求又不断促使人们去做更多的发明，生成更多的专利。

（3）对于某种核心技术，人们按照一定的方法论对该核心技术的所有专利按照年份、发明级别和数量做出分析以后，可以描绘出该核心技术的 S 曲线。S 曲线对于产品研发和技术的预测有着重要的指导意义。

（4）统计表明，第一、二、三级发明约占所有发明总数的95%，这些发明仅仅是利用了人类已有的、跨专业的知识体系。由此，也可以得出一个推论，即人们所面临的95%的问题，都可以利用已有的某学科内的知识体系来解决。

（5）第四、五级发明只占所有发明总数的5% 左右，却利用了整个社会的、跨学科领域的新知识。因此，跨学科领域的知识获取是非常有意义的工作。当人们遇到技术难题时，不仅要在本专业内寻找答案，也应当向专业外拓展，寻找其他行业和学科领域已有的、更为理想的解决方案，以求获得事半功倍的效果。人们从事创新，尤其是在进行重大的发明时，就要充分挖掘和利用专业外的资源，因为创新设计所依据的科学原理可能属于其他领域。

实训　奥斯本检核表法

【实训目标】

1. 明确奥斯本检核表法要提出的九个方面问题。
2. 掌握奥斯本检核表法的实施步骤。
3. 学会运用奥斯本检核表法分析产品。

【实训流程】

流程1——选择并介绍某一典型产品

根据自身的兴趣和实践需要，选择某一典型产品，全面详细介绍该产品的相关信息。

1. 选择的典型产品名称：________________________________

____

____

____

2. 该典型产品的介绍（如形状、材质、特性、价格、功能、使用方法等）：

流程2——使用奥斯本检核表法的九个问题进行联想

根据产品需要解决的问题，参照表3-6中列出的九个问题，运用丰富的想象力，强制性地一个个核对讨论，写出尽可能多的新设想。

表 3-6 奥斯本检核表法的九个问题

检核项目	新设想
能否他用	
能否借用	
能否改变	
能否扩大	
能否缩小	
能否代替	
能否调整	
能否颠倒	
能否组合	

流程3——提出改进创造方案

对提出的新设想逐一进行分析和筛选，结合实际需求，筛选出2～3个最有价值、最有创新性和可行性的设想，提出改进方案，创造出新产品。

【小提示】

运用奥斯本检核表法的注意事项

奥斯本检核表法的核心是改进。因此，在具体运用时要注意以下四个方面：

（1）要联系实际一条一条地进行检核，不要有遗漏；

（2）要多检核几遍，效果会更好，或许会更准确地选择出所需创新、发明的方面；

（3）在检核每项内容时，要尽可能地发挥自己的想象力和联想力，产生更多的创造性设想。进行检索思考时，可以将每大类问题作为一种单独的创新方法来运用；

（4）检核方式可以根据需要，1人检核也可以，多人共同检核也可以。特别是集体检核，可以互相激励，产生头脑风暴，更有希望创新。

【思考练习题】

一、名词解释

1. 思维导图

2. 列举法

二、简答题

（1）在生活中你能举一个运用列举法的例子吗？

（2）谈谈思维导图法具有哪些优点？

思政之窗

在党的二十大报告中，习近平总书记指出："一些关键核心技术实现突破，战略性新兴产业发展壮大，载人航天、探月探火、深海深地探测、超级计算机、卫星导航、量子信息、核电技术、大飞机制造、生物医药等取得重大成果，进入创新型国家行列。"

项目四　创业基础知识

学习目标

知识目标

★　了解创业的概念、要素，创业活动的特征和类型。

★　把握创业资源。

★　了解创业对经济社会发展的作用。

★　了解创新创业的类型，了解新时代大学生创新创业的现状。

能力目标

★　能够理性认识大学生创业的典型问题。

★　能够为自己设计一份合理的创业规划。

素质目标

★　大学生创业能够提高自己的能力，增长社会实战经验。

★　培养不断奋进的精神，开阔视野，增长见识。

思政目标

★　通过学习，大学生应该不断地学习创业知识，并且积极参加大学生创新创业大赛等各级各类创新创业竞赛，提升创新创业本领和综合素质，为日后创业打下坚实的基础。

案例分享

7月16—19日，第八届中国国际“互联网+”大学生创新创业大赛江苏省选拔赛暨第十一届江苏省大学生创新创业大赛决赛在南京农业大学举行。经过激烈角逐，最终江南大学参赛团队荣获一等奖7项、二等奖3项、三等奖14项，学校获优秀组织奖。在本届“互联网+”省赛中，江南大学取得了多项突破，一等奖获奖项目数再创新高，主赛道封顶（每个高校最多5项）；产业赛道首次突破，2项获得省赛一等奖；1个项目以小组第二挺进四强争夺赛，打破以往进入四强争夺赛的最好成绩。

荣获本届“互联网+”省赛一等奖的7个项目分别为：来自食品学院的主赛道项目《康速检——国内单克隆抗体技术产品领跑者》《鲲华生物——高纯度、纯天然Omega-3鱼油产品引领者》、产业赛道项目《“植”入人心——纯植物基模式引领奶油市场新风向》；生物工程学院的主赛道项目《智膳菌群——中国首款体外胃肠道消化系统平台》《药食同源健康茶饮引领者》、产业赛道项目《酒糟资源化利用培养海洋微藻生产DHA》；环境与土木工程学院的主赛道项目《璃音——打造中国领先的商业音乐营销品牌》，该项目也以小组第二的成绩进入了四强争夺赛。此外，环境与土木工程学院的《以废治废——清风“解”泥领航生态循环经济》直接进入训练营环节，因此江南大学共计8个项目参加本届“互联网+”省赛训练营。

自2022年4月以来，江南大学积极响应第八届中国国际“互联网+”大学生创新创业大赛要求，早谋划、早实施、早培育，多次深入学院开展一线指导与服务，提前启动校内项目的选拔孵化工作，遴选出32支优秀团队进入校级训练营。截至省决赛前，江南大学共举办12期校内训练营，邀请了十余位具有丰富评审经验的校内外专家，逐一对每个项目进行针对性的指导，从大赛评审规则解读、商业计划书撰写、项目路演等方面开展了系统讲解。本届大赛组织过程中得到了各学院、场馆中心及信息化中心等多部门的大力支持，也得到了校领导及各学院领导的亲切关怀，在训练营的开展过程中为参赛队员加油助威，鼓励大家要充满自信、彰显实力，比出江南水平、赛出江南风格。

任务一 创业概述

一、创业的概念

在很多人的观念里，创业就是创办一家新的企业。但是创业真的只是创办新企业吗？不同的创业研究者从自己的角度对创业给出了不同的定义。1994年，美国学者莫瑞斯对创业文献中关于创业定义的关键词进行统计，发现出现频率最多的依次是"启动、创建、创造""新事业、新企业""创新、新产品、新市场""追逐机会""风险承担、风险管理、不确定性"等，如表4–1所示。

表 4–1 创业定义中包含的关键词

序号	对创业定义不同的理解	频数	序号	对创业定义不同的理解	频数
1	启动、创建、创造	41	10	价值创造	13
2	新事业、新企业	40	11	追求成长	12
3	创新、新产品、新市场	39	12	活动过程	12
4	追逐机会	31	13	已有企业	12
5	风险承担、风险管理、不确定性	25	14	首创活动、做事情、超前认知与行动	12
6	追逐利润、个人获利	25	15	创造变革	9
7	资源或生产方式的新组合	22	16	所有权	9
8	管理	22	17	责任、权威之源	8
9	统帅资源	18	18	战略形成	6

根据学者们给出的定义，创业的定义可以分为狭义的定义和广义的定义。狭义的创业是指创办新的企业，在英文中常用"startup"表示。当前所说的创业很多指的就是狭义的创业，即创办一家新企业。创业是谋划、创建和运行企业的过程。

广义的创业是指开创新的事业，在英文中常用"entrepreneurship"表示。在广义的创业定义中，除了强调创业行为外，更强调在创业行为中所体现的创新创业的精神对于创业行为的重要性。相比狭义的创业，广义的创业涵盖的范围和深度都有所扩展。创业是一个寻找机会、开发产品、利用资源、制订计划和实施计划的不断试验和往复循环的过程，这个过程包含很多通用的思考和推理的行动和方法。这个定义不仅意味着创办新企业，还意味着孕育人类的创新精神和改善人类的生活。

创业基础是一门面向全体学生的通识必修课，这里所指的创业就是广义的创业。创业活动普遍存在于各种组织和个人活动中，哈佛大学史蒂文森教授认为“创业是不拘泥于当前资源条件的限制追寻机会，将不同的资源组合以利用和开发机会并创造价值的过程”。

随着经济与科技的快速发展，我们面对着一个充满不确定性的世界。美国百森商学院这样描述创业：“这个世界比任何时候都需要各式各样的创业者，他们创造性地思考和行动，他们能够把机会变成现实，并且为自己和他人创造经济与社会价值。”所以在某种意义上讲，创业就是把有价值的想法变成现实，开创属于自己的事业。创办新的企业只是创业的一种形式，面对充满高度不确定性的未来，大学生不一定都去开公司，但要学会像创业者一样去思考和行动。大学生可以在各自的工作岗位上把机会变为现实，创造经济与社会价值。

知识链接

创新与创业的关系

创新与创业二者相互促进又相互制约，是密不可分的辩证统一体。创新是创业的基础，因为创新的成效，只有通过未来的创业实践来检验。创业是创新的载体和表现形式，创业的成败取决于创新教育根基的扎实程度。

1. 创业孕育着创新

很多创新并非突发奇想，而是在创业中不断革新。例如，马云刚刚踏入互联网的时候，做的是黄页，后来参加广交会被拒绝受到了刺激，也看到了广大中小企业的贸易商机，做出了现在的淘宝网。从严格意义上说，早期淘宝网还不算创新，只算创业，但后来的支付宝、蚂蚁花呗就算是创新了。又如百度，从强手如林的搜索引擎做起，不畏惧强大的对手，不畏惧竞争，现在又涉足人工智能领域，弄得风生水起、津津有味，真的算是创业创新的楷模了。

2. 创新未必意味着创业

有些技术或者有些想法，貌似很好，但是经不起推敲，经不起琢磨，未必有真正的市场，原因是什么呢？一个是没有真正的市场需求，或者需求远远尚未到来；另一个就是不靠谱。如果拿这些所谓的创新来创业，那么必然得到两个结果，要么艰苦地等待市场的到来，要么坚持不下去以失败而告终。

二、创业的要素与特征

（一）创业的要素

人们研究创业活动的一个基本方法就是分析创业要素，即分析分析具备了哪些要素就可以进行创业活动了。迄今为止，人们对创业要素的认识和分析中，最为典型和公认的创业要素模型为蒂蒙斯模型。该模型提炼出了创业的三大关键要素，即创业机会、创始人及其创业团队、创业资源，如图4–1所示。这三个核心要素是创业活动中不可或缺的。

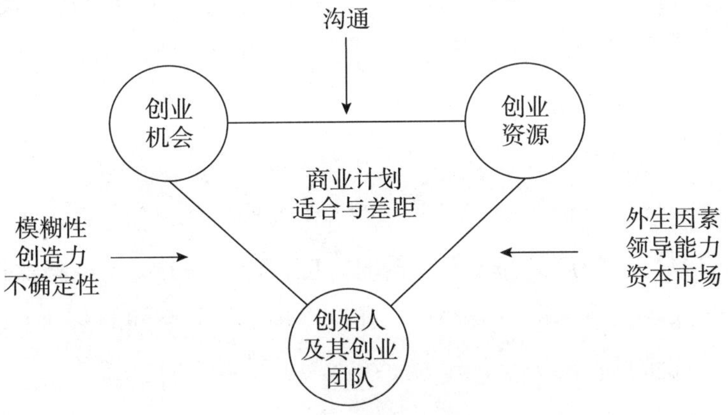

图 4–1　蒂蒙斯模型

（1）创业机会：创业过程的核心驱动力，如果没有机会，创业活动就成了盲动，难以创造真正的价值。

（2）创始人及其创业团队：创业过程的主导者和核心，如果没有他们的主观努力，创业活动是不可能发生的。

（3）创业资源：创业成功的必要保证，创始人及其创业团队把握住合适的机会后，还需要有相应的资金和设备等资源，如果没有必要的资源，机会也就难以被开发和实现。

值得说明的是，创业过程实际上是三个要素之间相互作用，由不平衡趋向平衡的过程。

（二）创业的特征

1. 机会导向

创业活动实质上就是识别、开发和利用机会，实现机会价值的过程。

2. 有效整合资源

资源可分为无形资源和有形资源、物质资源和非物质资源。创业者如能充分了解自身拥有的各种资源条件的优势与不足，合理进行整合运用，就能为成功创业奠定坚实基础。

3. 价值创造

价值创造强调的是对社会和经济发展的贡献，以及对人们物质和精神生活的丰富作用。只有突出价值创造的创业活动才有生命力，才有生存和发展的机会。

4. 超前行动

创业活动的机会导向特征决定了创业活动必须突出速度，并做到超前行动。

5. 创新和变革

创业离不开创新，同时创新与变革又紧密关联。创业者不改变自己长期的思维模式，就难以识别创业机会，也就无法做到创新。对于创业者及其所创建的企业来说，创业与发展的过程永远是不断变革的过程。

6. 顾客导向

创业者在开展业务活动时，应首要关注顾客的识别工作，通过深入了解顾客的实际需求，精准提供符合其期望的产品与服务。同时，应积极构建并维护战略伙伴关系，以此作为扩大销售、增强市场占有率的重要手段。在取得一定发展空间的基础上，创业者应审慎评估并界定多个可能市场中的一个，作为后续发展的重点方向。

三、创业的过程与阶段

创业过程一般可以划分为创业动机的产生、创业机会的发现与识别、资源的整合、企业的创建、新创企业的成长和创业的收获六个阶段。

1. 创业动机的产生

一个人是否能成为创业者，直接受三方面因素的影响。一是个人特质。每个人都具有创业精神，但其强度不同，如温州人有强烈的创业动力，其中环境起到了很大作用；二是创业机会。创业机会的增多会形成巨大的利益驱动，促使更多的人创业；三是创业的机会成本。随着社会保障体系的建立和健全，产权制度改革的深化，原有体制差别形成的特殊利益会逐渐减少，结果会进一步降低创业成本，激发人们的创业动机。

2. 创业机会的发现与识别

创业机会一般分为两种：一种是意外发现的，一种是经过深思熟虑才发现的。国家产业政策的调整、新技术的出现、人口和家庭结构的变化、人的物质和精神需要的变化、流行时尚等都可能形成商业机会。作为创业者，应该具有敏感的嗅觉，能够及时地、准确地识别创业机会。识别之后，还要对机会进行评价和提炼。这里需要创业者将知识、经验、技能和其他市场所需的资源进行整合。

3. 资源的整合

整合这些资源是创业过程最为关键的阶段之一，除非成功地完成这个阶段，否则无论多么有吸引力的机会，或者有多好的新产品和服务，创意都等于零。创业者需要整合的资源包括：基本信息（有关市场、环境和法律问题）、人力资源（合作者、最初的雇员）和财务资源等。

4. 企业的创建

企业的创建需要进行大量的准备工作，其中创业计划、创业获取资金和注册登记尤为关键。创意能否变成行动，关键看其能否形成一个周密的创业计划；资金往往成为新创企业的“瓶颈”，创业获取资金在企业的创建过程中至关重要；当创业者完成创业计划并获得资金之后，就可以按照法定程序进行注册登记。包括确定企业的组织形式、设计企业名称系统、向工商行政管理机关提出企业登记注册申请、领取《企业法人营业执照》等内容。

5. 新创企业的成长

新创企业要在市场上取得成功，就需要在企业营销策略、组织调整、财务稳健管理等经营管理方面更上一层楼，这是企业成长管理的重要内容。从成长走向成熟的标志之一是能够建设好自己的品牌，形成名牌，在品牌、知识和企业文化等方面形成竞争优势。

6. 创业的收获

创业结果指在预期阶段内可感知的成功或失败。对创业者来说，回报可能是多种多样的，须从中进行仔细选择，以使收益最大化。对回报的满意程度在很大程度上取决于创业者的创业动机。有调查发现，多数创业者的创业动机首先是自己当老板，然后才是追求利润和财富，对这些人来说，当老板的感受就是回报。我国证券市场“中小企业板”的开通，为“二板市场”建设摸索经验，也对创业者获取回报，继续创业创造了条件。

知识链接

国内创业者基本类型

（一）生存型创业者

生存型创业者大多为下岗工人、失去土地或因为种种原因不愿困守乡村的农民，以及刚刚毕业找不到工作的大学生。

一般创业范围均局限于商业贸易，少量从事实业，也基本是小型的加工业。

（二）主动型创业者

主动型创业者又可以分为两种，一种是盲动型创业者，一种是冷静型创业者。前一种创业者大多极为自信，做事冲动。这种类型的创业者，大多是风险偏好者，喜欢买彩票，喜欢赌，而不太喜欢检讨成功概率。这样的创业者很容易失败，但一旦成功，往往就是一番大事业。冷静型创业者是创业者中的精华，其特点是谋定而后动，不打无准备之仗，或是掌握资源，或是拥有技术，一旦行动，成功概率通常很高。

（三）赚钱型创业者

赚钱型创业者除了赚钱，没有什么明确的目标。他们就是喜欢创业，喜欢做老板的感觉。

（四）创意创新型创业者

此类创业模式对创业者的个人素质要求很高，创业成功往往形成独角兽企业、有时形成新的业态。

任务二　创业的构成要素

一、人的因素

人是创业活动的主体，创业活动离不开人，而人的因素又包括以下内容。

1. 创业者

创业者就是善于发现和把握机会，并由此创造出新产品或服务以满足社会需要和实现其潜在价值的人。创业者可以是一个人也可以是一个团队。

2. 人际关系

人际关系包含两部分：内部的人际关系和外部的人际关系。人是生活在与他人的关系中，不是孤立的个体，因此创业者不仅需要与内部人互相合作，还要和供应商、客户、当地政府和社区都发生相互联系。

二、物的因素

物的因素也是创业过程中不可缺少的条件。尤其是生产性的企业不仅需要原料、厂房，还需要运输工具，然后销售产品。创业过程中物的因素主要包括以下几方面。

1. 资金

我国在1999年将个人独资企业的注册资金降低到1元，达到这个象征性的标准就可以开办一个公司或一个工厂。但是，创业所需的资金远不止这些，技术（或专利）、生产设备、原材料的购买以及人员的招募等都需要大量的资金。

2. 技术

提高技术含量在新创企业中已经成为发展趋势，高技术产品所占的比例会越来越高。

3. 原材料和产品

任何企业从事经营活动，均须经历由资本投入到经济效益产出的完整过程。例如在生产型企业的创业过程中就包括原材料采购和产品销售。

4. 生产手段

就是如何生产出产品，包括设备、工艺制作以及相关的人员。

三、社会因素

社会因素是创业体系的一个重要组成部分。创业中的社会因素包括以下几点。

1. 社会经济条件

一个人能否顺利创业，首先取决于这个社会的经济发展是否给人们提供了创业的条件和机会。改革开放政策实施以来，我国经济以年均8% 以上的速度迅速发展，产业结构日趋优化，人们生活水平不断提高。在这种经济环境下，人们需求越来越多样化、个性化。由于满足需求而导致的创业机会不断涌现，为大学生提供了机会和条件。

2. 法律政策条件

创业者能够顺利创业当然离不开相应的法律政策，特别是允许个人创办、经营企业的相关政策。目前。我国的《公司法》《个人独资企业法》《合伙企业法》等法律和一系列相关政策已经出台并生效，公司、个人独资企业和合伙企业等3种最常见的企业形式的法律主体地位已经得到确立，创立企业的门槛大大降低。为大学生创业提供了最基本的法律保障，营造了宽松的政策环境。

3. 社会心理条件

社会的文化心理状况同样是影响创业的重要因素。在美国，99% 以上的人认为创业是一项令人尊敬的工作，成功的创业者会得到相当高的评价。这种现象不仅营造了有利于创业的文化心理氛围，而且也给予创业者莫大的精神支持。近年来，随着我国对经济发展的日益重视，人们的创新意识和能力得到了提高和增强，各种形式的创业活动不断涌现。大学生在当前支持、鼓励创业的大好社会文化心理条件下，应当在创业活动中表现更出色，取得更辉煌的成就。

四、组织因素

组织因素是企业协作体系的核心。人的能动性要通过组织来实现，只有通过组织的作用才能创造新的价值。在创业活动中，组织因素具有以下作用。

1. 决策作用

决策在创业活动中非常重要，既包括对创业目的的规定，也包括对实现目的之手段的决定。它决定着创业活动的方向，进而影响企业的发展。

2. 创建组织

创业通常由一个人或团队来进行，因此需要组织和管理。通过分工与协作，有条不紊地完成创业的相关活动。

3. 激励员工

“人心齐，泰山移”，创业需要最大限度地发挥现有人力资源的作用，激励参与创业者就成为创业活动的一项重要内容。

任务三　创业类型及创业过程

一、创业类型

1. 创业类型分析

创业活动涉及各行各业，创业者的创业动机千差万别，创业项目和领域多种多样，创业的类型也因此呈现多样化，可以从不同角度做出分类，如表4–2所示。

表 4-2　创业的类型

分类标准	创业类型
创业动机	生存型创业 机会型创业
创业起点	创建新企业 企业内部创业
创业者数量	独立创业 合伙创业
创业项目性质	传统技能型创业 高新技术型创业 知识服务型创业
创业方向（风险）	依附型创业 尾随型创业 独创型创业 对抗型创业
创新内容	基于产品创新的创业 基于营销模式创新的创业 基于组织管理体系创新的创业

（1）生存型创业和机会型创业

基于创业者创业动机的不同，创业可分为生存型创业与机会型创业。

生存型创业，是指创业者为了生计而相对被动进行的创业。其主要特征为：创业者受生活所迫，物质资源贫乏，在现有市场中捕捉机会，从事低成本、低门槛、低风险、低利润的创业。譬如，我国改革开放初期的创业者以及下岗职工的创业行为大都属于这种类型；机会型创业，是指创业者为了追求商业机会，谋求更多发展而从事的创业活动。例如，李彦宏创办百度就是典型的机会型创业。他舍弃在美国的高薪岗位，毅然回国创业，其主要原因是因为他发现和把握了互联网搜索引擎存在的巨大商机，同时，自己期望实现人生的更大发展。

（2）创建新企业和企业内部创业

基于创业起点的不同，创业可分为创建新企业和企业内部创业。

创建新企业是指创业者或团体从无到有地创建全新的企业组织。这个过程充满机遇，但风险和难度也很大；企业内部创业是指在已有公司或企业内进行创新创业的过程。例如，企业流程再造。正是通过二次、三次乃至连续不断地创新创业，企业的生命周期才能不断地在循环中延伸。

（3）独立创业和合伙创业

基于创业者数量的不同，创业可分为独立创业和合伙创业。

独立创业是指创业者独立创办自己的企业。其特点在于产权归创业者个人所有，企业由创业者自由掌控，决策迅速，但创业者要独自承担风险，创业资源整合比较困难，并且受个人才能限制；合伙创业是指与他人共同创办企业，其优势劣势正好与独立创业相反。

（4）传统技能型创业、高新技术型创业和知识服务型创业

基于创业项目性质的不同，创业可分为传统技能型、高新技术型和知识服务型创业。

传统技能型创业是指使用传统技术、工艺的创业项目。比如生产饮料、中药、工艺美术品、服装与食品加工等。这些独特的传统技能项目在市场上表现出经久不衰的竞争力；高新技术型创业是指知识密集度高，带有前沿性、研究开发性质的新技术、新产品创业项目（图4–3）；知识服务型创业是指为人们提供知识、信息的创业项目。当今社会，各类知识性咨询服务机构不断细化和增加，这类项目大都投资少、见效快、市场前景广阔。

图 4–3　高新技术型公司

（5）依附型创业、尾随型创业、独创型创业和对抗型创业

基于创业方向或风险的不同，创业可分为依附型、尾随型、独创型和对抗型创业。

依附型创业可以是依附于大企业或其产业链而生存，在产业链中确定自己的角色，为大企业提供配套服务，也可以是特许经营权的使用，如利用某些品牌效应和成熟的经营管

理模式进行创业；尾随型创业指模仿他人所开办的企业和经营项目，一般是行业内已经有许多同类企业，创业者尾随他人，学着别人做；独创型创业是指提供的产品和服务能够填补市场空白，大到商品完全独创，小到商品的某个技术独创；对抗型创业是指进入其他企业已形成垄断地位的某个市场，与之对抗较量。如针对20世纪90年代初外商在中国市场上大量销售合成饲料的局面，希望集团建立了西南最大的饲料研究所，定位于与外国饲料争市场，最终取得了成功。

（6）基于产品创新的创业、基于营销模式创新的创业和基于组织管理体系创新的创业

基于创新内容的不同，创业可分为基于产品创新的创业、基于营销模式创新的创业和基于组织管理体系创新的创业。

基于产品创新的创业是指基于技术创新或工艺创新的成果，产生了新的消费者群体，从而导致创业行为的发生；基于营销模式创新的创业是指采取了一种有别于其他厂商的市场营销模式，因而可能给消费者带来更高的满足感；基于组织管理体系创新的创业是指采取一种有别于其他厂商的企业组织管理体系，因而能更有效地实现产品的商业化和产业化。

二、创业过程

创业是一个长期的过程，包括创业者从产生创业想法到创建新企业或开创新事业并获取回报的过程，涉及识别机会、组建团队、寻求融资等活动。创业过程可以按时间顺序划分为四个阶段：机会识别、资源整合、创办新企业、新企业生存和成长，具体可参考表4-3。

表 4-3　创业过程的四个阶段

第一阶段 机会识别	第二阶段 资源整合	第三阶段 创办新企业	第四阶段 新企业生存与成长
产生创业动机 识别创业机会 评估机会的风险与回报 行业发展与市场竞争 ……	组建创业团队 撰写创业计划 进行创业融资 ……	按法定程序创办企业 选择合适的商业模式 确定组织形式 产品或服务 ……	企业文化建设组织与人力资源管理 产品或服务发展计划 技术、营销、财务等计划 战略管理 危机管理 ……

(1)机会识别

识别创业机会是创业过程的起点，是非常核心的一个环节。创业者一般都具有强烈的创业动机，这动机无论是自发产生的还是由于看到商机、受到潜在收益的诱惑才产生的，都会推动创业者去发现和识别创业机会。但是仅仅发现创业机会并不是真正成功的第一步，创业者还应当考虑创业机会的实际价值、可能存在的风险与回报，以及采取什么形式或途径才能使机会变成实际价值等问题，多交流，多观察，多获取，多思考，多分析，最终才能抓住创业机会。

(2)资源整合

整合资源是创业者开发机会的重要手段。一般情况下，创业者可以直接控制的可用资源很少，创业几乎都会经历白手起家、从无到有的过程，所以创业者要善于尝试依靠盘活别人掌握的资源来帮助和实现自己的创业起步。

(3)创办新企业

新企业的创建是创业者的创业行为最为直接的标志。创业者要按照法定程序创办企业，选择合适的商业模式和组织形式，提供满足市场需求的产品和服务，确定适合于产品或服务的营销模式等内容。值得注意的是，许多创业者在创业初期迫于生存的压力，以及对未来缺乏准确预期，往往容易忽视这部分工作，结果给以后的发展留下了隐患。

(4)新企业生存和成长

创业者识别机会、整合资源、创建新企业的目的是为了实现自己的创业目标，因此，创业者必须面对挑战，采取有效措施，加强企业管理，逐步把企业做活、做好、做大、做强。

任务四　大学生创业现状分析

一、大学生创业的意义

(一)大学生创新创业教育是实现中国梦的源泉

近代以来，在世界大国实现强国梦的历史进程中，科技革命发挥了重要作用。中国历史发展错过了第一次、第二次科技革命和工业革命的高潮期，与西方发达国家差距越拉越大。中国发展抓住了第三次科技革命和工业革命的尾巴，力争我国信息技术和信息产业的发展水平进入世界先进行列。历史告诉我们，科技革命带动工业革命，是一个民族崛起、一个国家梦想成真的一个关键性先导力量。作为第一生产力的科技创新，是实现国家富强、民族振兴和人民幸福的决定性因素。因此，创新是实现中国梦的决定性基础力量。

众所周知，以大学生为代表的青年人是科技创新的主力军，离开了大学生的创新，一个国家的高科技产业将不知何去何从。“中国大学生为何缺乏创新创业精神？”这一直是教育界讨论的话题。很多教育学家认为：缺乏创新的缘由是中国教育的方式。机械式教育下的中国学生面对任何问题只追求一个正确答案。在高校开展创新创业教育不仅仅是为了解决大学毕业生就业问题，也是深化高等教育改革的重要途径，更是为各行各业输送拥有创新精神和创业品质的优秀人才的关键渠道。因此，从某种意义上说，大学生创新创业教育是实现中国梦的源泉。

（二）大学生创新创业教育是推动经济社会发展的动力

“21世纪是知识经济占国际经济主导地位的世纪。”创新是知识经济发展的强劲动力。创新人才成了各国竞争取胜的关键所在。创新、创业和中国的发展紧密相关。创业教育在缓解社会就业压力等方面的促进作用日益增强。国外的大学生创业教育起步比较早，比如美国，在20世纪最后的25年里，创业者和创新者已经极大地改变了美国经济的格局。当今美国很大一部分财富是由20世纪80年代的创业者创造的，而且大部分是在校或者已毕业的大学生。为什么会有这样的可喜情况？很重要的原因之一是美国的创新创业教育发展比较好。因为创新创业教育能够培养创业人才，促进高新技术产业化，带动国民经济迅速增长，促进知识产业化，为发展知识经济服务。

（三）大学生创新创业教育是培养高素质人才的重要途径

2015年，李克强总理在政府工作报告中明确提出要“大众创业、万众创新”。此后国家采取了多项举措，充分激发群众智慧和创造力，打造中国经济新引擎，希望通过鼓励“大众创业、万众创新”来带动创新驱动型经济。创新驱动型经济体现资源节约和环境友好的要求，是以知识和人才为依托、以创新为主要驱动力、以发展拥有自主知识产权的新技术和新产品为着力点、以创新产业为标志的经济。当前经济发展的种种迹象表明，世界正在经历一场变革，即将或正在跨入一个新的经济增长周期。这种新型经济的增长对高素质人才的需求不断增大，也为大学生创新创业教育带来巨大的挑战和机遇。解决这些问题首先要做的就是全力发展符合创新时代背景的新型教育事业，以培养富有创新精神的优质人才。

大学生创新创业教育应率先承担起这个责任，将创新创业精神的培育和引导贯穿于教育教学全过程，目标在于培养高素质创新型人才，鼓励和引导大学生在新创意、新创造、新技术领域内创新创业，帮助大学生提升创新视野、创业能力、科学素养、领袖精神，优化创新创业环境。大学生创新创业教育并不仅限于培养大学生开公司、办企业，而是重在培养他们的创新思维和创业精神，提升大学生的专业知识、实践能力、领导水平等，而这些素质都是当代企业所急需的。

教育部前部长陈宝生在第三届中国“互联网+”大学生创新创业大赛颁奖典礼暨闭幕式上指出，各地各高校和广大青年学生要将青春梦、创新创业梦与中国梦紧密结合，用创新创业成果为中华民族伟大复兴奉献青春力量；将思想政治教育与创新创业教育紧密结合，努力造就理想信念坚定、专业知识扎实、具有创新创业能力、德才兼备的有为人才；将创新创业教育改革与高等教育综合改革紧密结合，形成科学合理、灵活多样的教学管理制度新体系，全面提高人才培养能力；将中国探索与走向国际紧密结合，进一步提升我国教育的国际话语权、影响力和竞争力。

二、大学生创业的制约因素

培养大学生创业能力，是解决大学生就业难问题的内在要求，也是促进经济增长、促进社会和谐的必然选择。然而，大学生创业能力的培养，也会受到大学生自身、高等院校、社会环境等诸多因素的影响和制约。

（一）大学生自身条件的制约

首先，大学生虽然有较高的创业热情，但受“学而优则仕”等传统观念的影响，他们普遍缺乏创业意识和创业心理，他们对创业的理解，大多停留于课本知识，容易脱离现实情况，缺乏对创业计划的可行性论证，有时仅仅凭借个人的主观臆断鲁莽行动。其次，成功的创业，既要有科学严谨的创业计划，还要有必要的资金投入。银行贷款、风投资金等外部金融出于自身风险考虑，不会轻易提供金融支持，更多的创业者只能依靠家庭支持。家庭资金实力及其支持力度，在很大程度上决定了大学生初始创业的投资能力。综上所述，正是由于创业经验的匮乏和投资能力的限制，大学生创业实践不足，致使其难以在创业实践中获得能力的培养。因此，大学生自身条件限制是影响其创业能力培养的重要因素。

（二）高等院校方面的制约

从高等院校的角度来讲，影响大学生创业能力培养的因素，首先是缺乏个性化的创业培养。目前的创业培养，主要通过课堂教学、专业讲座等广谱模式而展开，这虽然可以帮助大学生掌握创业基本知识、在一定程度上激发创业激情，但对提高大学生创业成功率很有限制。其次是专业性创业实践培养不足。尽管各高校的专项创业能力培养活动较多，但在具体的活动设计和实施过程中，存在目标不明确、可行性较差、脱离专业学科等诸多问题，影响了创业实践活动的效果。再次是创业知识传授定位不明确。创业知识的传授，不能仅仅局限于激发创业激情、传授创业知识，更重要的是培养创新能力和创业能力。由于定位不明确，加上高校教师自身在创业实践方面的经验不足，影响了大学生创业能力的培养和提升。最后，高校内部创新、创业能力培养自成体系，脱离社会和市场环境，也是造成大学生创业能力难以适应社会需求、影响创业能力培养的重要因素。

（三）社会环境方面的制约

首先，传统的求稳心理，影响了大学生创新潜能的开发，致使大学生缺乏创业勇气，甚至对创业行为持排斥态度。其次，很多家长希望子女完成学业后，得到体面、稳定的高薪工作，反对子女冒险创业、艰苦创业，无形之中影响着大学生创业能力的培养。最后，尽管我国各级政府历来重视解决大学生就业难问题，并鼓励大学生自主创业，但相关制度建设相对滞后，尤其在工商注册、财税激励、金融支持方面的政策优惠不足，限制了大学生创业积极性和成功率，也影响了大学生创业能力的培养。

知识链接

大学生创业要做好的几件事

1. 要了解创业者应该具备的素质，自我比照、分析后，有针对性地提高。

2. 要了解优秀创业团队的特征，通过各种途径练习组建并管理团队，锻炼自己的领导力。

3. 要全面了解和评估创业环境，熟悉并利用相关的创业政策。

4. 要多渠道、多途径寻找机会，客观评估，学会整合资源。

5. 要先用加法做商业计划书，再用减法做融资路演的报告。

6. 要准确预测创业资金需求。

7. 要根据实际情况进行企业的选址。

8. 企业的生存离不开合适的组织设计、精准的产品开发、迅速的市场营销、精细的财务管理和干练的人力资源。

9. 企业的成长要有系统的战略部署。

三、大学生创业的优势与劣势

大学生处在职业选择和事业起步的关键期，既有创业的优势——系统的专业知识和技能、思维灵活、创新意识强；又有明显的不足——社会阅历欠缺、人际交往面窄、适应性弱等。因此，大学生创业较之其他群体有其特殊性。

（一）大学生创新创业优势

“年轻”是大学生突出的创业优势，大学生有活力，对认准的事情会义无反顾地去尝试；大学生具有较高层次的知识，具有较高的文化水平及技术力量，能够为创业提供技术支撑，知识资源成了大学生创业的最大优势；大学生思维活跃，善于创新，思路清晰，创意新颖，能将所学的知识很快内化为本领，外化为发明；为了促进大学生创新创业，各地政府专门为大学生制订了相关的优惠政策。图4–4所示为大学生创业。

图 4–4　大学生创业

（二）大学生创新创业劣势

大学生缺乏经验，缺乏系统化的知识结构，尤其缺乏人脉关系和商业网络；大学生创业启动资金有限，起步困难；政府各种扶持政策具体落实困难；目前我国大学生创业大多属于低水平、同质化创业，缺少创新性技术和原创性项目支撑，产品缺少竞争力。

四、大学生正确创业观的树立

创业是把双刃剑，在大学生创业者中不乏创业失败者，一旦创业受挫，影响持久，甚至让其产生恐惧心理，轻易不敢再次创业。而要想轻松创业，就要树立正确的创业观，不能盲目，更不能眼高手低，最重要的是保持良好的心态。

面对就业创业关口，一些大学生仅仅看到创业典型光鲜亮丽的一面，而忽略了其中的艰辛和市场风险。

此外，大学生了解创业政策的最直接的方式往往来自与创业相关的部门，对于创业政策还不熟悉了解，难以用好优惠政策帮助创业。

目前，一些高校毕业生缺乏创业意识，以资金不足、没有合适的商机、害怕市场风险等理由放弃自主创业，而在创业途中，也难有驾驭全局的能力。

部分大学生没有树立正确的就业观，缺乏正确的自我认知，没有树立正确的就业创业理念，过于盲目创业，眼高手低，从而导致创业失败。

那么如何树立正确的创业观呢？

其一，要做好积极创业的思想准备。择业是起点，创业是追求。创业是拓展职业生活的关键环节，在就业压力较大的社会环境中，创业意识强烈并且思想准备充分就能获得更好的发展机会，甚至还能帮助别人就业。

其二，要有敢于创业的信心和勇气。创业艰苦磨难多。因此，只有创业的思想准备是不够的，还需要创业的勇气，有勇气者才敢于创业、善于创业和成功创业。勇于创业已经成为教育培养人才的一个目标。

其三，要提高创业素质和能力。创业需要勇气，但需要的是智勇，而不是蛮干。人们在创业的问题上除了要有立足创业、勇于创业的思想准备之外，还要努力提高自己的创业能力。既要不拘泥于形式，又要充分考虑自身的条件、创业的环境等各种现实因素。

总之，在创业的道路上，大学生创业只有树立了正确的创业观，才能面对失败，鼓起勇气，在创业的道路上越走越远。

实训　了解不同类型大学生创新创业典型案例

【实训目标】

1. 学会对比分析不同类型大学生创新创业的特点。
2. 掌握搜索材料和筛选材料的能力。
3. 提高演讲能力。

【实训流程】

流程1——阅读创新创业类型的相关知识

通过以下途径查阅相关知识，并记录下几位学者对创新创业类型的划分情况。

1. 记录本项目的创新创业知识点，整理结果如下：

2. 记录在网络上搜索到的大学生创新创业类型，整理结果如下：

3. 记录在图书馆搜索到的大学生创新创业类型，整理结果如下：

流程2——搜索创新创业的典型案例

在网络和图书中查找大学生创新创业的典型案例。写下拟作为汇报材料的案例名称，写出该案例对大学生创业的借鉴意义。

案例名称 ：

借鉴意义：

流程3——制作并汇报大学生创新创业的典型案例

讨论出大学生创新创业典型案例的汇报提纲，撰写汇报的演讲稿，安排专人进行汇报，汇报后听取同学建议进行改进。PPT 可以从“是什么、怎么看、为什么、怎么做”四个步骤来设计制作。

1. 你汇报的案例是什么?

2. 你怎么看这个案例?

3. 你为什么这么认为?

4. 结合这个案例对你的启发，谈谈自己要怎么做。

【思考练习题】

一、名词解释

1. 构成要素

2. 创业资源

二、简答题

（1）谈谈你身边的创业构成要素？

（2）如果你要创业，让你对当下创业现状做个分析，你的回答是？

思政之窗

高校创新创业教育的价值在于以创新创业促进大学生的全面发展，实现大学毕业生高质量就业。高校要紧紧围绕“培养什么人、怎样培养人、为谁培养人”这个根本问题，坚持把创新创业教育摆在重要位置，统筹协调推进创新创业教育与德育、智育、体育、美育、劳育全面发展，承担好“为党育人、为国育才”的神圣使命，办好人民满意的大学生创新创业教育，为国家深入实施创新驱动发展战略提供重要人才支撑。

项目五　创业者及创业团队管理

学习目标

知识目标

★ 了解创业者的特质。

★ 认知创业者的创业素质。

★ 把握创业团队的组建原则。

★ 掌握创业团队的高效管理。

能力目标

★ 能够拟定一个初步的创业计划。

素质目标

★ 培养团队协调、管理能力，提升团队意识。

★ 在创业过程中慢慢磨炼自己，培养艰苦奋斗的精神。

思政目标

★ 随着经济的不断发展，愈来愈多的人选择自主创业，大学生要做的就是在学校巩固知识，积极参加学校开展的关于大学生的创新创业大赛，积极请教创业知识，不断磨砺自我，为自己能够成功创业打下坚实的基础。

案例分享

大学生创业者借力冬奥东风，创业冰雪经济

2018 年毕业于扬州大学广陵学院的曹聪，在校期间，就一直有创业梦想，经过多方走访调研分析市场，认为滑雪项目的前景很好，而且预测到冬奥会在中国举办，一定会在全国范围内兴起冰雪运动热，于是决定投资冰雪经济。2019 年，曹聪与另一个合伙人以 400 万元的价格买下淮安古运河滑雪场，并成立了淮安两河青农业发展有限公司。

曹聪为淮安古运河滑雪场创业项目制定了口号：贵族享受，平民消费；项目理念：全民参与、全民娱乐。项目参与门槛低，挑战性、趣味性强，旨在激发全民参与的热情，让它成为一项全民参与、大型户外、冬季竞技类体育旅游项目。

淮阴区人社局挖掘创业典型时，注意到这个独特、优秀的大学生创业项目，将它作为省级大学生优秀创业项目重点关注和培育，督促曹聪完善滑雪场项目的软硬件设施建设，协助他搜集材料、准备台账，一举通过 2019 年省级优秀大学生创业项目的验收，项目获得政府资金奖补 10 万元。

大学生创业者曹聪创办的淮安古运河滑雪场项目充分利用闲置土地，以高起点规划、高标准建设、高密度投资，推动淮安冰雪经济的发展。2022 年，乘着北京冬奥会的东风，曹聪进一步健全滑雪场的经营管理服务体系，与政府、体育、教育、学校等相关部门合作，积极举办滑雪进校园的活动，在淮安掀起了滑雪热潮，打造出全民参与、全民挑战、全民娱乐的冬季体育竞技盛宴，也为政府培养 3 亿滑雪人群的目标贡献自己的绵薄之力，如图 5-1 所示。

图 5-1　淮安古运河滑雪场

任务一　创业者与创业动机

一、创业者

（一）创业者的特质

1. 创业者的内涵

创业者（entrepreneur）一词最初用来描述买卖中承担风险的人，或承担创建新企业风险的人。管理大师彼得·德鲁克认为，创业者是赋予资源以生产财富的人。在英语中，创业者有两个基本含义：①企业家，即我们日常理解的在一个成熟的企业中负责经营和决策的领导人，准确地说，应该是那些具有创业特征，如创新、承担风险、超前行动、积极参与竞争的领导人；②企业创办人，即创办企业的创始人，在日本他们被形象地称为“起业家”。

企业创办人是创业者，现有企业中具有创新精神和创业行为的经营者也被称为企业家，从本质上讲，这些企业家也是创业者。在创业研究中，当着重研究新创企业或新业务的发动者时，常使用“创业者”这一术语；当泛指具有创新精神和创业行为的商业行为者时，一般使用“企业家”这一术语。对于新创企业，随着企业的成长，创业者逐步成长为企业家。当企业达到成熟期时，为了让企业保持持久的竞争力，企业家仍然需要保持旺盛的创业精神。

2. 创业者的特征

美国百森商学院的杰弗里·蒂蒙斯教授从态度和行为的角度，归纳出成功创业者的六大特质。

（1）责任感和决心

责任感和决心有助于创业者成功。只有坚定必胜的信念，才能战胜别人认为不可逾越的困难，最终取得创业成功。

（2）领导力

成功创业者是富有耐心的领导者，能够勾勒出组织远景，根据长远目标进行管理。他们无须行使正式权力就能向他人施加影响，既能协调好企业内部员工的利益，又能处理好与顾客、供应商、债权人、合伙人等利益相关者的关系，共同分享财富和成功。

（3）机遇导向

关注企业发展的成功创业者，往往看重的是机遇而不是公司的资源、结构或战略。他们把机遇作为支点，通过对机遇的把握来规划企业的发展方向。他们在寻求机遇时目标明确，设定高且可企及的目标，从而集中精力瞄准机遇，并知道何时应该把握机会、何时应该拒绝机会，其目标导向还帮助他们分清轻重缓急以及评价他们的表现。成功创业者通常是细心和善于分析的人，他们认真计划将要做什么，然后按计划行事。

（4）容忍风险和不确定性

经济活动的本质在于以现有的资源，实现对未来的期望，这就意味着风险和不确定性。刚刚起步的创业者常常会遭遇诸多风险和不确定性成本，这种挫折和意外是不可避免的，然而，成功的创业者不是赌徒，不是"专注于风险"，而是"专注于机遇"。他们将资源从生产力和产出较低的领域转移到生产力和产出较高的领域。虽然这其中必然存在着失败的风险，但是即使他们只获得勉强的成功，其回报也足以抵消在这一过程中可能遇到的风险。事实上，当创业机遇已经存在的时候，再没有比放弃创业行动更有风险的事情了。

（5）容忍失败

创业者懂得从失败中吸取教训。俗话说，成功的背后包含着许多失败。要成为成功的创业者注定要经历许多挫折和失败，输不起的人往往就是赢不了的人。俗话说，错比空好。只为错过的遗憾，不为做过的后悔。害怕失败的人常常会失去在挫折和失望中获得试错性学习的机会。

（6）追求成功

成功的创业者更多的是准备和期望而不是碰运气。创业者属于自我驱动型的高成就需求者，他们有一股强大的欲望去竞争，不断超越自己设定的目标，去追求有挑战性的目标。他们倾向于承担适中的风险，善于研究各种变化的环境趋势，认真盘算成功的概率，然后才采取行动。因此，别人看来是高风险的投资决策，在他们眼里往往只有中、低风险。

（二）创业者的创业素质

1. 创业者的素质特征

美国创业教育家杰弗里·蒂蒙斯认为："创业者是通过多年积累相关技术、技能、经历和关系网才被塑造出来的，这当中包含着许多自我发展历程。"创业者成功的三个首要原因是"对挑战做出正面反应以及从错误中学习的能力""个人创造"和"极大的恒心和决心"，这些是他们后天努力的结果。

目前各国都在加强创业教育，特别是高等院校的系列化的创业课程，为学生创业设定了理想的学习框架。通过创业教育一方面可以启发学生考虑自身定位、目标、期望、思想、行动、未来发展等问题；另一方面，创业教育在识别创业机会、整合资源、应对风险、创建企业方面给学生以具体的指导。通过对创业知识的学习、创业规律的理解、商业计划书的编写等，可以增加学生对创建新事业过程的认知与了解，使所有专业的学生都能够具备创业精神和创业能力，增加学生发展中的创业选择。一个成功的创业者一般需要具备四个方面的素质特征（图5–2）。

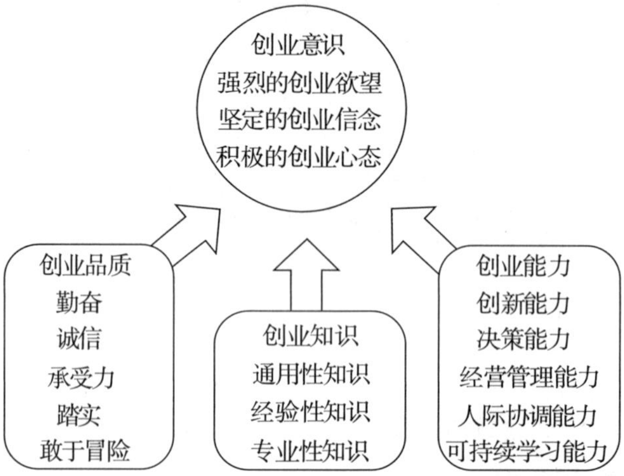

图 5–2　创业者的素质特征

2. 创业意识与创业品质

成功的创业者不仅要具备一般人才的基本素质，还要具备独特的创业素质。作为创新型人才应该具备的基本素质包括政治素质、道德素质、文化素质、心理素质、身体素质。

从创业意识角度看，成功的创业者往往在创业之前和创业过程中具有强烈的创业欲望，创业欲望决定着创业开始与过程中的斗志与动力。创业者在创业过程中坚定的创业信念，是指所持的坚定不移的态度和坚决执行下去的观念，是认识、情感和意志三者的有机融合与统一。要想创业成功，必须保持积极向上、锐意进取的乐观心态。积极的心态是创业成功的催化剂，创业的过程不可能一帆风顺，困难与挫折在所难免，消极的心态必然会成为创业成功的巨大阻力。

从创业品质角度看，勤奋是所有成功的创业者的共同特征。有成功者说，事业成功虽然有运气在其中，但主要还是靠勤奋，勤劳苦干可以提高自己的能力，能力提高了就会有很多机会降临在你的面前。诚信是企业的立足与发展之本，是十大财富品质之首。创业者无论遇到何种逆境，只有增强承受力，勇敢面对并坚强忍耐，才能越战越勇。创业是需要全身心投入的事业，只有脚踏实地才能成功，马云说："这个世界没有优秀的理念，只有脚踏实地的结果。”创业是一项富有风险的活动，创业者要锻炼自己敢于冒险的勇气和能力。

3. 创业知识与创业能力

创业能力是指创业者解决创业过程中遇到的各种复杂问题的本领，是创业者基本素质的外在表现，在实践中表现为创业者把知识和经验有机结合起来并运用于创业管理的过程中。

从创业知识角度看，首先，创业者需要具备通用性知识，包括社会政治和经济发展的相关知识、商业活动的相关规则、企业经营和管理的知识和方法、法律法规、人文知识等，可以通过普通高等教育来获得。其次，创业者要具备专业知识，每个行业都有其自身的规律及特殊性，具备了与所要从事的创业活动密切相关的专业知识，将在创业活动中事半功倍。最后，创业者还需要参与实践获得经验，包括通过课余时间参加社会实践活动积累的直接经验；也有些创业者获得的是亲人、专家等传授的间接经验，比如家族式创业，创业者耳濡目染接受了很多间接的经验。

从创业能力角度看，在激烈的市场竞争中，改革和创新永远是企业活力与竞争力的源泉，要鼓励所有人在一切可能的方向上创新，创新与速度是新经济的真正内涵，是市场竞争的不败法则。创业是需要不断决策的过程，任何一个阶段都离不开创业者的决策，包括创业项目的选择、创业机会的识别、企业产品的定位、企业的运营模式、企业的发展战略、企业的用人模式等，都需要进行准确的判断。创业者的领导决策能力直接关系着企业的生存与发展。创业者的经营管理能力是创业成功的核心能力，是对企业所拥有的资源、企业经营活动的各个方面和各个环节进行有效管理的能力。在社会分工日益细化的今天，创业者很难只靠个人取得成功，而是需要大量的人脉资源。人际协调既包括处理与政府部门、新闻媒体和客户之间的关系，也包括处理与企业成员之间的关系，人际协调能力是创业者发展和巩固其人脉资源的重要保障。

创业者通过培养终身学习的习惯和积极主动的自我学习、自我完善，来不断提升自身能力和素质，将助力创业成功。

二、创业动机

如今，全球创业活动比以往任何时候都更加活跃。创业不是天才的独创，普通人也能实现，它已经成为每个社会成员改变命运、追求卓越的一种途径。人们为什么要创办企业？创业者与非创业者（或创业失败的人）有什么不同？这与创业者的动机密不可分。动机，在心理学上是指由特定需要引起的，欲满足个体需要的特殊心理状态和意愿。动机是激发和维持个体的行动，并将行动导向某一目标，以满足个体某种需要的心理倾向或内在动力。

创业动机是引发和维持个体从事创业活动，并使活动朝向创业目标，激励和引导个体为实现创业成功而行动的内在动力。人们选择创业的动机各有不同，创业者最基本的创业动机有以下三个。

（1）自己当老板。这是创业者最常见的创业动机，其本质是追求自由。有的创业者自己当老板是因为有一个拥有自己公司的梦想；有的是因为对工作不满意，愿意去做新的尝试；有的是想自己控制自己的时间。自己当老板可以不再受别人掌控，实现自己的自由。

（2）追求自己的创意。当创业者产生新产品或新服务的创意时，渴望实现这些创意，把创意变为现实的产品或服务。但是，他们的公司却不想这样做。对创意充满激情的员工会离职创办自己的公司来实现这些创意。有些创业者通过爱好、休闲活动或日常生活，发现市场中有未被满足的需求，从而产生创意，如果这些创意可行且能够支撑一个企业，他们就会开办一家兼职或全职经营的企业实现创意。比如，马云在1992年发现市场中有大量翻译的需求，他和同事们一起兼职创办了海博翻译社，迈出了创业的第一步。

（3）获得财务回报。虽然有很多人认为创业者的主要创业动机是获得财务回报。但实际上，获得财务回报与前面两种动机相比是次要的，也常常不能达到所宣称的目的。研究显示：平均来看，创业者赚取的金钱并没有传统职业中承担同样责任的人赚得多。创业在财务方面的优势在于它的上升潜力。像阿里巴巴的马云、腾讯的马化腾等人，他们从创业中获得了颇丰的收入。但他们坚持认为，金钱并非他们创业的主要动机。

创业者的需求层次不同，产生的创业动机也不同。创业者不同的需求层次决定了不同的创业动机，进而影响了他们的创业行为过程与行为结果。创业者的需求层次还受很多宏观因素的影响，如社会保障、收入水平、社会文化、创业环境等。在大众创业、万众创新的大潮中，创业环境得到不断改善，越来越多的年轻人投入创业中，形成了新的创业浪潮。

知识链接

初创团队组建时最常见、最致命的 10 个大坑

一、老大去哪儿了？

二、股份结构太过分散、平均。

三、没有提前制定好游戏规则和退出协定。

四、团队背景过于接近。

五、天上掉下个 CXO？

六、贸然和不熟悉的人一起创业。

七、一开始就组建一个豪华团队。

八、引入中看不中用的人。

九、所有成员都是兼职创业。

十、招来在做人方面有硬伤的人。

任务二　创业团队组建和管理

一、创业团队的类型

创业团队是指在创业初期（包括企业成立前和成立早期），由一群才能互补、责任共担、愿为共同的创业目标而奋斗的人所组成的特殊群体。

从不同的角度、层次和结构，可以划分为不同类型的创业团队，而依据创业团队的组成者来划分，创业团队有星状创业团队（Star Team）、网状创业团队（Net Team）和从网状创业团队中演化而来的虚拟星状创业团队（Virtual Star Team）。

1. 星状创业团队

一般在团队中有一个核心人物（Core Leader），充当了领队的角色。这种团队在形成之前，一般是核心人物有了创业的想法，然后根据自己的设想进行创业团队的组织。因此，在团队形成之前，核心人物已经就团队组成进行过仔细思考，根据自己的想法选择相应人员加入团队，这些加入创业团队的成员也许是核心人物以前熟悉的人，也有可能是不熟悉的人，但这些团队成员在企业中更多时候是支持者角色（Supporter）。

这种创业团队的特点：

（1）组织结构紧密，向心力强，主导人物在组织中的行为对其他个体影响巨大。

（2）决策程序相对简单，组织效率较高。

（3）容易形成权力过分集中的局面，从而使决策失误的风险加大。

（4）当其他团队成员和主导人物发生冲突时，因为核心主导人物的特殊权威，使其他团队成员在冲突发生时往往处于被动地位，在冲突较严重时，一般都会选择离开团队，因而对组织的影响较大。

2. 网状创业团队

这种创业团队的成员一般在创业之前都有密切的关系，比如同学、亲友、同事、朋友等。一般都是在交往过程中，共同认可某一创业想法，并就创业达成了共识以后，开始共同进行创业。在创业团队组成时，没有明确的核心人物，大家根据各自的特点进行自发的组织角色定位。因此，在企业初创时期，各位成员基本上扮演的是协作者或者伙伴角色（Partner）。

这种创业团队的特点：

（1）团队没有明显的核心，整体结构较为松散。

（2）组织决策时，一般采取集体决策的方式，通过大量的沟通和讨论达成一致意见，因此组织的决策效率相对较低。

（3）由于团队成员在团队中的地位相似，因此容易在组织中形成多头领导的局面。

（4）当团队成员之间发生冲突时，一般都采取平等协商、积极解决的态度消除冲突，团队成员不会轻易离开。但是一旦团队成员间的冲突升级，使某些团队成员撤出团队，就容易导致整个团队的涣散。

这种创业团队的典型是微软的比尔·盖茨和童年玩伴保罗·艾伦，惠普的戴维·帕卡德和他在斯坦福大学的同学比尔·体利特等。多家知名企业的创建都是先由于关系和结识，基于一些互动激发出创业点子，然后合伙创业，此类例子比比皆是。

3. 虚拟星状创业团队

这种创业团队是由网状创业团队演化而来，基本上是前两种的中间形态。在团队中，有一个核心成员，但是该核心成员地位的确立是团队成员协商的结果，因此核心人物从某种意义上说是整个团队的代言人，而不是主导型人物，其在团队中的行为必须充分考虑其他团队成员的意见，不如星状创业团队中的核心主导人物那样有权威。

二、创业团队的组建

1. 团队组建的原则

（1）互补原则

创业者之所以寻求团队合作，其目的就在于弥补创业目标与自身能力间的差距，发挥出“1+1>2”的协同效应。

（2）精简高效原则

为了减少创业期的运作成本、最大比例地分享成果，创业团队人员构成应在保证企业高效运作的前提下尽量精简。

（3）动态开放原则

应注意保持团队的动态性和开放性，使真正完美匹配的人员能被吸纳到创业团队中来。

2. 创业团队组建的程序

（1）明确创业目标

创业目标是创业者在创业过程中努力争取达到的预期结果。创业目标的内容包含3个层次：一是选择创业方向；二是确定创业方法；三是确定创业目标，明确创业达到的预期结果。当总的目标确定后，要将总目标加以分解，进而设定可行的阶段目标。

（2）制订创业计划

确定了总体和阶段性目标后，紧接着需要研究如何实现这些目标，也就是要制订切实可行的计划。创业计划是在对创业目标进行具体分解的基础上，以团队为整体来考虑的计划。创业计划确定了在不同的创业阶段需要完成的阶段性任务。

（3）招募合适的人员

团队成员能力的总和决定了创业团队的整体能力和今后的发展。一般而言，创业团队至少需要管理、技术和营销三方面的人才。只有这三方面的人才形成良好的沟通和合作关系后，创业团队才能实现稳定和高效，进而不断发展。

（4）职权划分

根据执行创业计划的需要，需要确定每个团队成员所要担负的职责及相应的权限。职权划分必须明确，既要避免重叠和交叉，也要避免疏漏，同时还要根据团队成员的变动，动态地对职权体系进行调整。

（5）构建创业团队制度体系

制度是对创业团队成员进行约束和激励的基础。建立合理的制度体系，一方面，要约束团队成员的行为，保证团队的稳定；另一方面，应该用有效的激励机制充分调动成员的积极性，最大限度地实现企业目标。

（6）团队的调整融合

高效的创业团队并不是创业之初就能建立，而是随着团队的运作，不断对暴露出的人员匹配、职权划分、制度设计等方面的不合理状况进行调整融合才逐渐形成的。团队的调整融合是一个动态持续的过程，在进行调整融合的过程中，要保证团队成员之间经常进行有效的沟通和协调，培养团队精神。

3. 创业团队成员的选择

（1）选择团队成员的注意事项

在选择创业团队成员时，我们需要注意从以下几个方面进行思考：

①团队成员加入的目的。

②团队成员的知识结构。

③团队成员的性格、个性、兴趣。

④团队成员的价值观念。

（2）组建创业团队的注意事项

在组建创业团队时，我们还需要考虑如下几个问题：

①团队中唯一权威主管问题。

②团队成员间的相互信任问题。

③妥善处理不同意见和矛盾。

④合理分配股权问题。

⑤妥善处理团队成员间利益分配。

三、创业团队的作用

团队创业具有整合资源能力强、抗风险能力强和发展后劲大等优势，能在创业过程中发挥如下关键作用。

1. 有助于新创企业克服创业过程中的资源约束

一个企业刚刚诞生的时候，往往面临着众多的资源约束，处于“没钱，没人，没客户”的三无境地，克服这些资源约束是新创企业必须解决的问题。由于一个人的能力、资金、关系网络毕竟有限，所以解决这一问题的过程往往漫长而艰辛。相比个体创业来说，创业团队由于其成员具有不同的经验、能力和关系网络，其整合资源的能力会成倍增加，这无疑会有助于新创企业克服创业过程中的资源约束，实现快速成长。

2. 有助于提升新创企业的决策质量

创业活动面临高度的不确定性，据不完全统计，我国大学生创业成功的概率仅为2%～3%。而在导致个人创业失败的诸多因素中，决策失误高居榜首。创业团队由于其成员具有不同的教育背景、知识经验和个性特征，决策的速度会比个人慢，看问题的角度也会更加多元，这不但会降低决策失误的概率，而且会有助于用创新的方式解决复杂性问题，从而提高新创企业的决策质量，降低新创企业的失败概率。

3. 有助于获取风险投资和银行贷款

风险投资商对于新创企业的发展具有重要的推动作用。风险投资商不仅能够带给新创企业发展所需要的资金，还能够带来具有国际视野的管理经验、渠道和网络。美国的研究表明，风险投资商投资的新创企业的存活率，高于全国的平均水平。对风险投资商来说，投资新创企业的最大风险来自创业者和创业团队的管理风险。由于团队创业在决策质量和工作绩效方面往往优于个人创业，所以风险投资商投资的大多数都是具有良好创业团队的项目。

知识链接

组建团队的重要因素

创业团队的组建受多种因素的影响，这些因素相互作用，共同影响着组建过程，并进一步影响着团队建成后的运行效率。

1. 创业者

创业者的能力和思想意识从根本上决定了是否要组建创业团队及团队组建的时间表，以及由哪些人组成团队。创业者只有在意识到组建团队可以弥补自身能力与创业目标之间存在的差距，才有可能考虑是否需要组建创业团队，以及对什么时候需要引进什么样的人员才能和自己形成互补做出准确判断。

2. 商机

不同类型的商机需要的创业团队的类型也不同。创业者应根据创业者与商机间的匹配程度，决定是否要组建团队及何时、如何组建团队。

3. 团队目标与价值观

共同的价值观、统一的目标是组建创业团队的前提，团队成员若不认可团队目标，就不可能全心全意为此目标的实现而与其他团队成员相互合作、共同奋斗。而不同的价值观将直接导致团队成员在创业过程中脱离团队，进而削弱创业团队作用。没有一致的目标和共同的价值观，创业团队即使组建起来，也无法有效发挥协同作用，缺乏战斗力。

4. 团队成员

团队成员的能力总和决定了创业团队整体能力和发展潜力。创业团队成员的才能互补是组建创业团队的必要条件。而团队成员间的互信是形成团队的基础。互信的缺乏，将直接导致团队成员间协作障碍的出现。

5. 外部环境

创业团队的生存和发展直接受到了制度性环境、基础设施服务、经济环境、社会环境、市场环境、资源环境等外部要素的影响。这些外部环境要素从宏观上间接地影响着对创业团队组建类型的需求。

四、创业团队的优势和劣势

（一）创业团队的优势

（1）创业团队在组建过程中需要遵循的原则之一就是把技能和经验互补的成员组织到一起，这样不仅可以起到补充和平衡作用，使团队获得高于个人的机会识别能力、机会开发能力和机会利用能力，还可以使由此产生的创业团队整体的技能和经验超过了团队中任何一个人的技能和经验，具有“1+1>2”的效果。

（2）创业团队能用比个人更为快捷、准确和有效的方法打入大型组织的联系网，根据新的信息和挑战调整行为方式。

（3）创业团队能使团队的整体业绩成为对团队的最终激励，形成一种激励的自身循环。

（4）创业团队是由技能和经验互补的成员所组成的。团队内各个成员基本都具有独当一面的素质能力。这样一个创业团队就能够承担起大型、完整的任务，这不仅有利于目标任务更为顺利地完成，也减少了不同细节负责人员之间沟通交流所需的时间和精力成本，还有利于创业领导者对某一时期内某项任务进行管理。

（二）创业团队的劣势

1. 来自学校的支持力度不够，束缚了大学生的手脚

（1）作为学生创业有优势，同样也有短板。学校在提供学习平台的同时也在一定程度上制约了那些有创业想法的学生。硬性的学业指标、学业制度使得他们不能尽情地在创业方面施展自己的能力。

（2）由于信息沟通不畅、渠道不通等种种原因导致在校大学生创业团队遇到困难

时很难从学校得到帮助，相关倾斜政策、扶持信息的匮乏无法助力大学生创业团队的建设。

（3）学校没能提供相应的企业管理知识。大学生作为在校学生，取得相关知识的主要途径还是通过学校，学校在重视专业教育的同时往往忽略了对学生创业的引导。

2. 团队成员内部建设存在的问题

（1）大学生创业团队稳定性不高。大学生身份特殊，在毕业的时候有诸多道路可以选择，像就业、考研这方面的风险远小于创业，若是大学生在创业的时候决心不大，就比较容易选择放弃。再者，理想和现实总是存在差距，当一些对结果期待较高的学生受到现实挫折时，易在心理上产生波动，这无疑也会影响团队的稳定性。

（2）人员组成不科学，制度不完善。大学生在组建创业团队成员的时候，通常没经过真正意义上的筛选，成员之间往往也只是因为同学的关系才确立。这在很大程度上影响了创业团队对人员互补方面的需求，成员之间的分工也无法明确，碍于人情，相关制度的建立也无法落实。随着创业的进展、利润的增加，这方面的弊端逐渐显露，容易引起冲突，使得创业团队建设无法成功。

（3）性格差异、理念不同容易导致矛盾。现在大学生在创业的过程中有时会因为心理素质不是很成熟而导致遇到问题的时候无法合理解决。比较追求自我、敢作敢当、雷厉风行正是当下大学生身上普遍的特质，而这在创业团队的建设中并非全是优点。性格上的差异、理念的不一致在刚开始会被掩盖，但伴随着项目的开展，不同成员的不同思维、不同性格如果得不到很好的处理，就会导致成员之间产生不必要的隔阂。

五、创业团队的管理

1. 创业团队的结构管理

创业团队可以从三方面入手来实施结构管理，分别是知识结构、情感结构和动机结构。知识结构反映的是创业团队成功创业的能力素质；情感结构是创业团队维持凝聚力的重要保障；动机结构则是创业团队实现理念和价值观认同的关键因素。

（1）知识结构管理

知识结构管理的核心，是建立以创业任务为核心的知识和技能互补性，强调创业团队有完备的能力来完成创业相关任务。也就是说，创业团队要在价值观、创业理念基本吻合的基础上再考虑技能、经历、经验等方面的互补，要体现差异性，这样才有助于创新，才能做到资源整合。

知识链接

新东方的创业团队

谈到知识和技能的互补，《西游记》中由唐僧率领的取经团队被公认为是支“黄金组合”的创业团队。4个人的性格各不相同，却又同时有着不可替代的优势。新东方的创业团队就有些类似于唐僧的取经团队。徐小平曾是俞敏洪在北大时的老师，王强、包凡一同是俞敏洪北京大学西语系80级的同班同学，王强是班长，包凡一是大学时代睡在俞敏洪上铺的兄弟。新东方最初的创业成员，个个都是“孙悟空”，每个人都很有才华，而个性却都很独立，俞敏洪曾坦承，论学问，王强出自书香门第，家里藏书超过5万册；论思想，包凡一擅长冷笑话；论特长，徐小平梦想用他沙哑的嗓音做校园民谣，他们都很厉害。

（2）情感结构管理

情感结构管理的重点是注重年龄、学历等不可控因素的差异。中国文化注重层级和面子关系，如果创业团队之间年龄和学历因素差距过大，成员之间发生冲突，很容易导致彼此感觉丢了面子而演变为情感性冲突。一旦出现这种情况，创业团队将不得不把时间和精力浪费在沟通方式设计和内部矛盾化解上，内耗大于建设，不利于创业成功。

（3）动机结构管理

动机结构管理的关键在于注重创业团队成员理念和价值观的相似性。如果创业团队成员之间价值观不同，想做事业的成员可能不会过分关注短期收益，而怀揣赚钱动机的成员则不会认同忽视短期收益的做法。相似的理念和价值观有助于创业团队克服创业挑战而逐步成功。

值得一提的是，创业团队的结构管理是兼顾三方面结构要素的平衡过程，短板效应非常明显。但是现实中，人们往往过分重视知识结构的互补性，而对于情感结构管理和动机结构管理重视程度不够，因此引发的问题往往会随时间而强化，一旦创业出现困难和障碍，往往会转变为创业团队的内耗和冲突。

组建的创业团队并不是都能成功的，如果没有合理的管理，任何团队都有可能分裂。只有采用有效的创业团队管理策略和技巧，才能保持新企业的生命力、保持团队的凝聚力，提高工作效率。

2. 创业团队的管理技巧和策略

有效的管理是保持新企业生命力、保持团队士气的关键。由于创业团队本身的动态特征，团队管理就是贯穿于创业团队的整个生命周期的工作。创业团队管理的重点就是在维持团队稳定的前提下，发挥团队的多样性优势。

（1）创业团队精神的培育

创业团队精神培育包括：培育共同的企业价值观、培育领导者自身的影响力、培育共同的危机和忧患意识、培育良好的协调和经常性的沟通能力和氛围。

（2）创业者的产权安排

创业者的产权安排包括以下几个方面：

①股权结构类型可以分为高度集中型股权结构、适度分散型股权结构、过度分散型股权结构。

②股权结构的设计原则需要注意人力资本所有者与投资人共同分享利润，采用期权制度，遵循股权动态变化的原则。

③创业团队产权安排需要注意重视契约精神，遵循贡献决定权利原则分配所有权比例，遵循控制权与决策权统一原则，坚持差异化，关注业绩，保持灵活性。

（3）创业团队的绩效评估

创业团队绩效评估主体包括：①团队内部成员互相评议，每个成员的贡献由其他成员评议；②用户满意程度成员评估团队＋负责人评估成员；③管理层评估，主要是上级管理部门对团队业绩进行评估。

创业团队的绩效评估方法包括360°考核、目标管理法（MBO）和关键绩效指标法（KPI）及目标与关键成果法（OKR）。

①360°考核是将原本由上到下、由上司评定下属绩效的旧方法，转变为全方位360°交叉形式的绩效考核。

② MBO 和 KPI 是将实际业绩与事先确定的绩效指标、目标进行比较评估。MBO 一般对部门考核，KPI 可以细化到岗位。

③ OKR 是明确和跟踪目标及其完成情况的管理工具和方法。自下而上，更注重结果，以及结果的挑战性。

（4）创业团队的报酬合理分配

创业团队在分配报酬时需要围绕以下几个方面开展工作，首先是形成分享财富的理念，其次是综合考虑企业与个人目标，再次是规范制订报酬制度的程序，然后要实施合理分配方案。方案应涵盖以下内容：创业思路、商业计划准备、敬业精神和风险、工作技能经验、业绩记录、社会关系、岗位职责。最后是综合考虑分配时机和手段。

（5）创业团队的激励

激励是一种艺术，并非投入巨资方能鼓舞士气，低成本激励同样可以成效显著。激励是一种艺术，并非即时利益方能让人心潮澎湃，美好愿景、远期利益同样可以让人砥砺前行。

初创企业和创业团队更需要注重适时地对团队成员进行适当的激励，以促进团队更加良性、积极地运营。我们需要掌握并适时运用激励方法来促进创业团队的建设。

①物质激励——用公司股权留住人。马云创业之初的股权激励及华为的股权激励正是物质激励的表现。阿里巴巴和华为的不断壮大同时也让人们看到物质激励的作用。

②精神激励——用共同愿景凝聚人。企业共同愿景就是组织全体成员一致认可的愿意共同为之奋斗的景象。物质利益固然是激发积极性的基本因素，但精神需求是较物质需求更高层次的需求，可以持久地起作用。愿景激励作为精神激励的一种措施，对处于蹒跚学步阶段的初创企业来说，与股权激励相辅相成，构成全面的激励体系。

③正向激励——用赞赏和宽容鼓励人。奇虎360科技有限公司创始人周鸿祎认为，对于初创企业而言，又没有名气，又没有钱，也没有用户基础，唯一的出路就是要持续地创新。缺钱少人的初创企业如何激发员工的创新行为？多用赞赏（正向激励），少用惩戒（负向激励）是一个初创企业激励机制的重要原则。心理学家詹姆斯说：“人性最深刻的原则就是希望别人对自己加以赏识。”所以在创业团队中，宽容和鼓励别人，获得队员的心理认可，是很重要的支持。创业者可以参考索尼和微软公司的正向激励的方式。

④内在激励——用善于授权激发人。基于美国心理学家赫茨伯格的双因素理论和初创企业的现实情况，我们知道初创企业组织结构往往比较精简，员工数量少，每个人都在演绎“一人多职”。因此，基于授权的内在激励是任务多、人手不足的初创企业的必要激励手段。

3. 创业团队领导者角色与行为策略

创业团队领导者是指负责为团队提供指导，为团队制订长远目标，在适当的时候代表团队处理与组织内其他部门关系的角色。它属于这个创业团队，是这个团队中的一员并且从团队内部施加影响。常见的创业团队领导者的角色包括以下4种。

（1）远景领导者

领导者应该为创业团队及部属勾勒未来远景，以远景引领众人努力的方向。

（2）变革领导者

成功的领导者不仅需要改变企业，同时也要改变环境，因此，领导者必须鼓励改变、尝试与冒险，承担因改变造成的一切后果。

（3）潜能领导者

领导者还要扮演引爆员工潜力、协助员工得到潜能的角色。

（4）价值领导者

领导者应该时时以身作则，以创造价值为最高行为指导方针，时时学习新知识，增加自己在变动环境中创造价值的本钱。

趣味故事

同窗重聚，携手创未来

在一次的同学聚会，李华、王刚和张晓这三位挚友相聚一堂。他们已共度了无数的日夜，怀揣着那颗炽热的创业之心，梦想在青春的舞台上书写属于他们的传奇。

李华，这位独具慧眼的商业奇才，总能敏锐地捕捉到市场中的微妙变化与新兴机遇。王刚，技术领域的翘楚，精通编程与设计的奥秘。而张晓，则以其卓越的沟通和协调能力，成为团队中不可或缺的灵魂人物。

三人志同道合，决定携手共创一家科技新贵。李华提出开发一款智能助手应用的构想，旨在帮助用户高效管理生活与工作的琐碎事务。这一想法立刻引发了王刚和张晓的共鸣，他们决定付诸实践。

李华全身心投入市场调研与需求分析，深入挖掘用户的真实需求与痛点，为产品定位与功能设计提供了坚实的基础。王刚则率领技术精英们攻坚克难，昼夜不息地投入到研发工作中，不断突破技术瓶颈，为应用的诞生铺平了道路。张晓则忙于组建与管理团队，确保团队成员间的沟通畅通无阻，协作无间。他以身作则，引领团队朝着共同的目标迈进。

创业之路充满艰辛与挑战。市场需求瞬息万变，技术难题层出不穷。然而，他们始终保持着坚定的信念和紧密的团结，共同面对困难，携手攻克难关。

终于，在众人的期待与努力下，他们的智能助手应用成功上线。这款应用以其人性化的设计、强大的功能以及出色的用户体验，迅速赢得了市场的青睐与用户的赞誉。公司的业务也随之不断拓展，取得了令人瞩目的成绩。

李华、王刚和张晓深知，这一切的成功都离不开他们之间的默契配合与共同努力。他们坚信，只要继续携手并进，未来的道路上必将创造更加辉煌的成就，书写属于他们的传奇篇章。

4. 创业团队的社会责任

（1）就创业企业生存的基础而言，创业企业要生存就必然要追逐利润。创业团队经营企业的重点在于讲究效益，以最少的成本，获取最大的利润，同时向国家缴纳了税赋。为巩固国防、社会建设、丰富和满足民众生活提供了保障。

（2）从创业企业内部管理来说，创业团队还要注重创业企业内部员工在分配上的公平合理，注重对员工的培训和教育，要按规定给员工办理各种保险，要保证员工的各种合理的福利。社会就业扩大、员工素质的提高、员工收入的不断增长是社会稳定的重要基础，也是创业企业对社会稳定做出的重要贡献。

（3）就创业企业和外部的关系而言，在创业企业利益和社会利益发生冲突时，创业团队宁可牺牲自己的利益也要保护社会的利益。有的创业企业经营活动和社会责任具有密切的关系，在追逐利润的同时更要注重社会道德。

实训　大学生创业者生涯规划访谈

【实训目标】

1. 了解创业者应具备的素质，创业团队的类型、组建和管理，预见创业中可能会遇到的困惑。

2. 明确创业与学业的关系。

3. 了解访谈流程，掌握访谈技巧并学会访谈，提高沟通能力。

4. 学会制作汇报 PPT，与同学分享访谈结果，提升表达能力。

【实训流程】

流程1——选择访谈对象

通过浏览校园网站、查阅校史、请教老师和师兄师姐，或通过家人、同学、亲戚朋友的介绍，确定2名创业成功者作为访谈对象，通过网络和熟悉他们的人全面了解他们的个人情况。

你的访谈对象（姓名、情况简介）：

（1）____

____

____

____

（2）____

____

____

____

流程2——拟定访谈提纲

围绕主题拟定访谈提纲，主要内容包括：创业者应具备哪些素质，创业者生涯规划的内容、步骤、注意点等方面。与被访谈人联系，告之访谈目的，预约访谈时间、地点、方式等。

你的访谈提纲：

____

____

____

____

流程3——开展创业者访谈

1．成立3人访谈小组，事先分工好，并进行模拟采访。访谈时由一人主问，一人负责记录，另一人协问又协记；若为在线访谈，则一人独立完成。

2．事先做好准备工作，准备好相关工具，如纸、笔、录音笔等。

3．按时到达指定地点，围绕主题展开访谈。访谈过程中态度要谦虚，要注意礼貌，注意肢体语言。按时结束访谈，不要拖延时间，一般来说，创业者的时间安排都很紧凑。注意全程录音，这样既有利于整理内容又有利于发现自身问题，改进访谈方法。

流程4——制作并汇报访谈结果

反思访谈过程，整理访谈记录，提炼汇报提纲，撰写汇报的演讲稿，在课堂上汇报访谈结果。

1．你汇报的主要内容包括哪几点?

____

____

____

____

2. 你的心得体会是什么？

【小贴士】

访谈“三要六不要”

三要：

（1）主导场面，善于引导；

（2）语速控制好；

（3）谁来执笔说清楚。

六不要：

（1）不要过于主动；

（2）不要啰唆；

（3）自己不要帮忙下结论；

（4）不要一开始过于抬高被访谈者的地位，如“您的信息很重要”；

（5）介绍自己的意见的时候不要用“可能”等字眼；

（6）“随时可以问我”——多余。

【思考练习题】

一、名词解释

1. 创业者

2. 创业动机

二、简答题

（1）如果你要创业，最可能的动机是什么？

（2）你觉得组建团队会遇到困难的是哪些方面？

思政之窗

以习近平新时代中国特色社会主义思想为指导，深入贯彻落实党的二十大精神，全面贯彻党的教育方针，落实立德树人根本任务，立足新发展阶段、贯彻新发展理念、构建新发展格局，坚持创新引领创业、创业带动就业，支持在校大学生提升创新创业能力，支持高校毕业生创业就业，提升人力资源素质，促进大学生全面发展，实现大学生更加充分更高质量就业。

项目六　创业机会与创业风险

学习目标

知识目标

★ 了解创业机会的识别与评估。

★ 认识创业风险类别，树立风险防范意识。

★ 学会分析创业机会所处的环境。

★ 了解和掌握项目筛选和评价的方法。

能力目标

★ 了解创业机会评估的方法，能够通过对自身条件及与创业机会的匹配，从而学会对创业项目进行筛选。

素质目标

★ 培养危机意识，对未来可能会发生的创业风险有一个初步评估。

★ 把握机会，抓牢机会，躲避风险。

思政目标

★ 大学生创业者要认真分析自己创业过程中可能会遇到的风险，这些风险中哪些可控哪些不可控，一旦风险出现，应该如何应对化解。在创业过程中一定要具备长远目标，以及做好应对突发风险的准备。

案例分享

案例：王同学研制出一种矿泉直饮机，水质好、使用方便且成本低，并自建销售渠道。由于没有一个好的营销策略，又缺乏营销渠道的建设经验及资本，市场一直没有打开，勉强坚持了两年，最后企业还是破产了。

剖析：没有一个好的市场营销方案，是王同学失败的原因。市场营销渠道建设是一件似易实难的事，项目拥有人或发明人在创业时常常会冷视渠道建设的难度而盲目创业，最后以致失败的案例不胜枚举，俯拾皆是。

闪避方法：若是企业创办人没有市场营销方面的经验，就必定要吸纳一位有市场营销经验的人加入创业团队，若是没有合适的人选，就必定要请教专业咨询机构，花一点钱在营销策划上是十分必要的。但是，现实中却有很多创业者为节约一点咨询费而前仆后继地牺牲在渠道建设的路上。

任务一　创业机会概述

一、创业机会的概念及特征

（一）创业机会的概念

创业机会，又称商业机会或市场机会，是指有吸引力的、较为持久的和适时的一种商务活动的空间，并最终表现在能够为客户创造价值、增加价值的产品或服务中。创业机会主要包括技术机会、市场机会和政策机会。技术机会是指技术变化带来的创业机会，主要源自新的突破和社会的科技进步。市场机会是市场变化产生的创业机会。政策机会是政府政策变化带来的创业机会。

（二）创业机会的特征

美国百森商学院蒂蒙斯教授在《21世纪创业》中提出创业机会的四个特征。

1. 它很能吸引顾客

创业机会要满足真实的市场需求，只有能为消费者创造新价值或增加原有价值，才能对顾客产生吸引力，才可能具有良好的市场前景，也就是说创业机会要有价值性。

2．它能在你的商业环境中行得通

除了具有吸引力外，创业机会还必须在特定的商业环境中行得通，这包括市场环境、政策环境、技术环境等多方面的因素。只有当创业机会与这些环境因素相契合时，才能确保创业项目的顺利实施和成功运营。

3．它必须在机会之窗存在的期间被实施

机会之窗是指商业创意被推广到市场上去所花费的时间，机会窗口存续时期同是创业的时间期限，即时机，所谓“机不可失，失不再来”。当新产品市场建立起来，机会窗口就被打开了。机会窗口一般会持续一段时间，不致转瞬即逝，但也不会长久存在。随着市场的成长，企业进入市场并设法建立有利可图的定位，当达到某个时点，市场成熟，竞争者已经有了同样的想法并把产品推向市场，那么机会之窗也就关闭了。因此，特定的创业机会仅存在于特定的时段内，创业者务必要把握好这个“黄金时间段”，这也体现了创业机会的时效性。

4．必须有必要的资源

“在你的商业环境中行得通”是前提。说明创业机会必须适合创业者所处的市场环境，创业者才有可能开发和利用这种机会，这就是创业机会的可行性。否则，机会再好，创业者却因缺乏必要的资源无法加以利用，这样的市场机会对于特定的创业者不能称之为创业机会。

二、创业机会的来源及类型

（一）创业机会的来源

创业机会有五大来源：现实问题、创造发明、竞争优势、新知识和新技术的产生、环境变化。但是，归根到底创业机会来自一定的市场需求和变化。变化就是机会环境的变化，会给各行各业带来良机，人们透过这些变化，就会发现新的前景。

1．现实问题

创业的根本目的是满足顾客需求。而顾客需求在满足之前就是问题，寻找创业机会的一个重要途径是善于去发现和体会自己和他人在需求方面的问题或生活中的难处。例如，房地产中介行业的产生源于人们置业与换房的需要。

人们生活中总有一些“苦恼的事”和“困扰的事”，总是迫切希望能够解决，如果能提供解决的办法，实际上就是找到机会。例如，双职工家庭没有时间照顾小孩，于是有了家庭托儿所；没有时间买菜，就产生了送菜公司，这些都是从痛点中寻找机会。

2. 创造发明

创造发明提供了新产品、新服务，能更好地满足顾客需求，同时也带来了创业机会。例如，随着计算机的诞生，计算机维修、软件开发、计算机操作的培训、图文制作、信息服务、网上开店等创业机会随之而来，即使你不发明新的东西，你也能成为销售和推广新产品的人，从而给你带来商机。

3. 竞争优势

如果你能弥补竞争对手的缺陷和不足，这也将成为你的创业机会。看看你周围的公司，你能比它们更快、更可靠、更便宜地提供产品或服务吗？你能做得更好吗？若能，你也许就找到了机会。

4. 新知识和新技术的产生

例如，随着健康知识的普及和技术的进步。围绕“水”就带来了许多创业机会，上海就有不少创业者通过加盟“都市清泉”而走上了创业之路。

5. 环境变化

创业机会大多产生于社会环境中不断发生的变化，在变化中孕育机会。著名管理大师彼得·德鲁克将创业者定义为那些能“寻找变化，并积极反应，把它当作机会充分利用起来的人”。创业者就是那些能敏感地在变化中发现先机和把握先机的人。影响变化的因素很多，主要从科技发展、产业结构的变化及社会结构的变化等方面，具体分析以下几点。

（1）科学技术进步

科技改变生活。互联网技术的出现，很大程度地改变了人们的生活方式和思维方式，从而使人们的生活变得更加简单、高效和快捷。互联网已经深入到生活的方方面面。支付方式有支付宝和微信，逛街购物只要一部手机；出行方式有各种 App 使出行变得更加快捷；云端服务、移动办公更加方便高效；社交方式有微信、QQ 等社交工具的存在让人生活在同一个地球村，聊天面对面，更加方便和快捷：电子商务改变了人们的购物习惯，网上购物、外卖送餐成为年轻人的新生活方式。

（2）产业结构变化

随着中国经济的快速崛起发展，第三产业服务业正在发生变化，绿色经济正在成为新的经济发展模式。“绿水青山就是金山银山”生态观念的变化，使得全国各地都非常重视环境建设，将运动健身、休闲旅游与自然山水巧妙融合，新兴的康养旅游业已经成为新的发展方向。在国际上，休闲旅游要素呈现国际化的趋势，随着国际化元素的引入和中国休闲者走向世界的两大发展态势，旅游企业正在向全球性旅游集团发展。

（3）人口结构变化

社会老龄化、三孩政策的放开等都可以产生新的机会。例如，为老年人提供健康保障用品、为家庭提供文化娱乐用品。也就是说，我们集中盯住某些顾客的需要就会有机会。机会不能从全部顾客身上去找，因为共同需要容易识别，基本上已很难再找到突破口。而实际上每个人的需求都是有差异的，如果我们时常关注某些人的日常生活和工作，就会从中发现某些机会。因此，在寻找机会时，应该习惯把顾客分类，如政府职员、菜农、大学教师、杂志编辑、小学生、单身女性、退休职工等，认真研究各类人员的需求特点，机会自见。

（二）创业机会的类型

正确认识创业机会的类型，对于识别机会、评估机会及选择机会具有重要意义。根据不同的标准，可以有不同的方法划分创业机会。

根据创业机会出现的特性及持续的时间可以划分为突发式短期机会、孕育式周期机会及演化式长期机会3种典型的市场机会。

1. 突发式短期机会

很多机会的出现并没有先兆，而是突然发生的，它的持续时间往往非常短，转瞬即逝。例如，火灾等自然灾害带来的建材销售机会、戴安娜突然去世引致的“戴安娜热潮”等均属突发性短时机会。这类机会一般持续时间在数周至数月不等，“热潮”是这类需求的最好表达，“事件营销”是企业对这类机会的最好反应。一般来讲，这类机会不适合成立新企业去专门把握，而比较适合现有企业充分利用。因为，创业需要一定的投入与产出周期，而这类机会的窗口时间太短，新创业企业缺乏必要的时间利用这种机会。

2. 孕育式周期机会

大多数市场机会的出现不是偶然的，而是有其必然的内在原因，是一个从量变到质变的过程，有一个从孕育、成长、成熟到衰退的周期性过程。例如，某种风格的服装，从个别明星的穿着，到上层人士的模仿，再到社会大众的跟随，一般会经历这样的从偶然到必然的周期性过程。这类机会持续时间一般短则数月，长则数年，甚至数十年。“流行、时尚、风格”是对这类机会的最好表达，“战术营销”是企业对这类机会的最好反应。

这类机会适合新创业企业去把握，它提供给新企业的时间窗口足够长，有充分的余地完成创业的过程。但必须注意介入时间的选择，当行业已经发展到成熟期时，市场机会就对新企业关闭了。很多企业的生命周期只有几年到几十年左右，与这类市场机会的周期性有密切关系，可以说大多数企业都属于周期性机会型企业，当市场机会周期过后，它们中的大多数企业都未能适应市场机会的演变而随着市场的衰退而凋零了。

3. 演化式长期机会

宏观环境变化带来的市场机会属于这类机会类型，其特征如下。

其一，这类机会往往是由宏观经济、政策环境、科技进步等宏观因素的变化所带来的，其影响范围广泛且深远。比如，随着全球气候变化问题的日益严峻，清洁能源和低碳技术领域的市场机会逐渐显现，这为企业提供了巨大的发展空间。

其二，演化式长期机会往往具有较长的生命周期，其持续时间可能长达数十年甚至更久。这是因为这类机会背后往往有着深厚的经济、社会和技术基础，且其影响深远，难以在短时间内消失。因此，对于能够把握这类机会的企业来说，它们往往能够获得长期稳定的收益。

其三，演化式长期机会对企业提出了更高的要求。由于这类机会涉及的范围广泛，企业需要在战略层面进行深入的研究和规划，同时还需要具备强大的研发能力、市场洞察力和资源整合能力。只有这样，企业才能在激烈的市场竞争中脱颖而出，充分利用这类机会实现快速发展。

其四，值得注意的是，演化式长期机会往往伴随着较大的不确定性。由于宏观经济、政策环境等因素的变化具有不可预测性，因此企业在把握这类机会时也需要充分考虑风险，并制定相应的风险应对策略。

任务二　创业机会分析

一、创业机会的识别

（一）影响创业机会识别的因素

理论界与实践界都一直试图回答：是什么因素导致一些人更善于识别出有价值的创业机会，这些创业者有什么独特之处？下面是取得共识的4类主要因素和特征。

1. 先前经验

在特定产业中的先前经验有助于创业者识别商业机会，这被称为“走廊原理”。它是指创业者一旦创建企业，他就开始了一段旅程，在这段旅程中，通向创业机会的“走廊”将变得清晰可见。这个原理提供的见解是，某个人一旦投身于某产业创业，这个人将比那些从产业外观察的人，更容易看到产业内的新机会。有调查发现，70% 左右的创业机会，其实是在复制或修改以前的想法或创意，而不是全新创业机会的发现。

2. 专业知识

拥有在某个领域更多专业知识的人，会比其他人对该领域内的机会更具警觉性与敏感性。例如，一位计算机工程师就比一位律师对计算机产业内的机会和需求更为警觉与敏感。有些人认为，创业者有“第六感”，使他们能看到别人错过的机会。

3. 社会关系网络

研究已经发现，社会关系网络是个体识别创业机会的主要来源。社会关系网络能带来承载创业机会的有价值的信息，个人社会关系网络的深度和广度影响着机会的识别，这已是不争的事实。通常情况下，建立了大量社会关系网络的人，会比那些拥有少量社会关系网络的人更容易得到机会。

4. 创造性

创造性是产生新奇或有用创意的过程。从某种程度上讲，机会的识别是一个创造过程，是不断反复的创造性思维过程。在许多产品、服务和业务的形成过程中，甚至在许多有趣的商业传奇故事中，我们都能看到有关创造性思维的影子。

尽管上述特征并非导致创业成功的必然因素，但具备了这些特征，往往较其他创业者具有更多的优势，也更容易获得成功。因此，创业者应该在日常生活中有意识地加强实践，培养和提高发现创业机会的能力。一是要养成良好的市场调研习惯。发现创业机会最根本的一点是深入市场进行调研，要了解市场供求状况和变化的趋势、顾客的需求是否得到满足、竞争对手的长处与不足等。二是要多看、多听、多想。俗话常说见多识广，识多路广。我们每个人的知识、经验、思维，以及对市场的了解不可能做到面面俱到，多看、多听、多想能使我们广泛获取信息，及时从别人的知识、经验、想法中汲取有益的东西，从而增强发现机会的可能性和概率。三是培养独特的思维。机会往往是被少数人抓住的，我们要克服从众心理和传统的习惯思维的束缚，敢于相信自己，有独立的见解，不人云亦云，不为别人的评头论足、闲言碎语所左右。在创业的道路上，有时需要的恰恰是发现一般人没有看到的机会，或者说做一般人不屑于去做的事，最后把平凡的事做到了不平凡。

（二）创业机会的识别方法

1. 新眼光调查法

（1）注重二级调查

阅读某人发表的作品，利用互联网搜索数据、浏览寻找包含你所需要信息的文章等都是二级调查的形式。

（2）开展初级调查

通过与顾客、供应商、销售商交谈和采访，直接与这个世界互动，了解正在发生什么以及将要发生什么。

（3）记录你的想法

瑞士最大的音像、书籍公司的创始人约翰·鲁道夫·荣格说，他有一本用来记录想法的笔记本，当记录到第200个想法时，他坐下来，回顾所有的想法，然后开办了自己的公司。

2. 通过问题分析和顾客建议发现机会法

（1）问题分析

从一开始就要找出个人或组织的需求和他们面临的问题，这些需求和问题可能很明确，也可能很含蓄。一个有效并有回报的解决方法对创业者来说是识别机会的基础。这个分析需要全面了解顾客的需求，以及可能用来满足这些需求的手段。

（2）从顾客那里征求想法

一个新的机会可能会由顾客识别出来，因为他们知道自己究竟需要什么。然后，顾客就会为创业者提供机会。顾客的建议多种多样，最简单的，他们会提出一些诸如“如果那样的话不是会很棒吗”这样的非正式建议，留意这些，有助于你发现创业机会。

趣味故事

日本汽车商识别并把握美国汽车市场机会

20世纪60年代初，日本汽车商利用政府、综合贸易商社、企业职能部门，甚至美国市场研究公司广泛搜集信息。

通过市场调研，他们发现：美国人把汽车作为身份或地位象征的传统观念正在逐渐削弱，大多数人把汽车作为一种交通工具，更重视其实用性、舒适性、经济性和便利性；美国的家庭规模正在变小，核心家庭大量出现；美国汽车制造商无视环境变化，因循守旧，继续大批量生产大型豪华车，因而存在一个小型车空白市场。

于是，日本汽车商设计出满足美国顾客需求的美式日制小汽车，以其外形小巧、价格便宜、舒适平稳、耗油量低、驾驶灵活、维修方便等优势敲开了美国市场的大门。

二、创业机会的评估

创业机会很多，但不是每一项都具备实施条件与发展潜力，即不是每一项都是有价值的创业机会。如果幸运地发现了一项具备商业价值的创业机会，这时也不能轻举妄动，因为创业者还要仔细识别该项目是否与自身的创业条件与优势高度匹配。正如一句谚语所说："一个人的美食，可能是另一个人的毒药"，需要我们对创业机会进行深入的评价。

（一）评估创业机会

创业机会很多，但不是每一项都具备实施条件与发展潜力。昆仑万维的周亚辉谈道："经过这么多事，我明白了一些特别深刻的道理，有些东西看起来很美，但最多只是个美丽的诱惑而已。你真去做就会发现，做不到一年合伙人就得散伙，很多创业机会只是看起来很美而已，实际上并不美。"

1. 识别有价值创业机会的意义

即使在极富创业精神的美国，所有新创企业中也有40%存活不到一年，2/3以上企业在其第5个生日之前死亡，仅有25%的新企业生存了8年。更令人震惊的是，大多数创业者几乎没有盈利，一般来说，即使让企业存续10年的创业者，也只获得了在他们以往的受雇生涯中所获得真实收入价值的65%。

机会识别是创业的开端，也是创业的前提。百森商学院亚洲研究中心总监伍健民说："是的，在中国真正成功抓住机会的人非常少。这其中有两个最主要的原因：首先，只有很少数的企业家知道组成一个真正机会的要素是什么；其次，即使一些企业家在众多机会中识别出了真正的机会，他们中的很多人也不能掌控那些能够将机会转变为利润的特性。"

2. 有价值创业机会的三大基本特征

正如上文所述，不是每一个创意都是机会。有的创业者认为自己有很好的想法和点子，对创业充满信心。有想法固然重要，但是并不是每个大胆的想法或新异的点子都能转化为创业机会。许多创业者因为仅凭想法去创业而失败了。那么，有价值的机会应该具有什么样的特征呢?

（1）有价值的创业机会具有价值性

对机会的识别源自创意的产生，而创意是具有创业指向，同时具有创新性的想法。在创意没有产生之前，机会的存在与否意义并不大。有价值潜力的创意一般会具有以下基本特征：

①独特、新颖，难以模仿。创业的本质是创新，创意的新颖性可以是新的技术和新的解决方案，可以是差异化的解决办法，也可以是更好的措施。另外，新颖性还意味着一定程度的领先性。不少创业者在选择创业机会时，关注国家政策优先支持的领域就是在寻找领先性的项目。不具有新颖性的想法不仅将来不会吸引投资者和消费者，对创业者本人都不会有激励作用。新颖性还可以加大模仿的难度。

②客观、真实，可以操作。有价值的创意绝对不会是空想，而要有现实意义，具有实用价值，简单的判断标准是能够开发出可以把握机会的产品或服务，而且市场上存在对产品或服务的真实需求，或可以找到让潜在消费者接受产品或服务的方法。

③有潜力的创意还必须具备对用户的价值与对创业者的价值。创意的价值特征是根本，好的创意要能给消费者带来真正的价值。创意的价值要靠市场检验。好的创意需要进行市场测试。同时，好的创意必须给创业者带来价值，这是创业动机产生的前提。

（2）有价值的创业机会具有时效性

“创业”因“机会”而存在，而机会是具有时间性的有利因素。创业机会存在于一定的时空范围之内，随着产生创业机会的客观条件的变化，创业机会就会相应的消逝和流失。纽约大学柯兹纳教授认为，机会就是未明确的市场需求或未充分使用的资源或能力。机会具有很强的时效性，甚至转瞬即逝，一旦被别人把握住也就不存在了。而机会又总是存在的，一种需求得到满足，另一种需求又会产生；一类机会消失了，另一类机会又会产生。

创业者对机会的评价来自他们的初始判断，而初始判断通常就是假设加简单计算。蒙牛集团创始人牛根生在谈到牛奶的市场潜力时说：“民以食为天，食以奶为先，而我国人均喝奶的水平只是美国的几十分之一。”也许这就是他对乳制品机会价值的直观判断。这样的判断看起来并不可信，甚至会觉得有些幼稚，但却是有效的。机会转瞬即逝，如果都要进行周密的市场调查，经常会难以把握机会。假设加上简单计算只是创业者对机会的初始判断，进一步的创业行动还需依靠调查研究，对机会价值做进一步评价。

（3）有价值的创业机会具有可行性

创业者还必须了解已有的创业机会是否具有可行性。首先，它能在你的商业环境中行得通。例如，你打算开一家肯德基加盟店，但是在印度的许多邦中，由于宗教的原因，你是开不了的。其次，你必须有资源（人、财、物、信息、时间）和技能才能创立业务。

那么创业者应该怎么办呢？要想确定顾客的偏好，通常可以采用市场测试的方法，将产品或服务拿到真实的市场中进行检验。市场测试可以说是一种比较特殊的市场调查，是创业者的必修课程。市场测试与市场调查不完全相同，询问一个消费者是否想购买和这位消费者实际是否购买很多时候是两回事。例如，雀巢咖啡为打开中国市场，选择一些城市向住户投递小袋包装咖啡就是一种市场测试。

总之，创业机会是指那些适合创业的机会（特别是创意）。看到机会、产生创意并发展成清晰的商业概念意味着创业者识别到机会，至于发展出的商业概念是否值得投入资源开发，是否能成为有价值的创业机会，则还需要认真的论证。

（二）创业者与创业机会的匹配

判断创业机会是否适合自己，还在于机会特征与创业者自身特质的匹配。

1. 恒心与毅力

无数成功的企业家在成功之前都和大多数人一样平凡，唯一与众不同的是他们具有天生的乐观主义精神、坚定的自信和顽强的毅力。困难也曾光顾过他们最初的创业，但最后都被他们踩在了脚下。

2. 认真审视自己

首先要了解创业过程中必须要经历的几个阶段，然后衡量自己的性格、爱好、特点，看是否适合创业，是否适合做这个项目。

（1）是否为创业做好了心理准备？创业开始的前3年，也称为企业的初创期，这时期不仅要有实现创业梦想的强烈欲望，还要能忍受创业初期的寂寞。要知道不论多么好的项目，都要经历一个潜伏期才会盈利，所以必须做好忍耐的心理准备。创业时期的自由和自我决策，是与寂寞紧密相连的。要有危机意识，时刻准备承受困难和坎坷，要有坚韧的心理素质，不轻易喜怒，保持平和心态。

（2）是否为创业做好了知识准备？创业是一个漫长的实践过程，创业之初的创业者一定是一个多面手。企业是否具有核心技术是企业生存的关键，企业的盈利模式要不断进行调整，因为一旦踏上创业的征程，就好比创业的帆船已经起航，必须用坚强的毅力坚持下去，并且为了企业生存要不断学习。

（3）是否为创业做好了能力准备？创业也是分阶段的，不同的时期对经营者有不同的要求。当事业取得阶段性的成功时，一定要清醒。企业的经营成果说明了创业者经营能力的成功。美国的研究证明，成活10年的企业，才可以算是创业成功的企业。因为一个企业要建立自己相对稳定的盈利模式，需要对市场进行长时间的研究和适应。是否具有团队协调能力？是否会识人、用人？是否善于发现和了解市场？这些能力其实很大成分是创业者在创业过程中日积月累的一种直觉。因此，只要有勇气和信心，能力就会慢慢提高。

3. 创业成功与否取决于创业者

分析近年来青年创业的案例，可以得出这样的结论：创业成功者大都是意志坚定、不屈不挠、不甘落后、自强不息的人；创业失败的，大多是对创业过程中出现的困难和坎坷估计不足，在市场变化、家庭变化及意外事件来临时，不能很好地调整自己的心态，放弃了继续创业的决心。

4. 条件评估，持续改进

所谓自身条件评估，就是要思考一下是否为创业做好了心理和生理的准备？是否做好了资金和场地的准备？是否做好了应对失败和成功的准备？是否具备了管理一个企业的基本技能？如果在评估中发现自己哪些素质还有欠缺，就要注意在创业中不断学习提高，以适应创业的需要。

（三）创业机会评估策略

创业者的创业行为都来自绝佳的创业机会，但创业本身是一种高风险行为，如果创业者能先以比较观的方式对创业机会进行评估、有效地判断进入市场的时机，或者逐步完善创业构想等都可以大大提高创业活动的成功率。

1. 市场评估准则

（1）市场定位

一个好的创业机会、必然具有准确的市场定位，专注于满足顾客需求，同时能为顾客带来增值的效果。因此，评估创业机会的时候可由市场定位是否明确、顾客需求分析是否清晰、顾客接触通道是否流畅、产品是否能够持续衍生等，来判断创业机会可能创造的市场价值。创业带给顾客的价值越高，创业成功的机会也会越大。

（2）市场结构

针对创业机会的市场结构进行几项分析，包括进入障碍、供货商、顾客、经销商的谈判力量、替代性竞争产品的威胁、市场内部竞争的激烈程度等。由市场结构分析可以得知新企业未来在市场中的地位，以及可能遭遇竞争对手反击的程度。

（3）市场规模

市场规模大小与成长速度也是影响新企业成败的重要因素。一般而言，市场规模大者，进入障碍相对较低，市场竞争激烈程度也会略为下降。如果要进入的是一个十分成熟的市场，那么纵然市场规模很大，由于已经不再成长，利润空间必然很小，因此这个新企业恐怕就不值得再投入。反之，一个正在成长中的市场，通常也会是一个充满商机的市场，所谓水涨船高，只要进入时机正确，必然会有获利的空间。

（4）市场渗透力

对于一个具有巨大市场潜力的创业机会，市场渗透力（市场机会实现的过程）评估将会是一项非常重要的影响因素。聪明的创业者知道选择在最佳时机进入市场，也就是在市场需求正要大幅增长之际，做好准备。

（5）市场占有率

创业机会预期可取得的市场占有率目标，可以显示这家新创公司未来的市场竞争力。一般而言，成为市场的领导者，最少需要拥有20%以上的市场占有率。如果低于5%的市场占有率，则这个新企业的市场竞争力不高，自然也会影响未来企业上市的价值。尤其处在具有赢家通吃特点的高科技产业，新企业必须拥有成为市场前几名的能力，才比较具有投资价值。

（6）资本市场活力

当新企业处于一个具有高度活力的资本市场时，它的获利回收机会相对也比较高。不过资本市场的变化幅度极大，对创业者而言，在市场高点时投入，资金成本较低，筹资相对容易。但在资本市场低点时，投资新企业开发的诱因则较低，好的创业机会也相对较少。不过，对投资者而言，市场低点的成本较低，有的时候反而投资回报会更高。一般而言，新创企业活跃的资本市场比较容易创造增值效果，因此资本市场活力也是一项可以被用来评价创业机会的外部环境指标。

（7）产品的成本结构

产品的成本结构也可以反映新企业的前景是否明亮。例如，从物料与人工成本所占比重、变动成本与固定成本的比重，以及经济规模产量大小，可以判断企业创造附加价值的幅度及未来可能的获利空间。

2. 效益评估准则

（1）税后净利合理

一般而言，具有吸引力的创业机会，至少需要能够创造15%以上的税后净利。如果创业预期的税后净利在5%以下，那么这就不是一个好的投资。

（2）损益平衡合理

合理的损益平衡时间应该能在2年以内达到，但如果3年还达不到，恐怕就不是一个值得投入的创业机会。不过有的创业机会确实需要经过比较长的耕耘时间，通过这些前期投入，创造进入障碍，保证后期的持续获利。在这种情况下，可以将前期投入视为一种投资，才能容忍较长的损益平衡时间。

（3）投资回报合理

考虑到创业可能面临的各项风险，合理的投资回报率应该在25%以上。一般而言，15%以下的投资回报率，是不值得考虑的创业机会。

（4）资本需求合理

资本需求量较低的创业机会，投资者一般会比较欢迎。事实上，许多个案显示，资本额过高其实并不利于创业成功，有时还会带来稀释投资回报率的负面效果。通常，知识越密集的创业机会，对资本的需求量越低，投资回报率反而会越高。因此，在创业开始的时候，不要募集太多资本，最好通过盈余积累的方式来创造资本。比较低的资本额，将有利于提高每股盈余，并且还可以进一步提高未来上市的价格。

（5）资本毛利合理

毛利率高的创业机会，相对风险较低，也比较容易取得损益平衡。反之，毛利率低的创业机会，风险则较高，遇到决策失误或市场产生较大变化的时候，企业很容易就遭受损失。一般而言，理想的毛利率是40%。当毛利率低于20% 的时候，这个创业机会就不值得再予以考虑。软件业的毛利率通常都很高，所以只要能找到足够的业务量，从事软件创业在财务上遭受严重损失的风险相对会比较低。

3. 策略价值准则

（1）策略价值合理

能否创造新企业在市场上的策略价值，也是一项重要的评价指标。一般而言，策略价值与产业网络规模、利益机制、竞争程度密切相关，而创业机会对于产业价值链所能创造的价值效果，也与它所采取的经营策略与经营模式密切相关。

（2）退出策略合理

所有投资的目的都在于回收，因此退出策略就成为一项评估创业机会的重要指标。企业的价值一般也要由具有客观鉴价能力的交易市场来决定，而这种交易机制的完善程度也会影响新企业退出机制的弹性。由于退出的难度普遍要高于进入，所以一个具有吸引力的创业机会，应该要为所有投资者考虑退出机制，以及退出的策略规划。

4. 团队评价准则

（1）团队组合：高素质、团队凝聚力、价值文化。

（2）产业经验和专业背景。

（3）正直诚信的人格。

（4）战略眼光。

（5）机会成本。

（6）接受失败的底线。

5. 策略评价标准

（1）创业模式组合：创业机会、创业者和创业资源能否匹配。

（2）机会导向：能够轻易获得的创业机会，机会品质通常不会很高，而创业者或团队自身主动识别的机会，才有可能创造高的收益。

（3）技术优势。

（4）进入时机：未来几年行业进入快速发展的趋势。

（5）服务品质。

6. 评价方法

（1）标准矩阵打分法

标准打分矩阵是指将创业机会评价体系的每个指标设定为3个打分标准，如最好为3分、好为2分、一般为1分，形成打分矩阵表。在打分后，求出每个指标的加权评价分。

这种方法简单易懂、易操作。该方法主要用于不同创业机会的对比评价，其量化结果可直接用于机会的优劣排序。只用于一个创业机会的评价时，则可采用多人打分后进行加权平均。如果其加权平均分越高，说明该创业机会越可能成功。一般来说，高于100分的创业机会可进一步规划，低于100分的创业机会，则需要考虑淘汰。

（2）巴蒂选择因素法（表6–1）

表 6–1　巴蒂选择因素

序号	因素
1	这个创业机会现阶段是否只有创业者本人发现了
2	产品初始生产成本是否是创业者可以承受的
3	创业机会市场初始开发成本是否可承受
4	新企业的产品是否具有高利润回报的潜力
5	是否可以预期产品投放市场和达到盈亏平衡点的时间
6	创业机会的潜在市场是否巨大
7	创业者的产品是否是一个快速成长产品系列中的第一个产品
8	创业者是否有一些现成的初始客户
9	创业者是否可以预期产品的开发成本和开发周期
10	新企业是否处于一个成长中的行业
11	金融界是否能够理解新企业的产品和消费者对它的需要

这种方法通过11个选择因素的设定来对创业机会进行判断。如果某个创业机会仅符合其中的6个或更少的因素，这个创业机会就很可能不可取；相反，如果某个创业机会符合其中的7个或者7个以上的因素，那么这个创业机会将大有希望。

该方法比较适合于创业者对创业机会进行自评。

三、创业时间的选择

1. 宏观环境时机

国家的经济形势与政策导向时刻影响着一个行业的变化，甚至国际经济形势也在影响着我们国内很多行业。比如一些直接的机会，国家鼓励全民创新、创业，政策上给了中小企业及创业者很多税收优惠与扶持，在有些行业还会给更大的支持，如果创业者此时选择的项目在政府政策倾斜的行业里，上路自然会轻松不少。相反的，如果是政府管控的，如高污染、地产等领域，相关行业的经营就很困难了。

再看间接的影响，市场大环境，遇到经济下行，购买力下降，创业就相对困难；贸易战，对进出口又有很多影响。遇到行业，或是整体经济低迷、政策调控，此时投入创业，可能要背负更长的回本周期与资金链断裂风险。反之，则有助于脆弱的创业公司成长。

建议创业者每天都要关注宏观经济形势与行业动态信息，比如坚持订阅经济类报刊，阅读相关专业网站简报，有条件甚至要看一些国外发达国家同行业的第一手信息。这样才能做一个高瞻远瞩的创业者，而非是只会低头干活，不看形势与趋势的创业者。

2. 行业时机

不同的行业里也有着自身的生命周期与行业阶段，例如：初创期、发展期、成熟期、衰退期。当一家创业公司介入一个行业的阶段不同，成功的难易程度也是截然不同的。除传统行业周期外，在互联网颠覆着生活与商业模式的大环境下，行业的流行性显得尤为重要。以短视频领域为例，这种模式很早就不温不火地存在了，只是这两年突然爆发，成了用户追捧、平台赚钱、投资人感兴趣的风口，也许过一阵短视频又会慢慢没落，但也许什么时候又会火起来。这类领域就像流行一样，具备很多新的行业周期特性，市场空间大、初期时没有被巨头垄断，介入会有很多赚钱的机会，至于是否能作为长久发展的生意，要另当别论。

相对的，这个时候去做已经被微博、微信、QQ 垄断了的通信社交类行业，成功概率就非常小了。虽然行业依然兴旺，但是时机已经不对了，创业公司在这个领域的成功率已经低于1%，这就是产品特性与行业阶段决定的。对打算从事的行业进行跟踪关注与研究，可以较早发现时机，至少可以规避很多行业衰退期的风险。互联网行业有句名言：如果站在风口上，猪都可以飞起来。可见对行业的洞察与把握是多么的重要。

3. 自身条件时机

总能听到一些创业失败的人讲，他们失败是因为结婚、因为生孩子、因为自己或亲人生病等等，这大多不是借口，如果有这些事，是真的对创业有很大影响。创业本就是一件“九死一生”的事情，需要全身心投入，如果这时候自己没有准备好，或是条件还不允许，一定不要冲动创业，那样就像多线作战一样，让自己手忙脚乱，应接不暇，处理不好自己的私事，也没法做好创业的公事，很容易陷入恶性循环。

除了一些客观原因，个人是否充分掌握了创业所需的技能、创业资金是否充裕，都要考虑，至少是不要有后顾之忧。

尤其在拉投资这件事情上，创业者一定要清楚，不是所有项目都能拿到投资，需要你的公司盈利情况良好，或是前景很好。即便是有机会拿到投资，也不是所有项目都能挺到投资，这之前必须想好，怎么靠自身让公司活下来。作为创业者，必须要做好一年没有任何收入的准备，甚至是有备用资金再投入。所以，有一定创业资金，自身没有各种负担，也是重要的创业时机考虑因素。

四、创造商机的方法

1. 异想天开法

开发出一些别人不敢想也想不到的商品或服务，虽然在意料之外，却符合市场需求，同样可以赚钱。有位张女士逛商场时发现偌大的商场中竟没有一个男人，门口倒有几个男人在聊天，讲说他们陪老婆逛商场的烦恼。其中有位男士慨叹：要是有个老公寄存处就好了。张女士听后，便想到了一个赚钱的好主意——开设老公寄存处。后来她开设了一家男士休闲吧。为了吸引男士慕名而来，她采用了许多免费招数，还置办了桌椅、茶水、电视等设备。男士休闲吧免费开放后，宾客如流，出售茶水饮料的收入也大大增加了，可谓盈亏互抵，收支均衡。

2. 哗众取宠法

珠海有一家洗衣机生产厂家，推出了一种产品，但一直打不开销路。老板很焦急，他认为自己的产品在质量、功能等方面都没有问题，唯一的问题就是价格太高，于是这位老板便苦想主意。有一天，他让一对夫妇故意在销售这种洗衣机的商场中争吵了起来，妻子嫌价格太贵，不许丈夫购买。而丈夫却细说这种洗衣机的种种好处，偏要购买。他们的争吵将一批想购买洗衣机的顾客吸引过来。最后洗衣机大量销售了出去。

3. 人无我有法

安庆有一家“奇品商场”，凡是在其他商场购买不到的商品，在这里都能买到。比如缺一只袖子的上装、少一条腿的裤子、两脚尺码不一样的鞋等。虽然这家商店的顾客不多，但是进门的顾客都是购买者，成交率十分高，利润也很好，而且这家商店是独门生意，几乎没有竞争对手。

4. 瞒天过海法

将赚钱的想法隐藏在明显的事物当中，因为顾客对常见的事物，往往不产生怀疑。此计的运用，就是在不知不觉中消费别人的钱。譬如，将牙膏上的小孔直径增加一毫米，因为人们刷牙时都是凭长度来决定牙膏用量的多少。直径增加一毫米，人们往往不能察觉，这样就能提高牙膏的销售量。

5. 化整为零法

将一件商品，分为几部分卖。产品分开卖，所产生的价值要比原来高许多倍。比如一只鸡，就可以将它分为鸡头、鸡腿、鸡爪、鸡身等来销售，这样更能提高商品的价值。

6. 嫌贫爱富法

同样的商品或服务，在不同环境下消费或购买，价钱会大不一样。譬如开设一家清洁公司，最常见的做法就是租赁一间办公室，安装几部电话，雇用几位工人，在媒体上做广告，然后就坐等生意上门。若在居民区从事这种生意，清洁收费是每小时30元左右。如果换一种思维方法，将服务对象定位在医院、写字楼内，还从事同样的工作，每小时的收入会更多。

7. 顺藤摸瓜法

根据商业行为的结果，来反思行动的初衷，并适时调整、更新经营策略。这样做，既能开拓新市场，又能赢得消费者的青睐。海尔的市场调研员在四川做调查时，不断接到农民的投诉，说是洗衣机质量不好，排水管时常不出水。他们非常吃惊，经过调查发现，原来许多农民都会用洗衣机洗地瓜和土豆，排水管让泥巴堵住了。于是，调研员急忙将调查到的情况反馈总部。海尔根据农民的需要，设计出了适合农民使用的产品，一种使用新型的排水管，既能洗衣服又能洗土豆的洗衣机。产品问世后深受农民的喜欢，海尔也获得一笔不菲的收入。

任务三　创业风险

一、创业风险的内涵

风险是指在一定条件下和一定时期内，由于各种结果发生的不确定性而导致行为主体遭受损失的大小及这种损失发生可能性的大小。风险是一个二维概念，风险以损失发生的大小与损失发生的概率两个指标进行衡量。

创业风险是指在创业过程中存在的风险，是指由于创业环境的不确定性、创业机会与创业企业的复杂性、创业者与其他创业相关人员的能力与可控资源的有限性等主客观因素而导致创业活动偏离预期目标的可能性及其后果。其主要有两方面含义：一是指风险因素，即创业过程中有可能遇到某些风险因素的干扰；二是指一旦某些风险因素真正发生，创业者即会阶段性遇到很难克服的困难，导致创业活动很难推进，甚至创业失败。以下从创业风险的成本、频率与程度更确切地认知创业内涵。

1．创业风险的成本

创业风险成本是指由于风险的存在和风险事故发生后人们所必须支出费用的增加和预期经济利益的减少，又称风险的代价。其包括风险损失的实际成本、风险损失的无形成本、预防和控制风险损失的成本。

2．创业风险的频率与程度

风险频率，又称损失频率，是指一定数量的标的，在确定的时间内发生事故的次数。风险程度，又称损失程度，是指每发生一次事故导致的标的毁损状况，即毁损价值占被毁损标的全部价值的百分比。现实生活中二者的关系：①风险频率高，但风险程度不大；②风险频率不高，但风险程度很大。

二、创业风险的来源与分类

创业环境的不确定性，创业机会与创业企业的复杂性，创业者、创业团队与创业投资者的能力与实力的有限性，是创业风险的根本来源。研究表明，由于创业过程往往是将某一“异想天开”或创新技术转化为具体的产品或服务的过程：在这一过程中，存在着几个基本的、相互联系的缺口，它们是上述不确定性和有限性的主要来源。创业风险主要来源5个方面。

1. 研究缺口

研究缺口主要存在于仅凭个人兴趣所做的研究判断和基于市场潜力的商业判断之间。当一个创业者最初证明一个特定的科学突破或技术突破可能成为商业产品基础时，他仅仅停留在自己满意的论证程度上。然而，这种程度的论证后来不可行了，在将预想的产品真正转化为商业化产品（大量生产的产品）的过程中，在从市场竞争中生存下来的过程中，需要大量复杂而且可能消耗巨大的研究工作（有时需要几年时间），从而形成创业风险。

2. 融资缺口

融资缺口存在于学术支持和商业支持之间，是研究基金和投资基金之间存在的新断层。其中，研究基金通常来自个人、政府机构或公司研究机构，它既支持概念或创意的创建，还支持概念或创意可行性的最初证实；投资基金则将概念或创意转化为有市场的产品原型（这种产品原型有令人满意的性能，对其生产成本有足够的了解并且能够识别其是否有足够的市场）。创业者可以证明其构想的可行性，但往往没有足够的资金将其实现商品化，从而给创业带来巨大的风险。一般情况下，只有极少数基金愿意鼓励创业者跨越这个缺口，如个人或风投机构专门进行早期项目的风险投资，以及政府资助计划等。

3. 资源缺口

资源与创业者之间的关系就如颜料和画笔与艺术家之间的关系。没有了颜料和画笔，艺术家即使有了构思也无从实现。创业也是如此。没有所需的资源，创业将一筹莫展，创业也就无从谈起。在大多数情况下，创业者不一定也不可能拥有所需的全部资源，这就形成了资源缺口。如果创业者没有能力弥补相应的资源缺口，要么创业无法起步，要么在创业中受制于人。

4. 信息和信任缺口

信息和信任缺口存在于技术专家和管理者（投资者）之间。也就是说，在创业中，存在两种不同类型的人：一是技术专家；二是管理者（投资者）。这两种人接受不同的教育，对创业有不同的预期、信息来源和表达方式。技术专家知道哪些内容在技术层上是可行的，哪些内容根本就是无法实现的。在失败类案例中，技术专家要承担的风险一般表现在学术、声誉上受到影响，以及没有金钱上的回报。管理者（投资者）通常比较了解将新产品引进市场的程序，但当涉及具体项目的技术部分时，他们不得不相信技术专家，可以说管理者（投资者）是在拿钱冒险。如果技术专家和管理者（投资者）不能充分信任对方，或者不能进行有效的交流，那么这一缺口将会变得更深，带来更大的风险。

5. 管理缺口

管理缺口是指创业者并不一定是出色的企业家，不一定具备出色的管理才能。进行创业活动主要有两种：一是创业者利用某一新技术进行创业，他可能是技术方面的专业人才，但却不一定具备专业的管理才能，从而形成管理缺口；二是创业者往往有某种“奇思妙想”，可能是新的商业点子，但在战略规划方面不具备出色的才能，或不擅长管理具体的事务，从而形成管理缺口。

在创业的路上，风险一定与你同行，并且会不离不弃。既然你选择了创业，风险也一定选择了你。所以，在创业的过程中，一定要做好时刻面对风险的充分准备。

三、创业风险的识别

创业风险识别又称创业风险评估，是指通过对创业企业运营系统中所存在的各种风险因素进行定性和定量分析，以量化风险发生的概率及其对企业所造成的影响和损失的可能的工作活动。风险评估的主要任务是：通过有效识别企业所面临的各种风险，评估风险发生的概率及其对企业的影响，结合对企业的风险承受能力的判断，以明确风险消减和控制的优先等级，从而提出可行的风险防范预案。风险识别是创业企业提前判断并确定风险对企业影响程度的重要途径。

（一）创业风险识别的分类与指标

1. 创业风险识别的分类

创业风险识别的分类可以依据不同的标准进行划分。

（1）按创业企业所处的不同阶段划分，创业风险可以分为初创期风险识别、成长期风险识别、成熟期风险识别和衰退期风险识别。

初创期风险识别主要指创业企业在项目准备阶段，对企业项目运营环境条件，项目所必需的要素条件的满足程度，企业项目规划的合理性、科学性、投入产出预测等方面的风险因素所进行的识别的工作。成长期风险识别是指创业企业为确保项目运营的顺利展开而进行的问题研究，及时判断项目目标实行的可能性，以便采取积极有效的措施降低风险出现或蔓延的可能性。成熟期风险识别指企业对创业项目的生产、市场开发潜力、行业内的竞争压力、人员素质及管理水平等情况进行系统评估，以便对项目未来目标的调整做出科学的判断。衰退期风险识别是指对保持创业项目维持与发展策略调整的必要性评估。

（2）按企业所采用的风险识别方法的特征，创业风险识别可分为定性识别和定量识别。

定性识别是指通过人的主观判断，对创业企业运营过程中所存在的风险进行评估的方法。定性识别通常应用于企业的新项目、新产品或新领域的风险评估。这主要是由于企业缺乏充足的数据，只能借助专业人员的经验对创业风险进行判断。

定量识别是指依靠充分的历史统计数据，运用数学方法构造数学模型来进行风险评估的方法。定量识别法主要包括：第一，概率评估法；第二，专家评分评估法，根据专家的经验和个人见解制订一系列的评分标准，然后按风险因素的分数进行风险评估；第三，数学模型评估法，主要运用风险评估软件来进行预测。

（3）按风险识别的内容不同，风险识别可分为政治风险识别、行业风险识别、市场风险识别、技术风险识别、财务风险识别、管理风险识别等。

2. 风险评估指标

风险评估指标是风险对企业影响程度的衡量尺度。一般用风险率和经济损失指标来表示。风险率是风险出现的概率。按对企业的危害程度来分，一般用严重程度和频率来共同衡量。严重程度是创业风险对企业所造成的经济损失的程度，一般用损失金额来表示。频率是指在企业运营的一定时间范围或生命周期内，创业风险发生的次数。

$$风险率=严重程度\times 频率=损失金额\div 单位时间$$

经济损失指标是用来衡量创业风险对企业所造成经济损失的影响程度的指标，通常采用直接损失和间接损失金额来表示。

（二）创业风险识别的操作流程

创业企业进行风险识别的操作流程包括以下步骤：制订风险评估战略、选择风险评估方式进行风险评估、对风险进行测定和排序、准备风险防范预案。

1. 制订风险评估战略

制订风险评估战略，是指创业企业为确保企业风险评估工作的顺利展开而提前对风险评估目标、评估流程、评估方法及其途径进行制订的工作过程。风险评估所针对的对象不同，风险的影响因素及其运行特点会有很大的差异，企业所应采取的风险评估的时间、力度、幅度和深度都应进行相应的调整，从而针对不同的实际情况来选择与之相匹配的恰当的风险评估途径。

2. 选择风险评估方式进行风险评估

风险评估通常所采用的途径包括基线风险评估、详细风险评估和组合风险评估3种方式。

（1）基线风险评估

基线风险评估是指企业从自身实际情况出发，提前为各种风险要素划定安全线，这些安全范围的设定是根据标准规范设定的，通过这些安全线与实际运营操作所搜集到的信息进行比较，找出差距，根据基本的风险评估目标，可有目标地选择并实施风险防范措施，以此来达到化解、降低和控制风险的目的。安全线是能够使企业运营系统达到一定的风险评估目标的基本水平。创业企业可以根据相关的国际标准、国家标准、行业标准或行业惯例进行设定。

（2）详细风险评估

详细风险评估是指企业通过对资产进行详细识别和评价，及时对诱发风险的威胁和弱点进行深入评估，来识别和选择风险防范措施的过程。详细风险评估以资产风险评估为核心，通过有效识别企业资产风险的概率及企业对风险的承受能力，从而及时、有效地应对风险的影响。详细风险评估适合于评估对象范围具体而清晰的项目的评估。

（3）组合风险评估

组合风险评估是将以上两种评估途径相结合起来评估企业风险的方式。企业首先通过整体初评，粗略确定各种风险的级别及发生的概率，然后对风险级次较高的因素进一步开展详细评估，从而达到成本低、效果优的目标。

3. 对风险进行测定和排序

在风险评估过程中，常采用以下操作方法：定性分析法、定量分析法、评分法。风险评估方法的选择需要考虑风险的性质、运行特征、时间、环境等方面因素。

（1）定性分析法

定性分析方法是指凭借专业人员的经验和直觉、行业的标准和惯例，对风险要素（风险的威胁程度、弱点，对风险的控制效力等）按照影响程度的大小或高低定性分级的方法。所确定的风险级次通常可分为“高”“中”“低”3个级次。定性分析法是当前采用较为广泛的一种方法。定性分析的具体操作方法有德尔斐法、问卷调查法、电话访谈法、专家会议法、小组讨论法等形式。定性分析法操作起来相对简单，但与定量分析相比，准确性和精确性有些不足。

（2）定量分析法

定量分析法就是以大量的相关数据为基础，通过运用一定的模型进行计算，获得风险因素对企业影响程度的量化结果的风险评估方法。定量分析法需要确定两个重要指标，即风险发生的概率、风险发生所带来的损失。定量分析法的使用必须建立在大量统计数据的基础上，通过建立模型，对风险实施评估。因此，定量分析的结果较为直观和精确。

（3）评分法

评分法是指企业针对项目存在的不同风险，根据其特性进行风险程度及权重值的分配，风险程度与权重值的乘积作为该风险的得分，再将领域内各种风险特性的得分加总，即得到该领域风险的总分，依照分数高低可将不同领域所存在的风险进行排序。

4. 准备风险防范预案

企业在进行科学的风险评估工作之后，按照对企业所造成的危害或负面影响，对企业风险进行排序，随后针对不同的风险性质，制订多套科学、系统的风险防范预案，明确责任人，从而达到化解或者降低风险的影响的目的。

四、创业阶段风险规避策略

较大的企业有能力承受一般意义上的风险损失，而风险损失对处于创业过程的小企业来说却是致命的。创业企业要在自己的努力下学会正常前行，并在这种学习过程中健康成长，不仅学会预测、识别各种风险，还要具备处理各种风险的能力。因此，如何应对创业风险，消除各种风险可能带来的潜在损失对创业企业而言具有至关重要的意义。

（一）创业风险的处理方式

一般来说，对于风险需采取一些常用的风险处理方式，用最小的成本达到最大安全保障。风险处理的方式很多，但常用的有以下几种方式。

1. 风险规避

风险规避即选择放弃、停止或拒绝等方式处理面临的风险。例如，采取中止交易、减少交易、放弃交易或离开市场等方式避免风险的发生。这是各种风险处理技术中最简单也是最消极的一种方法。适合采用风险规避策略的情况有以下两种：第一，某种特定风险所致的损失概率和损失程度相当大；第二，采用其他风险处理方法的成本超过其产生的效益。

2. 风险保留

风险保留又称风险接受，是指企业自己承担风险损失。当某种风险不能避免，或因冒风险可获厚利时，由企业自己保留承担的风险，这是最为普遍的风险处理方法。按照处理的顺序和情况可分为主动保留和被动保留两种。风险保留的处理方式：第一，将损失摊入经营成本，即将发生的损失计入当期损益。第二，建立意外损失基金。第三，建立专项基金。第四，从外部借入资金。除了筹集资金提高企业自身的抗风险能力以外，企业还可以通过套期保值、设置专业自保公司等方法自留风险。

3. 风险转移

风险转移是企业通过契约、合同、经济、金融工具等形式将损失的财务和法律责任转嫁给他人，达到降低风险发生频率、缩小损失幅度的目的。风险转移的形式有3种：控制型非保险转移、财务型非保险转移和保险转移。第一，控制型非保险转移是通过契约、合同将损失的财务和法律责任转嫁给他人，从而解除自身的风险威胁，主要有外包、租赁、出售、回租等方式。例如，一家公司在与某建筑承包商签订新建厂房的合同中规定，建筑承包商对完工前厂房的任何损失负赔偿责任。又如，计算机租赁合同中规定租赁公司对计算机的维修、保养及损坏负责。第二，财务性非保险转移就是利用经济处理手段，转移经营风险，主要有保证、再保证、中和、证券化、股份化等方式。第三，保险是转移风险的一种办法，它把风险转移给保险人。保险也是一种分摊风险和意外损失的方法，一旦发生意外损失，保险人就补偿被保险人的损失，这实际上是把少数人遭受的损失分摊给同险种的所有投保人。对创业企业来说，投保是其对企业各类纯粹风险进行管理的最为有效的手段。

4. 风险利用

风险利用是把风险当作机遇，利用运营中的困难，通过风险战略开拓市场，实现更大的战略目的。风险利用是最为积极的风险管理战略，它对于培养经理人风险偏好、建立企业文化有重要的意义。风险利用的方式有配置、多样化、扩张、创造、重新设计、重新组织、价格杠杆、仲裁、重新谈判、影响等。

另外，在风险利用策略中还可通过对风险进行分散、分拆及对风险损失进行控制，从而化大风险为小风险，变大损失为小损失，实现风险控制的目的。

5. 损失抑制

损失抑制是指在损失发生时或在损失发生后为缩小损失幅度而采取的各项措施。损失抑制的一种特殊形态是割离，它是指将风险单位割离成很多小的独立单位而达到缩小损失幅度的一种方法。损失抑制常常是在损失幅度高且风险又无法避免或转嫁的情况下采用，如损失发生后的各种自救和损失处理等。

（二）创业风险的应对策略

创业者识别评估风险后，若认为某种风险会给企业带来较大的损失，就会针对该风险采取相应的防范措施。

1. 财务风险的防范

防范财务风险的主要应对措施有：

（1）创业者要对创业所需资金进行合理估计，避免筹资不足影响企业的健康成长和后续发展。

（2）创业者要学会建立创业企业的信用，提高获得资金的概率。

（3）创业者或团队一定要学会在企业的长远发展和目前利益之间进行权衡，设置合理的财务结构，从恰当的渠道获得资金。

（4）管理创业企业的现金流，避免出现现金断流带来财务拮据甚至破产清算的局面。

2. 竞争风险的防范

防范竞争风险的主要应对措施有：

（1）回归到产品本身，产品或服务才是创业者的护城河。

（2）关注竞争对手和用户需求，找到竞争对手的弱点，为用户提供独一无二的产品价值。

3. 技术风险的防范

防范技术风险的主要应对措施有：

（1）加强对技术创新方案的可行性论证，减少技术开发与技术选择的盲目性，并通过建立灵敏的信息预警系统，及时预防技术风险。

（2）通过组建技术联合开发体或建立创新联盟等方式减少技术风险发生。

（3）提高创业企业技术系统的活力。

（4）高度重视专利申请、技术标准申请等，通过法律手段减少损失出现的可能性。

4. 市场风险的防范

防范市场风险的主要应对措施有：

（1）时刻关注市场变化，善于抓住机会。

（2）以市场及消费者的需求为生产的出发点。

（3）摸清竞争对手底细，发现其创业思路与弱点。

（4）广泛收集市场信息，并加以分析比较，制订有效的市场营销策略。

（5）对各种成本精打细算，杜绝不必要的费用。

（6）健全符合自身产品特点的销售渠道网络。

（7）以良好诚信的售后服务赢得顾客青睐。

5. 团队风险的防范

防范团队风险的主要应对措施有：

（1）谨慎选择创业团队成员。

（2）制订团队规范和团队纪律。在创业过程中需用良好的规范和纪律来约束团队的成员。

（3）形成团队的共同价值观和愿景。让所有团队成员对于“创业使命”“共同目标”等关键命题达成一个共识，并用这些共识去指导整个团队和每个成员的行为。

事实上，几乎很少有新创企业能清醒地认识到他们创业风险的根本来源和真实原因。在那些不成功的创业案例中，如果创业者能在创业前和创业中以比较客观的方式进行风险预测、识别评估和应对，那么创业成功的概率也会大幅度提升。

实训　发现创业机会

【实训目的】

1. 让大学生学会发现创业机会。
2. 让大学生认识到创业机会对于未来发展的重要性。

【实训流程】

流程1——收集创业信息

寻找创业机会的前提就是要收集创业信息。在全班范围内，以小组为单位，进行创业信息的收集，从中发现创业机会。可以参考以下方式进行。

信息收集方式（在符合小组情况的（　　）里打“√”）： （　）问卷调查法　（　　）电话询问法 （　）观察调查法　（　　）收集二手信息 信息收集渠道：   记录下你所收集的相关内容：   从收集到的信息中发现商机：

商机 1：   商机 2：   商机 3：

流程2——辨别创业机会

从收集到的信息中找到商机，然后在此基础上分析和识别商机，从而发现具有市场潜力和发展前景的创业机会。

辨别方式	商机 1	商机 2	商机 3
行业现状			
发展环境			
经济效益			
竞争情况			
市场吸引力			
优劣条件			

流程3——总结并汇报

各小组成员以多种形式进行创业信息的收集，从中发现创业商机，继而把商机转变为创业机会。在这整个过程中，每个小组都有自己的收获。小组成员进行讨论，可参考下面几个问题进行，并制作成 PPT，选出一个代表，与同学们进行分享。

1. 通过此次调查，你收获了什么？

2. 你在收集信息的过程中，遇到了哪些问题？

3. 你是如何辨别有利商机的？请写出具体的步骤。

【思考练习题】

一、名词解释

1. 创业机会

2. 创业风险

二、简答题

（1）你如果遇到一个创业机会，那么你首先要做的是什么？

____

____

____

____

（2）你觉得在面对创业风险时最应该做的是哪些方面的工作？

____

____

____

____

思政之窗

要进一步开展实践活动，积极拓宽实践平台。有效的实践平台是开展大学生创新创业教育的重要载体。高校要把创新创业实践作为创新创业教育的重要延伸，通过举办创新创业大赛、讲座、论坛、模拟实践等方式，丰富学生的创新创业知识和体验，提升学生的创新精神和创业能力。

在开展活动中模拟创业风险的环节，让大学生在学校就养成防患于未然的意识，做好日后创业时面临风险的准备。

项目七　创业中的商业模式构建与资源获取

学习目标

知识目标

★ 商业模式的定义、本质与构成要素，商业模式的盈利逻辑。

★ 商业模式设计与创新的思路方法。

★ 了解商业模式画布的构成。

能力目标

★ 思考商业模式与战略的联系。

★ 完善创业项目的商业画布。

素质目标

★ 锻炼社交能力，拓宽自己的人脉。

★ 培养综合能力并且学会资源的整合。

思政目标

★ 大学生需要学会资源的获取和整合，不断地积累人脉，能够做一个初步的商业画布，并请老师或者有经验的同学帮忙改进和指正，完善商业画布，为日后的创业积累宝贵经验。

案例分享

蓝莓致富之路

建立蓝莓种植基地的是一名90后回乡创业大学生，他就是梁山县大路口乡村民冯中岳。“就喜欢干这一行。”问起为什么会从事这个行业，冯中岳毫不犹豫地说。2015年，从青岛农业大学园艺系毕业后，冯中岳来到青岛佳沃公司，在这个专业从事蓝莓生产的企业里，他从实验室育种开始，经历了育苗、生产等全部技术环节，学到了先进的生产技术和管理理念。三年的不懈努力让他从普通职员做到区域经理，也让他看到了蓝莓种植的巨大前景。“蓝莓属于从国外引进的高端水果品种，是近年来新兴起的农业种植产品。品质好的蓝莓可以作为鲜果销售到各大超市，个头小的就加工成果干、果酒、果汁、果酱等。此外，蓝莓还有很好的抗老化作用，被广泛应用到化妆品的制作中。”谈起蓝莓，冯中岳的话题也多了起来。既然有这么好的发展前景，何不把种植蓝莓引进家乡，不光自己受益，还能让家乡的乡亲们共同致富。

放弃高薪回乡创业的决定并不容易，但父母的理解和信任却给了他巨大的信心。从小品学兼优的他在父母眼中是个肯吃苦有主见的孩子，特别是大学期间年年获得奖学金，基本没让家里负担自己的学费。回乡后，家人不仅充分信任他，还拿出资金来支持他创业，成了他最强大的后盾。

2021年，冯中岳的蓝莓种植规模扩展到10个棚、74亩地。经过两年的培育，这批蓝莓也迎来了丰产期，一个棚能有10万元的收入。他还免费向周边群众传授蓝莓种植技术，同时招募农村劳动力参与大棚养护，“现在基地里务工的周边村庄的群众有20余人，一天工资60～140元不等，能够让一些上了年纪的人和家里有孩子的妇女在家门口务工。”冯中岳说。

任务一　商业模式概述

一、商业模式的概念

商业模式是指为实现客户价值最大化，把能使企业运行的内外各要素整合起来，形成一个完整的高效率的具有独特核心竞争力的运行系统，并通过最优实现形式满足客户需求、实现客户价值，使系统达成持续盈利目标的整体解决方案。

商业模式的内在范围涵盖了企业的整个运营流程，也就是通常所说的价值链，它是一个整体的、系统的概念，而不仅仅是一个单一的组成因素，是由包括融资、研发、生产、营销等相关联的价值活动所构成的，它是企业构造价值链的方式，如图7-1所示。

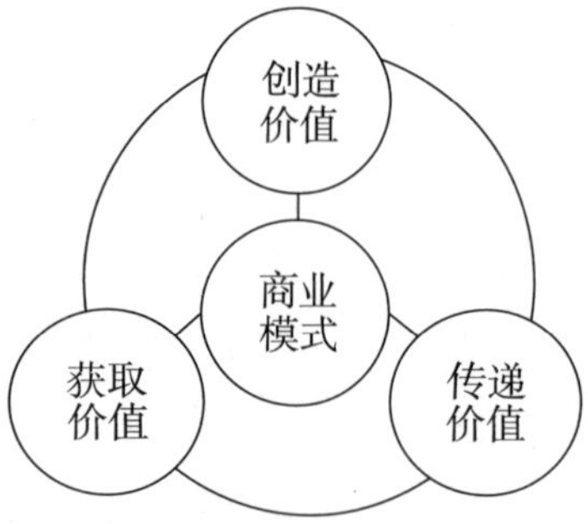

图 7-1　商业模式图

简而言之，商业模式即公司通过什么途径和方式盈利。例如，汽车公司如何通过卖车来赚钱；食品公司如何通过卖食品来赚钱；快递公司如何通过送快递来赚钱；超市如何通过平台和仓储来赚钱等。只要有潜在或直接的盈利环节，就有商业模式存在。

趣味故事

2010 年，许单单和伙伴找了 100 多个股东，瞄准互联网公司和人群，开了“互联网咖啡馆”。经营一年多，亏得一塌糊涂。团队开始考虑如何结合自己强大的互联网背景来开拓业务。

他们成立传媒公司承接各种互联网活动，渐渐承接到三星等 IT 巨头的活动，积累了各种创业者、开发者资源，还花大力气请圈内资深人士作演讲，并成立互联网招聘网站，同时尝试做互联网创业团队的孵化器项目——随着 3W 咖啡生态链浮出水面，咖啡馆实现了收支平衡。

截至 2013 年，3W 具有绝对优势的核心竞争力尚未形成，但团队方向明确，将继续针对互联网人群深耕细作，凭借在圈内的名气，已拿到融资，准备 2014 年在全国开 20 ~ 40 家新店。

2023 年，该平台已有超过 90 万家企业入驻。企业覆盖领域包括互联网、移动互联网、电子商务、游戏等全行业。

二、商业模式的基本样式

“互联网 +”企业四大落地系统（商业模式、管理模式、生产模式、营销模式），其中最核心的就是商业模式的互联网化，即利用互联网精神（平等、开放、协作、分享）来颠覆和重构整个商业价值链，目前来看主要分为六种商业模式：

（1）工具＋社群＋商业模式；

（2）长尾型商业模式；

（3）跨界商业模式；

（4）免费商业模式；

（5）O2O 商业模式；

（6）平台商业模式。

（一）工具＋社群＋商业模式

互联网的发展，使信息交流越来越便捷，志同道合的人更容易聚在一起，形成社群。同时互联网将散落在各地的星星点点的分散需求聚拢在一个平台上，形成新的共同的需求，并形成了规模，解决了重聚的价值。

如今互联网正在催熟新的商业模式即“工具＋社群＋电商/微商”的混合模式。比如微信最开始就是一个社交工具，先是通过各自工具属性/社交属性/价值内容的核心功能过滤到海量的目标用户，加入了朋友圈点赞与评论等社区功能，继而添加了微信支付、精选商品、电影票、手机话费充值等商业功能。

为什么会出现这种情况？简单来说，工具如同一道锐利的刀锋，它能够满足用户的痛点需求，用来做流量的入口，但它无法有效沉淀粉丝用户。社群是关系属性，用来沉淀流量。商业是交易属性，用来变现流量价值。三者看上去是三张皮，但内在融合的逻辑是一体化的。

（二）长尾型商业模式

长尾概念由克里斯·安德森提出，这个概念描述了媒体行业从面向大量用户销售少数拳头产品，到销售庞大数量的利基产品的转变，虽然每种利基产品相对而言只产生小额销售量。但利基产品销售总额可以与传统面向大量用户销售少数拳头产品的销售模式媲美。通过 C2B 实现大规模个性化定制，核心是“多款少量”。所以长尾模式需要低库存成本和强大的平台，并使得利基产品对于兴趣买家来说容易获得。例如 ZARA。

（三）跨界商业模式

不管是做哪个行业，真正构成最大威胁的对手一定不是现在行业内的对手，而是那些行业之外你看不到的竞争对手。马云曾经说过一句很任性的话，他说，如果银行不改变，那我们就改变银行，于是余额宝就诞生了，余额宝推出半年规模就接近3 000个亿。雕爷不仅做了牛腩，还做了烤串、下午茶、煎饼，还进军了美甲；小米做了手机，做了电视，做了农业，还要做汽车、智能家居。

互联网为什么能够如此迅速地颠覆传统行业呢？互联网颠覆实质上就是利用高效率来整合低效率，对传统产业核心要素的再分配，也是生产关系的重构，并以此来提升整体系统效率。互联网企业通过减少中间环节、减少所有渠道不必要的损耗、减少产品从生产到进入用户手中所需要经历的环节来提高效率、降低成本。因此，对于互联网企业来说，只要抓住传统行业价值链条当中的低效或高利润环节，利用互联网工具和互联网思维，重新构建商业价值链就有机会获得成功。

马化腾在企业内部讲话时说："互联网在跨界进入其他领域的时候，思考的都是如何才能够将原来传统行业链条的利益分配模式打破，把原来获取利益最多的一方干掉，这样才能够重新洗牌。反正这块市场原本就没有我的利益，因此让大家都赚钱也无所谓。"正是基于这样的思维，才诞生出新的经营和赢利模式以及新的公司。而身处传统行业的人士在进行互联网转型的时候，往往非常舍不得或不愿意放弃依靠垄断或信息不对称带来的既得利益。因此，往往想得更多的就是，仅仅把互联网当成一个工具，思考的是怎样提高组织效率、如何改善服务水平，更希望获得更大利润。所以传统企业在转型过程中很容易受到资源、过程以及价值观的束缚和阻碍。

（四）免费商业模式

"互联网 +"时代是一个"信息过剩"的时代，也是一个"注意力稀缺"的时代，怎样在"无限的信息"中获取"有限的注意力"，便成为"互联网 +"时代的核心命题。注意力稀缺导致众多互联网创业者们开始想尽办法去争夺注意力资源，而互联网产品最重要的就是流量，有了流量才能够以此为基础构建自己的商业模式，所以说互联网经济就是以吸引大众注意力为基础，去创造价值，然后转化成盈利。

很多互联网企业都是以免费、好的产品吸引到很多的用户，然后通过新的产品或服务留住不同的用户，在此基础上再构建商业模式。比如360安全卫士、QQ 等。互联网颠覆传统企业的常用打法就是在传统企业用来赚钱的领域免费，从而彻底把传统企业的客户群带走，继而转化成流量，然后再利用延伸价值链或增值服务来实现盈利。

（五）O2O 商业模式

O2O 是 Online To Offline 的英文简称。O2O 狭义来理解就是线上交易、线下体验消费的商务模式，主要包括两种场景：一是线上到线下，用户在线上购买或预订服务，再到线下商户实地享受服务，目前这种类型比较多；二是线下到线上，用户通过线下实体店体验并选好商品，然后通过线上下单来购买商品。广义的 O2O 就是将互联网思维与传统产业相融合，未来 O2O 的发展将突破线上和线下的界限，实现线上线下、虚实之间的深度融合，其模式的核心是基于平等、开放、互动、迭代、共享等互联网思维，利用高效率、低成本的互联网信息技术，改造传统产业链中的低效率环节。

O2O的核心价值是充分利用线上与线下渠道各自优势，让顾客实现全渠道购物。线上的价值就是方便、随时随地，并且品类丰富，不受时间、空间和货架的限制。线下的价值在于商品看得见摸得着，且即时可得。从这个角度看，O2O应该把两个渠道的价值和优势无缝对接起来，让顾客觉得每个渠道都有价值。

（六）平台商业模式

互联网的世界是无边界的，市场是全国乃至全球。平台型商业模式的核心是打造足够大的平台，产品更为多元化和多样化，更加重视用户体验和产品的闭环设计。

张瑞敏对平台型企业的理解就是利用互联网平台，企业可以放大，原因有：第一，这个平台是开放的，可以整合全球的各种资源；第二，这个平台可以让所有的用户参与进来，实现企业和用户之间的零距离。在互联网时代，用户的需求变化越来越快，越来越难以捉摸，单靠企业自身所拥有的资源、人才和能力很难快速满足用户的个性化需求，这就要求打开企业的边界，建立一个更大的商业生态网络来满足用户的个性化需求。通过平台以最快的速度汇聚资源，满足用户多元化的个性化需求。所以平台模式的精髓，在于打造一个多方共赢互利的生态圈。

但是对于传统企业而言，不要轻易尝试做平台，尤其是中小企业不应该一味地追求大而全、做大平台，而是应该集中自己的优势资源，发现自身产品或服务的独特性，瞄住精准的目标用户，发掘出用户的痛点，设计好针对用户痛点的极致产品，围绕产品打造核心用户群，并以此为据点快速地打造一个品牌。

任务二　商业模式的设计与创新

一、商业模式的设计思路

商业模式的设计思路可以从以下三个方面着手。

1. 产品或服务创新

产品或服务的创新是通过满足消费者深层次需求、降低消费者的成本、提高消费者的便利等措施来创新商业模式。

德鲁克在《管理实践》一书中提出："企业目的在于创造客户，为客户提供产品或服务，而不是利润的最大化。"企业能生存并盈利的关键是能够创造和实现客户价值，这也是商业模式设计的关键环节。

因此，设计商业模式应当以满足客户需求为出发点和立足点，从市场竞争和创业者现有资源的实际出发，以发现客户价值、创造客户价值、传递客户价值和最大化获得客户价值为目标。客户价值最大化之后自然能带来企业盈利，并且与企业盈利多少成正比。企业产品和服务的设计路径通常从以下几个方面出发。

（1）满足消费者深层次需求。消费者深层次需求是指消费者自己尚未认识到的高层次需求，现有产品无法满足、需要长时间的变革才能被认识的一种需求。满足顾客需求的产品种类繁多，那么他们如何在如此众多的产品和服务中进行选择呢？这就需要产品能更好地满足消费者深层次需求，只有满足顾客深层次需求才能在众多竞争产品中脱颖而出。"饿了么"创始人张旭豪就是洞察到客户对在线外卖的需求，在2015—2017年两年间，"饿了么"团队扩张超50倍。

（2）降低消费者的成本。企业产品能否为市场接受，很大程度上取决于公司提供的产品或服务能否降低消费者成本。消费者成本是指消费者为了实现消费品或服务的效用过程所付出的代价，包括金钱成本（由产品或服务价格决定）、时间成本（为购买所花费的时间）、精力和体力成本等。价格是企业产品或服务在竞争中最敏感的因素，产品或服务能否为市场所接受，很大程度上取决于产品或服务的价格。沃尔玛超市出现之后迅速发展，除了它的战略定位准确之外，也得益于它采用的"每日低价"的价格策略。低廉的价格、可靠的质量是沃尔玛最大的竞争优势，吸引了大批顾客的到来，给沃尔玛带来了丰厚的回报。

（3）提高消费者的便利。消费者从订货到使用到维修的方便性是提高企业产品或服务被接受程度的重要原因。戴尔公司的顾客可以直接从公司网页上根据自己的要求订购计算机，极大提升了戴尔的竞争能力；一辆标准的、容易替换零部件的汽车具有很高的维修便利性，会极大提高其市场份额；互联网购物也是因为其购物的便利性，使网上购物的消费者与日俱增。

2. 资源利用的创新

通过拓展合作关系、转变现有资源（原料、渠道、技术、关系等）利用模式等措施来创新商业模式。创业者可以在重要的原材料、关键渠道、核心技术等方面通过改变原有的游戏规则来建立独特的商业模式。设计路径如下。

（1）改变资源的利用模式。多数创业者资源有限，在资源匮乏的情况下如何寻找创造性的开发机会去整合资源建立企业，并推动企业的发展是非常重要的。

改变资源利用模式可以考虑以下几个方法。

①整合现有资源：根据创业团队的现状，积极寻找和整合所能利用的现有资源，尽量开创利用现有资源的新思路。

②开拓新资源：寻找合适的新资源加入，用创新思维去寻找可以利用的创业资源。

（2）合作关系拓展。创业企业在设计商业模式时需要多角度考虑合作关系，寻找可能的合作伙伴，并从合作伙伴那里获得需要的资源，达到双赢甚至多赢。

合作关系的类型：①与非竞争者建立适当的战略联盟关系；②与竞争者建立战略合作关系；③与投资者建立合资关系；④与供应商建立可靠的供求关系。合作关系可以降低经营中的风险和不确定性，实现规模经济和商业模式优化，获得特定资源和业务。

趣味故事

四川航空“免费车辆”模式

四川航空曾实施了一项营销策略，乘坐四川航空飞机的乘客可以乘坐“免费大巴”进入市区。四川航空宣布：只要乘客购买了五折票价以上的机票，就可以免费乘坐大巴车到机场乘坐飞机或者下机后进入市区。“免费大巴”活动没有让四川航空花钱，甚至还赚了钱。

原来这些“免费大巴”是四川航空以低于市价近 6 万元的价格（9 万元／辆）买入的汽车，汽车厂商之所以同意以这么优惠的价格销售，是因为四川航空承诺为该汽车厂商做广告。之后四川航空又以高于市价近 2 万元的价格（17 万元／辆）卖给了客车司机，客车司机愿意接受这个价格的原因是因为四川航空承诺司机每载一个乘客给予25元的提成。司机觉得机场客源和收入较为稳定，也乐意掏这笔钱。

3. 收入模式的创新

收入模式的创新是指通过改变现有的收入结构和定价机制等措施来创新商业模式。其构成要素及设计路径如下。

（1）收入对象：向谁收钱?

设计路径：①对现有收入对象进行深度开发；②开发新的收入对象。

（2）收入介质：通过向消费者提供哪些产品或服务来获取收入?

设计路径：①将原有介质的功能进行拓展；②开拓新的收入介质。

（3）收入渠道：从哪些途径来获得收入？

设计路径：①改变现有渠道结构；②拓展新渠道。

（4）定价机制：定价方法和策略。

设计路径：①分解定价策略；②组合定价策略。

金吉列诱钓模式收费

1904年，金吉列推出第一款可替换刀片剃须刀，并采取极低的价格甚至免费赠送的方式销售剃须刀架，目的是为吉列剃须刀片创造市场。虽然剃须刀架价格极低，甚至白送，但是企业可以在后续销售一次性刀片中获得高额利润，这后来被称为“剃刀与刀片”的诱钓模式。

采用这种模式的关键在于找到初始产品与后续重复使用产品之间的紧密联系——后续产品通常是一次性的，需要多次购买。企业通过销售这些一次性的产品获得暴利。这种销售模式如今被应用到很多产品中，如喷墨打印机。惠普、佳能等企业以较低价格销售打印机，然后通过后续配套墨盒获得良好的利润收入。

二、商业模式的设计方法

1. 商业模式画布的定义

商业画布是指一种能够帮助创业者催生创意、降低猜测、确保他们找对了目标用户、合理解决问题的工具。商业画布不仅能够提供更多灵活多变的计划，而且更容易满足用户的需求。更重要的是，它可以将商业模式中的元素标准化，并强调元素间的相互作用。商业模式画布涉及三个板块、四个视角、九个模块。

（1）三个板块

三个板块是指客户价值主张、资源与能力、盈利模式。客户价值主张用来描述为特定客户细分创造价值的系列产品和服务，用以解决客户难题和满足客户需求。价值主张是客户转向一个公司而非另一家公司的原因，他解决了客户的困扰或者满足了客户的需求。每个价值主张都包含可选系列产品或服务，以迎合特定客户细分群体的需求。资源与能力指企业能够加以控制的因素，如核心资源、关键业务、重要伙伴。盈利模式指按照利益相关者划分的企业的收入结构、成本结构及相应的目标利润。

（2）四个视角

四个视角是客户视角、提供物（产品和服务）视角、基础设施视角、财务视角。

（3）九个模块

九个模块是四个视角的细分。客户视角包括客户细分、客户关系、渠道通路；提供物（产品和服务）视角包括价值主张；基础设施视角包括核心资源、关键业务、重要伙伴。财务视角包括成本结构、收入来源，如图7-2所示。

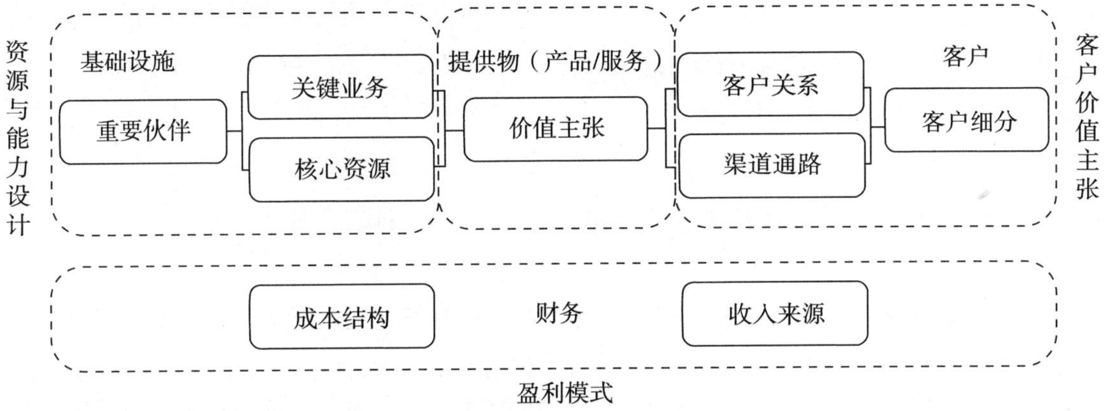

图 7-2　商业模式框架：三维四度九步法

创业者通过商业模式画布可以描绘自己项目的主要内容，向投资者表达自己商业模式的完整性、一致性。

2. 商业模式选择的原则

（1）经济性原则

企业运营过程中出现的固定成本及可变成本的变动影响着企业可自由支配的现金流量，进而影响企业发展过程中在投资规模、范围，竞争力强化等方面的战略抉择，交易成本、管理成本、运营成本及其他相关成本的节约，有利于增加企业流动资金数量，提高企业资本利用效率，扩大企业生产规模，以及实现企业战略发展目标。因此，企业选择构建的商业模式应能够减少企业不必要的成本支出，加强企业运营效率与效益以增加企业现金流，提高企业资本利用效率。

（2）有效性原则

商业模式的有效性一方面表现在对企业资源包括有形资源和无形资源的合理配置，企业所拥有的资源是有限的，因此，必需充分利用企业内部资源，并合理利用企业外部资源，实现企业资源的有效配置及高效利用；另一方面，商业模式是否有效与企业能力相关，企业内部具有何种能力、是否存在未被有效开发利用的潜在能力、如何强化企业现有能力或挖掘企业潜在能力形成企业竞争优势是商业模式选择应该关注的问题；商业模式还要能够帮助企业实现内部价值链的有效整合，充分发掘和利用价值增值能力较高的环节，剥离价值增值能力低的环节，从而集中企业有效资源进行高价值创造，实现企业内部高效率运转，为企业和客户创造更多价值。

（3）差异性原则

差异性是指企业在选择商业模式时应该考虑与竞争对手形成差性，并通过差异性商业模式获得竞争对手难以获取的比较竞争优势，打造企业自身独具特色的价值获取模式，否则企业在其发展的各个方面都可能会受制于先行的企业，无法超越行业中的竞争对手，始终做行业中的跟随者，无法获得行业中存在的超额利润，无法占据有利的市场地位，市场份额有限。差异性是一个相对短期、比较静态的概念，因此企业必须对商业模式进行不断的变动调整，进行商业模式的创新，以保证企业在行业中的优势地位。

（4）不易模仿性原则

不易被竞争对手模仿的商业模式能够为企业带来持续的竞争优势，对企业长远的发展具有十分重要的意义，如企业的核心价值观，经过长时间的发展，已经注入企业的经营、管理、生产运作及员工的价值理念等中，有助于推动企业实现战略发展目标，对于竞争对手来说是很难模仿的。企业核心能力，有些能力是异质性的，是企业所独有的，不易于被同行业中的竞争对手所模仿，有助于企业构建竞争优势，确定市场地位，获取丰厚价值回报。

（5）适应性原则

企业是不能够独立生存在社会及市场大环境里的，因此它需要与社会及市场中的其他组织发生必要的联系，进行物质资源及信息等方面的交换，且受到外界环境中各种因素的影响和制约。企业应在确定其发展战略目标的基础上对外部宏观环境及微观环境进行详细的调查分析，确定环境中存在的机会与威胁，从而根据自身具备的资源能力，选择能够适应外部环境变化，并利于企业发展的商业模式。

（6）价值创造原则

企业在客户价值最大化目标的基础上是为了实现企业自身价值的最大化，因此，企业选择商业模式的根本目的在于获取更加丰厚的利润，实现企业的可持续发展。为了这一目标，企业需要和那些与其发展息息相关的企业、团体、组织等互相协作、扶持，需要在为自己创造价值的同时，为供应商、顾客（包括分销商和最终顾客）、社区及政府等利益相关组织和群体创造价值，实现多方的共赢。

3. 商业模式选择的步骤

商业模式的选择主要是根据企业自身的特点及所具备的资源、能力，企业所处的外部宏观大环境、竞争环境等方面来进行的，具体可以分成以下几个步骤。

（1）把握外部环境，做出合理假设

企业应从经济，政治和法律，社会、文化、人口和地理环境，技术和竞争五个方面分析影响企业商业模式选择的外部环境因素，对于这些因素的分析是为了能够对企业所处的外部环境有一个总体性的评价，进而形成较清晰的思路，对企业外部环境做出合理的假设。在这一环节，主要是为了确定企业所面临的机会是什么，又存在着哪些威胁，使企业选择能够趋利避害的商业模式，同时能够抓住环境中的有利机会，发挥企业优势，实现企业价值。

（2）综合评定企业内部资源、能力

在此环节，主要是通过对企业实施全面客观深入的分析，从公司财务状况、管理水平、规模与成本优势、技术优势、市场网络、独特的资源、品牌、社会网络、销售渠道、隐性资源、人力资源和特殊的自然资源等内部因素方面分析企业所具有的优势与劣势，发掘企业中具有价值的资源、能力，发现企业中具有较强价值增值能力的环节，发挥企业优势，避开劣势的决策。在对企业优势与劣势有很好把握的基础上做出企业内部条件的合理假设，根据假设选择能够扬长避短的商业模式。

（3）提出可供选择的商业模式方案

在综合分析企业外部环境与企业内部资源能力的基础上，提出能够很好地把握外部机遇以及能够充分发挥企业优势的商业模式备选方案。

（4）比较商业模式与企业战略发展框架方向是否一致，与战略目标是否匹配

战略发展框架为企业指明了通向未来之路，战略目标则指明了企业发展所要达到的结果，而实施某种商业模式的目的是为了能够实现客户价值最大化，进而实现企业价值的最大化，因此，企业选择的商业模式要能够与企业的战略发展框架方向一致，并且要有利于企业战略目标的实现。

（5）对各种商业模式实施效果进行预测，选定商业模式

商业模式的差异性导致企业运营的最终结果不同。将备选商业模式方案，按照对企业内外环境的假设做出合理的运行效果的预测，并综合企业高层管理人员对企业发展的意见，选择既符合企业管理层意愿，又能够实现企业战略目标的商业模式方案，并付诸实施。

三、商业模式的创新

（一）商业模式创新的概念

商业模式创新实质上是一种高层次的企业创新行为，它与传统意义上的产品创新、技术创新、制度创新和经营创新有很大不同。商业模式创新包括了企业从内部到外部的资源、能力、价值等，涉及企业运作的方方面面。

商业模式创新的途径是对企业可利用资源的组合方式进行优化，表现为企业为改善其价值创造和价值获取能力而进行的价值链的优化和重组。

值得注意的是，这里强调的商业模式是一个商业系统，而不仅仅是产品或技术的某一个单点。如果说中国企业以前习惯了依靠产品创新和技术创新来制胜市场的话，商业模式

要求的则不仅仅是产品和技术的创新，更是强调企业的整个商业系统的创新。

（二）商业模式创新的方法

1. 价值活动

（1）价值链上的重新定位

通过专注于价值链上的某些活动（通常是高利润活动），而将其余活动外包出去，从而实现商业模式创新。一般认为，将非核心环节的业务外包给其他企业，有利于降低经营的不确定性风险和生产成本，提高质量，有利于发挥各价值模块的核心优势。

（2）价值链重组

价值链重组是指企业通过对产业价值链进行创造性的重新排列组合，进而实现商业模式创新。关键思想就是围绕顾客需求确定重要部分，并以之为中心，再组合调整非重要部分来适应这个中心。

（3）构造独特的价值体系

构造独特的价值体系是指企业通过构建和整合多个价值优势，形成企业所独有的价值体系，从而实现商业模式创新。

知识链接

"耐克"的成功奥秘

耐克公司是美国著名的运动鞋公司，其是1964年由美国俄勒冈大学的长跑运动员费尔和他的教练波曼合伙组建的，两人初始投资是各300美元，委托日本的一家鞋厂按波曼的设计试制了300双球鞋。最初的球鞋储存在费尔父亲家的地下室里，每逢比赛，由费尔和波曼带到田径场去推销。

1972年，奥运会田径预赛在美国俄勒冈州举行，费尔和波曼说服部分马拉松运动员穿耐克鞋参赛。结果有四名进入预赛前七名，费尔和波曼趁机大做广告，耐克运动鞋从此声名大振，不断发展壮大。耐克公司1994年的销售额达38亿美元，产品销往81个国家。但特别值得注意的是，从耐克的最初发迹到以后的成长发展，耐克公司本身并不制造球鞋，97%以上的耐克球鞋的生产采取第三世界国家合同承包、加工返销形式，其中2/3是在韩国生产的，然后由耐克公司收购，在发达国家独家销售。

耐克公司赖以成长壮大的秘密不在制造环节，而在其对产品设计和广告营销环节的控制，这用"价值链"的原理很容易解释。因为在运动鞋行业，其制造环节规模经济效益有限，生产工艺成熟，而其研究开发和广告推销环节固定成本高，产品的广告边际成本低，经济规模效应高，是应该关键控制的战略环节。耐克球鞋在市场上主要靠其“最佳设计”和“高档名牌”为号召，公司不惜重金聘请迈克尔·乔丹等顶级明星在美国电视节目收视率最高的黄金时间做广告，成功地塑造了耐克球鞋高档名牌形象。耐克这种“抓设计、营销，外包生产制造”的价值链战略是其成功的奥秘所在。

2. 价值曲线

这种模式创新策略聚焦于企业所提供的顾客价值。对提供服务而非实体产品的企业来说，此策略尤为重要。企业通过创造独特的价值曲线实现服务创新，在为顾客提供非凡的价值感受的同时获得自身的成功。例如，太阳马戏团虽然没有动物，但融合戏剧、表演多元、舞美华丽，重新定义了马戏团的艺术形态，成为世界上最成功、最具影响力的马戏团之一。

3. 价值网络

（1）重构供应链结构

这种创新能围绕顾客需求，简化供应链环节，改善企业与供应链上各成员之间的关系，建立关键环节的联盟合作关系，提高其他环节的灵活应变性。

（2）形成以顾客价值为中心的价值网络

例如，苹果公司开创了一个全新的商业模式——将硬件、软件和服务融为一体。向下掌控用户，向上掌控第三方开发商和个人开发者，并与信用卡公司合作，打造了一个整体的商业生态系统。“终端 + 应用”的商业模式让体验成为顾客购买的一部分，苹果公司从中获取了更大的市场份额和利润。

4. 资源能力

（1）围绕新资源

新资源为公司创造新的顾客价值提供了潜力，商业模式的意义在于将新资源的潜力释放出来。

（2）利用现有资源

一些企业可以围绕自身独特的技能、优势，挖掘现有的潜能，建立新的商业模式，以实现利润增长。例如，必胜客开发的必胜客宅急送业务就是这方面的典型案例，这一模式整合了消费者的外卖需求，在满足顾客需求的同时，必胜客也实现了营业收入的增加。

5. 收入模式

收入模式，即企业的盈利模式。企业的盈利方式通常有很多种，可以通过直接出售产品盈利，也可以通过出售服务盈利，还可以通过资本市场盈利等。

知识链接

聚美优品的创业

陈欧十几岁时留学新加坡，26 岁获得美国斯坦福大学 MBA 学位。2009 年 7 月，在从斯坦福商学院毕业的第三天，他就回到了国内，希望在自家门口创业。应该说，他的第一次创业就颇具“海归”气质。在美国求学期间，陈欧曾目睹一家小游戏广告公司在很短时间里创造 2 亿美元的惊人业绩；回国后，他选择了这种商业模式创业。第一笔资金来自新东方徐小平的 18 万美元。但很快，这家游戏广告公司陷入了窘境。在美国，一个有效的点击可以卖到几十美元，而在国内几乎是白菜价，连几毛钱都卖不到。最困难时，他的公司只剩下了几个人。他不得不调整公司的业务方向。

彼时，“百团大战”狼烟四起。陈欧很快投入了这场混战，并把目光锁定在当时尚属冷门的垂直领域——化妆品的团购上。“做游戏广告时，我们和一些化妆品公司有过合作。”陈欧解释道，化妆品的平均利润在 20% ～ 30%，属于高利润的行业；而且传统渠道成本高，这也是造成化妆品价格虚高的主要原因。“有利润空间，企业愿意做，有价格优势，用户也愿意买。”

2010 年 3 月，陈欧创立团美网。与团购市场上踌躇满志的创业者不同，经历过一次失败的陈欧心里也没底，不确定团购这个模式在美妆领域能否做得通，比如那些单价很高的大品牌化妆品是不是真的能卖出去。在成立之初，团美网主要选择一些像化妆棉这样，单价较低又不涉及真假问题的美妆周边产品。陈欧和团队在这段时间主要是在验证商业模式，比如统计 100 个流量过来多少会转化为购买。

第一次尝试大品牌化妆品团购，陈欧选择了倩碧的黄油，直接从专柜买货，五折出售。那一单他赔了很多钱，甚至自己贴差价，但好消息是他知道单价很高的商品也是可以团购出去的。陈欧说：“消费者有这个需求，我们要做的就是把阻挡他们购买的顾虑因素都消除。”一个多月的试运营后，他们上次创业的天使投资人徐小平又给了他们 200 万元的投资，陈欧开始全力投入。

化妆品的特点是毛利高、货源杂、高仿假货多。创业不久的公司很难跟大品牌直接建立合作，只能先通过代理等渠道扫货，但陈欧非常明白要想让公司获得更好的发展，一定要能给消费者 100% 的正品保证。

一方面陈欧组织起十余人的团队，一瓶一瓶验货，另一方面他向用户承诺 30 天无条件退款，到 2011 年 6 月又推出拆封 30 天无条件退货——只要消费者有疑虑，即使已经拆封试用的化妆品也可以由基层客服直接为消费者办理退货，直到现在也没有第二家公司跟进这项服务。

不过到目前为止，他们的退货率还保持在 1% 左右。"你要相信绝大多数人是有购物需求的用户，而个别不正常的退货则是提供好服务所必须付出的成本。"陈欧说。早期，陈欧也曾遇到过提供假货的供应商，他的态度是"杀无赦"。而且随着网站规模的扩大，一天之内突破万件的销售量让他们获得更多供应商的青睐，现在即使团购价 1 249 元的蓓丽鱼子面霜在聚美优品开团 5 小时后也可以卖出 100 多份。聚美优品可以优先选择信誉好的供应商长期合作，比如高丝就是由厂家总代安排合作，而国内的化妆品牌则争取建立直接的合作。不过供货商问题仍然是陈欧要面对的最大难题，现在也经常会有商品在凌晨就卖断货。"我们会优先考虑货源最靠谱的供应商，然后才是价格。我工作的第一重点是供应商，第二重点还是供应商，希望建立起对货源的良好控制。"陈欧说。

2010 年 9 月，陈欧将网站改名为"聚美优品"，聚美方面对此的解释，一则是团美此前的域名有点问题，".com 的域名买不到"，但更重要的是表明其"不是团购"的立场。

2011 年 6 月，聚美优品推出聚美商城，商城与品牌商直接合作，品类更多、不限时，全部以 8 至 9 折出售。

不过一旦弱化了团购限时特卖的特色，变身一家标准电子商务网站，聚美优品就要面对老牌化妆品电商的正面竞争，虽然它在一年之内获得 10 倍月流水的增长，但聚美优品在产品品类和渠道控制力上与传统化妆品电子商务网站都有一定的差距。

"我们的商城频道上线，这是我们从团购转型化妆品 B2C 的标志。"陈欧说，聚美商城主要提供在超市类售卖的精品化妆品，和团购品类不冲突。他打了一个比方，如果说限时特卖区是机场免税店，那么聚美商城则是家乐福化妆品专柜。

创业之前，陈欧的创业团队对于选择创业项目，曾经存在争议，不过最终选择了团购，创办了团美网（聚美优品前身）。如今聚美优品已经不再将视野局限在团购上，而是瞄准了 B2C。

对于这种转型，陈欧认为是自然的过程。“其实第一天起我就想做 B2C，因为团购是商品的推荐平台，它的问题在于不能把握后面的供应链。把信息提供了，但是信息是否靠谱不能保证。我们一直很注意控制自己的供应链，所以，与其说是转型 B2C，不如说我们一直在 B2C 的道路上不断深化，我们的供应链越来越强，越来越多品牌与我们合作，我们也能越来越多地、越来越好地给消费者推荐一些优质产品。”

为了提升用户体验，陈欧要求聚美的员工一定对用户所有意见负责，跟用户去沟通，不管是客服还是送货员都要达到行业一流水平。同时聚美还花大力气建设供应链。如今的聚美优品，已经成为中国正品化妆品的最大的团购市场。

那究竟聚美优品的巨大成功来源于哪里呢？它与其他的化妆品团购又有什么不同呢？以下我们来做一个分析。

1. 有雄厚的资金作为支撑。聚美优品前身是团美网，是第一家也是中国最大的化妆品限时特卖商城。聚美优品拥有超过 3 000 m^2 的现代化库房、1 800 m^2 的办公室和专业客服中心。资金对一个集团的发展运行影响极大，雄厚的资金作为企业的支撑，能使企业快速发展，而彼时大多的化妆品团购网还没有聚美这么大的资金作为支撑，无法像聚美那样迅速发展。

2. 有坚固的聚美铁三角成员。聚美优品 CEO 陈欧是美国顶级大学斯坦福大学历史上最年轻的中国 MBA 毕业生。大学期间成功创办在线游戏平台 Garena，二次创业创立化妆品网购平台聚美优品。联合创始人、产品副总裁戴雨森毕业于清华大学工业工程系，曾在 Google、百度、Oracle 等企业从事用户体验设计工作，对互联网产品设计、用户体验规划有深刻研究和丰富经验。研发副总裁刘辉是聚美铁三角成员之一。2005 年曾参与创建 Garena，精通大型 WEB 系统及数据库等的分布式架构，精通 WEB 编程语言如 PHP、JavaScript 的开发框架设计。一个集团之中的核心团队对集团来说是具有极为重要的领导作用的，聚美的铁三角成员具有丰富的经验，对聚美的发展起到了不可或缺的作用。

3. 选择了一个好的领域。美妆牵动女性与时尚，是一个千亿级的市场，它也从最初每日一件限时折扣团购模式到如今每日多件产品限时抢购，在品类管理上主要以推荐明星产品搭配其他产品进行销售。聚美优品的化妆品团购模式，不是简单的团购信息提供者，而像是一个销售化妆品的 B2C 平台，本质上就是一个垂直行业的 B2C 网站。但聚美优品也与大多数化妆品 B2C 模式不同，聚美优品主要卖最畅销的 20% 那部分化妆品并进行“每日多件”的品类管理。此外，垂直 B2C 存在市场空白，而在聚美优品创立时，淘宝、京东等大型电商还没有调动资源规模性投入，导致时间窗口长达 2 年以上。

4. 聚美优品市场宣传推广做得好，从上线 1 周年开始的大规模宣传，采取双代言人形式和我为自己代言体（我是陈欧，聚美优品创始人。蜗居，裸婚，都让我们撞上了……我是陈欧，我为自己代言），以及陈欧体（你只闻到我的香水，却没看到我的汗水……），很励志很有煽动性，品牌调性与用户高度吻合，掀起了凡客体后电商在年轻群体中的又一轮市场风潮。而京东、亚马逊等大型的电商虽每年投入广告的资金颇为巨大，但却不能像聚美的广告词那样具有煽动性，让年轻一代以高度的热忱追随。

5. 极为全面的保障措施，确保消费者的无风险购物，聚美优品致力于创造简单、有趣、值得信赖的化妆品购物体验。

（1）正品保证，货物都是与官方的一些品牌一起合作。从控制进货渠道，与供应商和代理商的紧密合作，物流输送，到售后服务，确保用户的体验。

（2）专业的验货过程，保证产品质量。用户能一单购买当天多个团购产品，同时购买 2 件团购产品的用户可免邮。

（3）30 d 拆封无条件退货是行业内最高标准退货政策。收货之日起 30 d 内可以无任何条件退回货物并获得全额退款。退货运费由聚美全额承担。商品质量出现问题，在收货之日起 90 d 内，由聚美优品与中华财险共同承担全额赔付。

（4）口碑中心。只有在聚美优品购买过该美妆的用户才能发表口碑报告。口碑中心的评论均来自真实的购买者和体验者，保证口碑报告的真实公平，杜绝品牌“托儿”的存在。为聚美用户在选择购买化妆品时提供可靠依据。

（5）客服团队的建设，近百万客服贴心服务。聚美的全面质量、售后服务等保障措施，赢得了广大消费者的信赖与支持。

6. 自营物流：聚美优品不仅自己拥有强大的物流管理信息系统，而且拥有自己的配送车辆和配送人员。通过信息的即时传递和对配送人员的严格管控与激励，企业可以随时掌控发出货物的具体位置，并能准确把握货物运达的具体时间，不仅极大地提升了配送的效率，而且极大地提高了顾客的满意率。目前聚美已经建成领先对手的优越仓储、物流和客服体系。同时在上海、北京、成都已建立仓储物流，最快 2 h，最慢 12 h，平均 6 h 发货直达全国。

任务三　创业资源获取和整合

一、创业资源的内涵与种类

1. 创业资源的内涵

创业资源是指能够支持创业者进行创业活动的一切东西，是涵盖创业者创业活动顺利进行的一切支持性资源，包括有形与无形的资产。如果不能获得这些创业资源，即使看到了商机，也只能“望（商）机兴叹”。因此，在创业过程中，应当积极拓展创业资源的获取渠道。

2. 创业资源的种类

（1）按其来源分类

创业资源按其来源可以分为自有资源和外部资源。

①自有资源

自有资源是指创业者或创业团队自身所拥有的可用于创业的资源，如自有资金、自有技术、自己获得的创业机会信息、自建的营销网络、控制的物质资源或管理才能等。自有资源可以内部培育和开发，企业可通过一定的方式在内部开发无形资产、培训员工、促进内部学习，从而获取有益的资源。

②外部资源

外部资源是指创业者从外部获取的各种资源，包括从朋友、亲戚、商业伙伴或其他投资者处筹集到的投资资金、经营空间、设备或其他原材料等，或通过提供未来服务、机会等换取到的资源。外部资源是实现企业成长的重要来源。企业受自有资源“瓶颈”的影响，需要吸取适合本企业发展的新鲜资源，其中的关键是拥有资源的使用权并能控制或影响资源的部署。自有资源（特别是技术和人力资源）的拥有状况会影响外部资源的获得和运用。

（2）按其存在形态分类

创业资源按其存在形态可以分为有形资源和无形资源。

①有形资源

有形资源是具有物质形态的，价值可用货币度量的资源，如组织赖以存在的自然资源、建筑物、机器设备、原材料、产品、资金等。

②无形资源

无形资源是具有非物质形态的，价值难以用货币精确度量的资源，如信息资源、政策资源，以及企业的信誉、形象、专利、商标等。无形资源往往是使有形资源更好地发挥作用的重要手段。

（3）按其对企业成长的作用分类

按照资源对企业成长的作用，将其分为两大类：对于直接参与企业日常生产、经营活动的资源，称之为要素资源；对于未直接参与企业生产，但可以极大地提高企业运营有效性的资源，称之为环境资源。

二、创业资源的获取途径和方法

1. 通过市场途径获取创业资源

通过市场途径获取创业资源包括购买和联盟两种。

（1）购买

购买是指利用财务资源通过市场购入的方式获取外部资源，主要包括购买厂房、设备等物质资源，购买专利和技术，聘请有经验的员工及通过外部融资获取资金等。需要注意的是，诸如知识，尤其是隐性知识等资源虽然可能会附着在非知识资源之上，通过购买物质资源（如机器设备等）得到，但很难通过市场直接购买，因此，需要新创企业通过非市场途径去开发或积累。

（2）联盟

联盟是指通过联合其他组织，对一些难以或无法自己开发的资源实行共同开发。但联盟的前提是联盟双方的资源和能力互补且有共同的利益，而且能够对资源的价值及其使用达成共识。

2. 通过非市场途径获取创业资源

通过非市场途径获取创业资源包括资源吸引和资源积累等。

（1）资源吸引

发挥无形资源的杠杆作用，利用新创企业的商业计划和创业团队的声誉，通过对创业前景的描述来获得或吸引物质资源、技术资源、人力资源和资金等。

（2）资源积累

利用现有资源，在企业内部通过培育形成所需的资源。主要包括自建企业的厂房、设备，在企业内部开发新技术，通过培训来增加员工的技能和知识，以及通过企业的自我积累获取资金等。

显然，创业者的自有资源往往是通过非市场途径获取的。由于起步阶段的创业者往往囊中羞涩，很难通过购买的方式获取创业所需的各种外部资源，因而非市场途径——通过社会关系，用最小的代价获取创业资源成为创业者的首选，甚至无偿获取创业资源也并非不可能。

趣味故事

一个人去买鹦鹉，看到一只鹦鹉前的标牌写道：此鹦鹉会两门语言，售价二百元。另一只鹦鹉前则标道：此鹦鹉会四门语言，售价四百元。该买哪只呢？两只都毛色光鲜，非常灵活可爱。这人转啊转，拿不定主意。结果突然发现一只老掉了牙的鹦鹉，毛色暗淡散乱，却标价八百元。这人赶紧将老板叫来："这只鹦鹉是不是会说八门语言？"店主说："不。"这人觉得奇怪：它又老又丑，又没有能力，为什么会值这个数呢？店主回答："因为另外两只鹦鹉叫这只鹦鹉老板。"

这个小故事说明：只有找准了沟通对象，才能沟通成功，否则再努力也是白搭。

三、创业资源获取的影响因素

资源获取是在识别资源的基础上，得到所需资源并用于创业过程的行为。对于新创企业而言，是否能够从外界获取所需资源，首先取决于资源所有者对创业者或创业团队的认可，而这一认可在很大程度上取决于创业项目的商业价值。创业项目为资源获取提供了杠杆，一个能被资源所有者认同的、有价值的创业项目，才有助于降低创业者获取资源的难度。除了创业项目的商业价值，影响资源获取的因素还有很多，其中主要因素有社会网络、创业者（创业团队）先前的工作经验、创业者的管理能力和资源整合能力等。

1. 社会网络

社会网络是多维度的，能够提供企业正常运转所需的各种资源，也是新创企业最重要的资源获取来源之一。社会网络是隐性知识传播的重要渠道，它能通过促进信息的快速传递而协助组织学习，同时还可以大大降低企业的交易成本，帮助获取与企业需求相匹配的资源，因此对于创业资源的获取具有重要意义。

不同的社会网络和网络地位，为人们之间的沟通与协作提供了不同的渠道。在社会网络中处于优势地位的创业者，有较好的社会关系网络，能有针对性地对不同对象传递商业创意的不同方面，能有目的地获取资源所有者的理解和信任，最终能成功地从不同网络成员那里获取所需的不同资源，从而为自己的创新创业提供基础。

2. 创业者（创业团队）先前的工作经验

创业者（创业团队）先前的工作经验分为创业经验和行业经验两大类。其中，创业经验是指创业者先前创建过新的企业或组织，在此过程中所获得的感性和理性的观念、知识和技能等。它提供了诸如机会识别与评估、资源获取和公司组织化等方面的信息。行业经验是指创业者在某行业的工作经历，它提供了有关行业的规范和规则、供应商和客户网络、雇佣惯例等信息。

创业过程本身就是一个知识转移的过程。从先前创业经验中转移来的知识能够提高创业者有效识别和处理创业机会的能力，有助于发现、获取创业资源。拥有创业经验的创业者有一种“创业思维定式”，驱使他们寻求和追求那些最好的机会。在不确定的时空条件下，先前的创业经验提供了有利于对创业机会做出决策的隐性知识，这种隐性知识可以通过创业者而转移到新创立的组织里。因此，创业者拥有较多的创业经验就更容易获得可取的特定机会，并能从更多的途径获取创业资源。此外，先前的创业经验还提供了帮助创业者克服新企业面临新困难的知识。这些都能够帮助创业者规避风险，增强他们的资源获取能力。

3. 创业者的管理能力

创业资源获取的关键往往取决于企业的软实力。创业者的管理能力是企业软实力的主要表现，管理能力越高，获取资源的可能性越大。创业者的管理能力可以从其沟通能力、激励能力、行政管理能力、学习能力和外部协调能力等多方面予以衡量。

良好的沟通能力可以使创业团队表现出坚强的凝聚力，拥有更强的行动力，从而使创业团队更容易获取必要的外在资源。团队激励与合作有助于企业综合能力的提升，产生团队外溢效果，使创业团队能够获取必要的资产和资源。较强的行政管理能力有利于创业者将各种资源进行较完美的匹配与组合，使企业的正常运作更有效率，企业因而会根据成员的要求和组织发展的需要，去吸引更多的人力资源和其他无形资产。学习能力则可以使创业者不断地提升自身的管理能力，使创业者了解外部市场的变化和新创企业内部的需求，对其做出理性判断，并运用一定的方式获取企业所需的资源。外部协调能力是创业者个人才能的对外应用，创业者的外部协调能力越强，与合作者达成一致的可能性就越大，创业者就可以利用外部资源为企业服务，为企业创造良好的发展环境。

4. 创业者的资源整合能力

资源整合能力是指创业者在创业过程中，以人为载体，在资源整合过程中表现出的对资源的识别、获取、配置和利用的能力。

创业资源在未整合之前大多是零散的、一般性的商业资源，要发挥其最大的效用，使其转化为竞争优势，为企业创造新的价值，就需要新创企业运用科学的方法将不同来源、不同效用的资源进行优化配置，使有价值的资源充分整合起来，发挥“1+1>2”的放大效应。

四、创业资源的整合

资源是创业者创业过程中的关键要素，创业资源整合能力的大小决定了创业的成败。资源整合能力的强弱是衡量创业者、企业家能力的主要指标之一，直接影响新创企业的发展壮大。并不是每个创业者都具备这种能力，也并非谁都能轻易学来，它需要创业者经过长时间的积累，而且与创业者的素质、管理能力和企业研发能力等密切相关。

（一）创业资源的开发和整合

1. 人脉资源

人脉资源是创业过程中的第一资源，各种良好的、健康的人脉资源有助于创业者找到投资、技术、产品和渠道等，整合人脉资源是创业成功的基础条件之一。

开发和整合人脉资源要注意以下几个方面：

（1）长期投资性。创业者应当在平时就注重人脉资源的积累，不要在有需要时才开始建立人脉资源。人脉资源的形成需要很多的时间和精力，这也是一种投资。

（2）可维护性和可拓展性。人脉资源是可以通过亲情、友情、合作、交流等进行维护并加以巩固的，但需要经常进行维护，同时在维护中不断发展新的人脉关系。

（3）有限性和随机性。每个人一生中认识的人是有限的，而真正能够帮助自己的人更是有限，一般不会超过50人。就这点而言，个人的发展受到了人脉资源的限制。同时，创业者并不一定能从所认识的人中获得帮助，有能力的人可能不认识，这在客观上要求创业者要不断认识更多的人。

（4）辐射性。辐射性强调人脉资源的传递特性，通过中间人能够调动更多的人脉资源。但要注意，在进行人脉资源的开发与整合时一定要整合健康的人脉资源，要以创业者自身的人格魅力来集聚。因此，创业者自身的人格、品质、素质等需要不断提升。

2. 人才资源

人才战略应当作为新创企业的重点战略，为此企业应当求才、爱才、育才、重才，用事业发展吸纳高科技人才，用高科技人才牵引高新技术产品开发，从而形成一支支撑企业发展的高素质优秀人才队伍。

人才资源的开发与整合应注意以下几个方面：

（1）建立完善的激励机制，用奖惩制度去激发员工的潜能，让员工的潜能发挥到极致。

（2）建立培训机制，培养人才，让人才在企业中发挥最大潜能。

（3）善待员工，这是留住人才的唯一法宝，不仅给予人才精神上的满足，同时也要配以物质利益。

（4）要量才而用，尽量挖掘并发挥人才的长处，按照人才的才能和特长安排职务，尽量控制其短处，使人才有价值的被认可感。

（5）分工应该尽可能明确，职责划分清晰。

（6）通过外部力量如培训班等协助自己快速找到所需的人才。

3. 信息资源

当今社会，信息资源对很多创业者来说是成功的机遇。企业在做决策时，受到来自竞争对手、政府、行业、合作伙伴、客户等内外部环境的影响。对于创业者来说，只有充分了解和分析企业内外部环境，才能做到有的放矢，抓住成功的机遇。对于信息资源，既要开发与整合好外部资源，抓住好的机遇，又要开发与管理好内部信息资源，进行信息资源的规划，建立起高水平的企业信息网络。

4. 技术资源

创业初期，创业技术是最关键的资源，它是决定所需创业资本的大小、创业产品的市场竞争力和获利能力的根本因素。一个成功的企业要有好的产品，其产品必须做到专业化，而在同一领域内要实现产品的专业化，技术上一定要领先。

对于新创企业而言，在缺乏自身技术资源的情况下，应尽可能地与大中专院校及科研院所合作，实现技术成果的转化。另外，要明确开发与整合技术资源只是起点，其目的是不断进行技术创新，自主研发并拥有自主知识产权，保持技术领先，占领市场并壮大企业。

5. 资产资源

开发与整合资产资源，不仅仅是解决创业过程中“钱”的问题，更重要的是看战略投资者所能为企业带来的其他资源，如政府背景、行业背景、市场影响力、行业支撑等。但在这个过程中应当特别注意战略投资者要与企业当前阶段的发展目标相吻合。

在开发与整合外部资产资源时，首先，创业企业要对资产资源有整体性了解，对投资者的基本情况如资质情况、业绩情况、提供的增值服务情况等进行全面掌握，再根据企业的实际情况在众多的投资者中选择合适的目标。其次，在谈判的过程中，双方将围绕企业的发展前景、新项目的想象空间、经营计划和如何控制风险等重点问题进行协商。最后，在签订合同时，创业者和投资人需明确两个问题：双方的出资额与股份分配，其中包括对投资企业的技术开发设想和最初研究成果的股份评定；创业企业的人员构成和双方各自担任的职务。

6. 行业资源

创业企业应对某个行业有充分的了解，同时掌握这个行业的各种网络关系，如业内竞争对手、供货商、经销商、客户、行业管理部门以及科研机构、行业协会、行业杂志、行业展会等，这些对于创业的成功很重要。

另外，同行之间或者产业上下游之间的创业企业应通过策略联盟或股权置换等方式整合资源，使人力资源、研发能力、市场渠道、客户资源等实现优势互补，对内相互支持，对外协同竞争。这种方式往往是由几家创业企业作为核心，同时带动一批创业企业，形成利益共同体。

7. 政府资源

充分开发与整合政府资源，享受政府扶持政策，对于创业企业来说可以达到事半功倍的效果。开发与整合政府资源时，需要及时关注并利用政府的各项优惠政策，包括财政扶持政策、融资政策、税收政策、科技政策、中介服务政策、产业扶持政策、对外经济技术合作与交流政策、政府采购政策等。

（二）创业资源的整合过程

创业资源的整合是一个复杂的动态过程，是创业企业对不同来源、不同层次、不同结构、不同内容的资源进行选择、汲取、配置、激活和有机融合，使之更具有柔性、条理性、系统性和价值性，并对原有的资源体系进行重构，摒弃无价值的资源，形成新的核心资源体系。

资源的整合过程可以分为四个阶段，即资源扫描、资源控制、资源利用和资源拓展。这四个阶段在时间上并不是完全分离的，而是相互影响、相互衔接的。

1. 资源扫描

创业者要知道自己的资源以及企业拥有的最初资源，将已有的资源辨别出来，包括有形资产和无形资产，如人才、技术、设备、品牌等，找到自己的资源优势和不足，同时认清哪些属于战略性资源，哪些属于一般性资源，还要确定资源的数量、质量、使用时间以及使用顺序。

扫描自身已有资源的同时，还要对外部环境进行扫描，及时发现新创企业所需的资源，确定自己所缺的创业资源可以从哪些渠道获得，谁拥有这些重要资源，并为各种资源渠道的获得难易程度进行排序。进而寻找利益交集，对资源拥有者的利益需求进行深度分析，并与自己所拥有的资源进行比较，找到利益契合点。这通常需要创业者具有行业知识和一定的社会关系。创业者在初始创业阶段会利用与自己关系近的资源网络，随着业务的发展会逐步扩充资源网络。

2. 资源控制

通过资源扫描通常会发现，创业初始阶段，创业者的个人资源禀赋是创业的基础。控制的范围包括创业者自身拥有的资源、通过交易等形式可获得的资源以及通过社会网络等形式可以控制的资源。

创业者自身拥有的资源在很多情况下存在于创业团队中。在一些行业，创业团队中成员的社会网络资源和技术对于企业的成功至关重要。在获取资源的过程中，创业者要辨别这种资源对实现企业的目标是否关键，并且设计出双赢的合作方案，形成长期的互利关系。

创业者通过购买或并购获取外部资源。资源购买主要是通过市场购入所需的资源；资源并购是通过股权收购或资产收购，将企业外部资源内部化的一种交易方式。创业者要尽可能通过联盟或加盟的方式，利用已有资源和能力去控制那些尚无法得到的资源。

对于多数新创企业来说，初始资源禀赋是不完整的，创业者需要取得资源供应商的信任以取得所需的资源。可以通过一定的手段来展示企业成功的形象，并借此鼓励供应商对企业进行资源投资。创业者的声誉、能力、行为等是吸引潜在合作者的决定性因素。

3. 资源利用

在获取和控制大量资源的基础上，新创企业开始运用科学方法对各种类型资源进行配置，将有价值的资源有机地融合起来，让它们相互匹配、互为补充，充分发挥出这些资源的价值。在配置资源之后，企业新的资源或者说竞争优势就会形成。

4. 资源拓展

对资源的拓展创造是将以前没有建立起联系的资源建立联系，将新获取的资源和已有的资源进行连接融合，进一步开发潜在的资源为企业所用，又称为再开发，即开拓资源的范围和功能，为下一步的识别、获取、配置和利用资源奠定坚实的基础，这也是企业持续竞争优势的根本来源。

趣味故事

一个“资源整合”的故事

从前，在美国农村里面住着个老头，老头有三个儿子，大儿子和二儿子在城市工作，小儿子和老头在农村相依为命。有一天，从城里来了一个人，找到老头，对老头说：“我想把你的小儿子带到城市去，可以吗？”老头说：“你赶快滚出去！我就这么一个儿子在我身边，为什么要把他带走呢？”这个人说：“我给你这个小儿子在城市找份工作，可以吗？”老头说：“那也不可以。”这个人就说：“我给你这个小儿子在城市找一个对象，你看如何？”老头说：“那也不行。”这个人又说：“如果我给你儿子找的这个对象是洛克菲勒的女儿，你同意吗？”老头想了想：“洛克菲勒是世界首富、石油大王……”最后老头同意了。

过了两天，这个人又找到了洛克菲勒，对洛克菲勒说：“洛克菲勒先生，我准备给您女儿介绍一个对象。”洛克菲勒说：“你赶快滚出去！我还用你给我女儿介绍对象吗？”这个人说：“如果我给你女儿介绍的这个对象是世界银行的副总裁，你同意吗？”洛克菲勒笑了笑，点头同意了。

又过了两天，这个人找到了世界银行的总裁，对他说：“总裁先生，你现在必须立刻任命一位副总裁。”总裁先生说：“你赶快滚出去吧。我这么多的副总裁，为什么要听你的再任命一位呢？而且还要马上？”这个人说：“如果你任命的这位副总裁是洛克菲勒的女婿，你同意吗？”总裁先生当然同意了。这就是一个资源整合的故事，资源整合就是如何把一个农民的儿子既变成洛克菲勒的女婿，又变成世界银行的副总裁。

任务四　创业资源管理

一、不同类型资源的开发

（一）人力资源的开发

1．在企业内部培养

在企业内部培养人才可以提升员工的有关专业技能，同时能够激发员工的工作积极性。

2. 从企业外部引进

企业内部人才培养的周期一般较长，见效较慢，因此除企业内部培养、委托培养外，还可以通过外部的人才市场招聘引进中、高级的专业人才，以及中、高级技工。

（二）社会资本的开发

企业的社会资本和物质资本、人力资源一样，既有先天的成分，也有后天的获致性的特点。随着经济活动的频繁开展，人们后天获致性的社会关系在企业日常运作中日益凸显。

（三）技术资源的开发

技术是决定产品市场竞争力和获利能力的关键要素，如美国的微软公司和苹果公司在创业初期的资本都不过几千美元，团队成员也只有几人，它们能够发展壮大及取得成功依靠的就是其独特的技术资源。

（四）资金资源的开发

资金资源的开发为的是解决企业资金来源的问题，在新企业的发展过程中主要体现为选择新的战略投资者加入。

（五）信息资源的开发

企业的外部环境在不断地变化，企业必须掌握及时、准确的信息，对环境的变化进行预测和分析，进而做出科学合理的决策。

二、有限资源的创造性利用

（一）人力资源与社会资本的利用

初创时期，新企业面临的创业机会很多，但所拥有的资源却相对不足。在这种情况下，新企业应该发挥团队的作用，利用团队的力量充分协调创业机会与创业资源之间的关系。

（二）利用初始资源撬动其他资源

初始资源是指企业在初创时所拥有的特定资源和能力的总和。初始资源具有一定的价值性、稀缺性、难以模仿性等特点。

（三）企业能力与资源的结合

资源利用是指企业经过资源整合过程形成独特的能力结构，将企业的外部资源与企业的内部资源进行有效的组合和配置，以形成企业的战略，最终为企业创造价值。

（四）对异质性资源的利用

对异质性资源的利用主要是指利用资源的差异性和互补性，充分发挥整体资源的优势作用。拥有异质性资源是企业形成竞争优势、创造价值的一个必要条件。

（五）有效的资源整合

面对有限的创业资源，企业可以采用不同的资源整合方式，结合创业团队的资源情况，分析企业资源储备的规模，提出吸纳外界资源的方案，积极地寻找和整合所有能够利用的内部和外部资源，发挥资源的最大效用。

三、创业资源开发的技巧和策略

（一）创业资源开发的技巧

1. 对资源的识别

每种资源都能产生一定的作用，与企业发展目标相匹配的资源能够促进新企业的发展，而不相匹配的资源则会为企业带来负面的影响，造成企业资源的浪费。

2. 调整企业内外部关系

资源开发既包括对新资源的发现，也包括对原有资源的创造性利用，往往要与企业各职能部门发生经常的交流与沟通，从而引起企业内部结构关系的调整，带动外部关系资源的流动与重新组合。

（二）创业资源开发的策略

1. 以创业资源为基础进行开发

资源整合对于创业过程的促进作用是通过创业战略的制定和实施来实现的。

2. 利用利益战略联盟进行开发

创业过程充满着许多不确定性和风险，因此新企业仅仅依靠自身的能力开发资源是不够的。

3. 集中资源进行开发

在资源开发时，创业者应立足于经济效益的角度对创业资源的开发进行思考，确保资源的有序利用、集中开发，即要掌握各类资源的存量、特征、优势等方面的情况，坚持集约性开发原则，利用重点资源，开发关键资源。

4. 以构建创新体系为目标进行开发

在资源开发过程中，创业者还应以构建创新体系为目标，推动资源的深度开发和高效利用。这意味着要不断探索新的资源利用方式，发挥资源的最大价值，从而推动企业的创新与发展。

5. 在动态发展中进行开发

在一定时期内，企业所拥有的资源是企业发展的一个必要条件，在现有的资源条件下开发资源、提高资源的利用效率是非常重要的。

实训　调研创业资源获取途径

【实训目的】

1. 了解获取创业资源的重要性。
2. 认识创业资源的获取途径。
3. 掌握创业资源获取的技能。

【实训流程】

流程1——选择调研对象

请通过询问老师或上网查阅，了解当地有哪些大学毕业生创业公司。在这些公司中，选出一家经营良好的公司作为调研对象。

当地大学生创业公司：   选择的调研对象：   该公司发展历史概况：

流程2——调查该公司核心创业资源种类

请与该公司的管理层说明你的沟通目的，与其交流后，了解目前公司在创业中需要的核心创业资源是什么，并将其记录在下面的横线上。

核心创业资源：

____

____

____

____

流程3——了解创业资源获取过程

请进一步访问公司管理层相关人员，了解获取这些核心创业资源的过程，咨询获取创业资源时的考虑因素以及具体如何获取创业资源，并将主要观点记录下来。

该公司获取创业资源时的考虑因素：

1. 内部因素

2. 外部因素

该公司获取创业资源的具体过程：

流程4——总结获取创业资源的途径

请根据以上记录，分析总结该公司获取创业资源的途径。

资源获取来源：

资源获取方式：

资源获取技能：

流程5——说一说本次实训的感悟

你在创业资源获取方面有哪些启示？你平时用哪种方式来获取某种资源？尝试想出更多方式。

【思考练习题】

一、名词解释

1. 资源整合

2. 资源管理

二、简答题

（1）创业资源、创业融资、创业资本分别指什么？

（2）影响创业资源获取的因素有哪些？

思政之窗

大学生需要先分析现有资源，分析自身优势和资源储备的不足，善于利用已有的资源进行拼凑。通过加入一些新元素，与已有的元素进行组合，形成在资源利用方面的创新行为。大学生在创业路途上要不断积累创业资源，并时常对已有的创业资源进行准确的分析和定位，并在此基础上进行进一步的整合利用，发挥资源效用最大化。

项目八　创业计划书的制定

学习目标

知识目标

★ 了解创业计划书的目的与作用。

★ 掌握创业计划书的基本结构和核心内容。

★ 掌握创业计划书的撰写与展示。

★ 了解商业呈现的技巧。

能力目标

★ 理解创业计划，能够撰写创业计划书。

素质目标

★ 培养学生的逻辑思维能力，提升把握机会能力。

★ 仔细分析当下形式，制订合理的创业计划书，培养长远目光。

思政目标

★ 一份清晰的创业计划书，有利于大学生对企业的远景做出规划。在规划中，创业计划书是企业成员共同致力完成的，其作用有益于形成一支强大的、充满凝聚力的团队。

案例分享

今日头条的融资历程：一张餐巾纸和一份26页的商业计划书

TMD一词是移动互联网时代对今日头条、美团、滴滴三家公司的简称，被称为继百度、阿里巴巴、腾讯三大互联网巨头之后占领互联网市场的第二梯队互联网创业公司。

今日头条最早的商业计划书：一张餐巾纸

2012年大年初七，当时还在九九房担任CEO的张一鸣与海纳亚洲创投基金的董事总经理王琼约在知春路的一家咖啡厅里见面。张一鸣告诉王琼，他想抓住当时移动互联网的浪潮，在九九房之外再做点别的有意思的事情，但做什么，又没完全想好，只有一个大致的构想。于是用咖啡厅的一张餐巾纸，在纸上画线框图，跟王琼讲解他构想中的产品原型，大体上，就是现在今日头条的样子。王琼虽然似懂非懂，但觉得这件事很新鲜，当即就敲定了对今日头条天使轮和A轮的融资。

为什么在商业模式和产品逻辑都没搞懂的情况下，仅凭一张餐巾纸，王琼就投资了张一鸣呢？其实，王琼认识张一鸣是在2007年，当时张一鸣任酷讯网技术委员会主席。那时，张一鸣对技术的理解与驾驭，以及他的视野和格局，就已经得到了王琼的认可。

所以，早期投资，关键是基于对创始人能力与认知的认可。投资人可以不懂他要做的方向，但相信他具备选择正确方向的能力，而商业计划书就显得不那么重要了。

今日头条最用心的商业计划书：一份26页的商业计划书

虽然凭借个人魅力和私人交情，今日头条很顺利地拿到了早期投资，可一旦公司达到数千万美元的估值，就必须要让接下来的投资人能够看懂公司实实在在的商业逻辑。

在今日头条完成A轮融资后，一个很现实的问题是，整个资讯内容市场，基本上已经被瓜分殆尽。网易、搜狐、腾讯、凤凰这些新闻客户端，已经覆盖了几乎全部用户。投资人会问："已经有门户了啊？新浪、网易、搜狐都号称自己有几亿用户了。此外，还有很多垂直媒体客户端，如鲜果、无觅、ZAKER之类的，今日头条到底还有没有空间？"

2012年10月，张一鸣带着产品出去转了一圈，不是很顺利，这个时候，必须要有一份更详细和更有说服力的商业计划书了。

而这份商业计划书，可以说是今日头条最用心也是最重要的一份商业计划书。毕竟，那个时候，今日头条虽然业务有些起色，但内容创业并不是当时的投资风口，而今日头条相比其他名义上的竞争者，也似乎没有什么优势。因此，必须有一份商业计划书，能够把自己的投资价值，以及与竞争者们的差异化优势，清晰而有说服力地给投资人讲明白。

凭借这样一份商业计划书，当然，也非常幸运地遇到了能够看懂今日头条商业价值的

DST，今日头条拿到了非常重要的 B 轮投资，而再往后，就是今日头条的一马平川了。

此后，上了轨道的今日头条，即便没有商业计划书，或者在商业计划书中无须再对投资亮点进行详细解释和反复阐明，也已经能够让后来的投资人很清晰地看到方向，并做出投资决策。

任务一　创业计划概述

一、创业计划的分类

（一）综合创业计划

综合创业计划是全面实现创业战略的创业计划。如创业者计划开发销售一种新产品，那么这份创业计划就需要涵盖产品的开发、生产、销售等各个方面的情况，其内容非常具体而烦琐。综合创业计划的主要阅读者为投资者等利益相关者，如：供应商、潜在客户、应聘的关键员工等。目的是让他们了解创业计划，激发他们的兴趣，让他们也投入到创业活动中来，进而促进创业的成功。

（二）专项创业计划

专项创业计划是创业中的某一项目的专门计划，如创业融资计划、产品开发计划、市场开拓计划等，其中最重要的是创业融资计划，因为资金是能确保其他项目顺利开始的基石。专项创业计划为某一项目的发展定下比较具体的方向，从而使创业项目中的相关员工了解该项目的发展规划，并激励他为创业成功而努力。

1. 吸引风投的创业计划

吸引风险投资的创业计划目的是向风险投资者募集资金。对于正在寻求资金的新企业来说，创业计划就是企业的名片。

风险投资者评估投资项目首要的资料就是创业计划，一份简练而有力的创业计划能让风险投资者对投资项目的运作和效果心中有数。这一类型的创业计划在撰写过程中要注意“以风险投资者的需要为出发点”，要说明该项目拥有“足够大的市场容纳量和较强的市场盈利能力”，以此来吸引投资。

2. 吸引创业伙伴的创业计划

吸引创业伙伴的创业计划是为了吸引创业团队的新成员以及有特定意义的关键员工。

创业初期，无论是从身边的亲朋好友中寻找创业伙伴还是从不熟悉的人群中寻找，一份结构清晰、前景良好的创业计划是吸引创业伙伴的最有力的武器。因此，这一类的创业计划需要阐明“企业的商业模式”和“未来发展规划”，要对创业伙伴的利益分配和权限做出清晰的说明。

3. 获取政府支持的创业计划

政府部门制定的各项政策对创业活动的成败有非常重要的影响。只有在政府政策允许和鼓励下，新企业才能获得更多的人才、贷款和投资、各种服务和优惠等。获取政府支持的创业计划应当强调“新企业的项目投资可行性”，尤其要着重关注“新企业的社会收益和社会成本”。只有这样才能获得政府的关注与支持。

二、创业计划的内容

不同行业的创业计划形式有所不同，但从总的结构来看，所有的创业计划都应包括计划摘要、主体和附录三个部分。

1. 计划摘要

摘要是对整个计划最高度的概括。应用最精练的语言，浓缩计划书的精华。计划摘要是引路人，一般要在后面所有内容编制完毕后，再把主要结论性内容摘录于此，以求一目了然，在短时间内给使用者留下深刻的印象。在摘要中企业必须回答下列问题：

（1）企业所处的行业，企业经营的性质和范围；

（2）企业主要产品的内容；

（3）企业的市场在哪里，谁是企业的顾客，他们有哪些需求；

（4）企业的合伙人、投资人是谁；

（5）企业的竞争对手是谁，竞争对手对企业的发展有何影响；

（6）企业的优势在哪里；

（7）如何投资、投资数量和方式；

（8）投资回报及安全保障。

摘要如同推销产品的广告，编制人要反复推敲，力求精益求精、形式完美、语句清晰流畅而富有感染力，以引起投资人阅读创业计划书全文的兴趣。特别要详细说明自身企业的不同之处以及企业获取成功的市场因素。

2. 主体

创业计划书的主体部分是整个计划书的核心。主体部分的内容要翔实，在有限的篇幅之内充分展示创业者要说明的全部内容，主体部分按照顺序一般包括以下几个方面。

（1）企业（项目）介绍与战略

这一部分是向战略合伙人或者风险投资人介绍融资企业或项目的基本情况。如果企业处于种子期，现在也只有一个美妙的商业创意，应重点介绍创业者的成长经历，求学过程，并突出其性格、兴趣爱好与特长，创业者的追求，独立创业的原因以及创意如何产生。如果企业处于成长期，应简明扼要介绍公司过去的发展历史、现在的状况以及未来的规划。在描述公司发展历史时，正反的经验都要写，特别是对以往的失误，不要回避。要对失误进行客观的描述，中肯地进行分析，反而能够赢得投资者的信任。

（2）技术产品（服务）介绍

投资人最关心的问题之一就是企业的产品、技术或服务能否以及在多大程度上解决现实生活中的问题。或者，企业的产品（服务）能否帮助顾客节约开支，增加收入，这是市场销售业绩的基础。在这一部分，要对产品（服务）做出详细的说明，说明要准确，也要通俗易懂，让非专业人员的投资者也能明白。

知识链接

产品介绍必须回答以下问题：

①顾客希望企业的产品能解决什么问题，顾客能从企业的产品中获得什么好处?

②企业的产品与竞争对手的产品相比有哪些优缺点，顾客为什么会选择本企业的产品?

③企业为自己的产品采取了何种保护措施，企业拥有哪些专利许可证，或与已申请专利的厂家达成了哪些协议?

④为什么企业的产品定价可以使企业产生足够的利润，为什么用户会大批量地购买企业的产品?

⑤企业采用何种方式去改进产品的质量、性能，企业对发展新产品有哪些计划等。

（3）行业、市场分析预测

行业与市场分析主要对企业所在行业基本情况，企业的产品或服务的现有市场情况、未来市场前景进行分析，使投资者对产品或服务的市场销售状况有所了解。

（4）市场营销策略

企业的盈利和发展最终都要拿到市场上来检验，营销成败直接决定了企业的生存命运。营销策略的内容应包括：①营销机构和营销队伍的建立；②营销渠道的选择和营销网络的构建；③广告策略和促销策略；④价格策略；⑤市场渗透与开拓计划；⑥市场营销中意外情况的应急对策等。

（5）生产计划（运作分析）

生产制造计划旨在使投资者了解产品的生产经营状况。这一部分应尽可能把新产品的生产制造及经营过程展示给投资者。同时，为了增大企业的评估价值，企业家应尽量使生产制造计划更加详细、可靠。

（6）管理团队介绍

投资者非常看重管理团队（图8-1）。这部分主要是向投资者展现企业管理团队的结构、管理水平和能力、职业道德与素质，使投资者了解管理团队的能力，增强投资信心。

图 8-1　团队合作

（7）财务分析与预测

这部分包括公司过去若干年的财务状况分析、今后三年的发展预测，以及详细的投资计划。旨在使投资者据此判断企业未来经营的财务状况，进而判断其投资能否获得理想的回报，因而它是决定投资决策的关键因素之一。

（8）融资计划

融资计划主要是根据企业的经营计划提出资金需求数量，融资的方式、工具，投资者的权益、财务收益及其资金安全保证、资金退出方式等，它是资金供求双方共同合作前景的计划分析。

（9）风险分析

向投资者分析企业可能面临的各种风险隐患、风险的大小以及融资者将采取何种措施来降低或防范风险、增加收益等。

融资者最好采取客观的态度，不能因为风险发生的可能性小而忽略不计，也不能为了增大获得投资的机会而故意缩小、隐瞒风险因素，而应该对企业所面临的各种风险都认真地加以分析，并针对每一种可能发生的风险提出相应的防范措施，这样才能取得投资者的信任。

3. 附录

创业计划的附录应包括媒体关于公司产品的报道，公司产品的样品、图片及说明，有关公司及产品的其他资料。

以上是创业计划的全部内容。

根据公司及项目具体情况的不同，创业者可以在此基础上结合实际情况增添或删改。对不同公司而言，各要点的轻重程度是不一样的。哪些是最重要的，需要强调，哪些是无关紧要的，可以一笔带过，应视情况而定。

一般来说，投资者最关心的问题主要是两点：①创业者的商业创意、产品和服务是否具有唯一性；②该公司管理阶层能否胜任。因此创业者在编写创业计划书时一定要对这两方面着力进行分析。另外，获取利益是投资者的根本目的，及早收回资金是其投资的前提，所以对于未来收益的预测及设计和风险资金的退出之路也是计划书应分析的重点。

三、创业计划的作用

创业计划是对新企业创业之前的所有准备工作的总结和整合，是为实现创业战略而制定的完整、具体、深入的行动指南。许多成功的创业者的经验证明，只有科学、周密地拟定创业计划，才能少走弯路、减少损失，提高创业成功的把握度。创业计划是创业的行动导向和路线图。通常创业者制定创业计划的意义包括以下三个方面。

（一）帮助创业者理清思路

“凡事预则立，不预则废。”创业计划是创业者事业的蓝图，有了明确的创业计划，创业者才不至于迷失创业的方向和思路；在受到干扰或挫折时，才不至于乱了创业活动的节奏和进程。许多创业者在刚开始投入一项事业中去的时候，凭借的仅仅是一腔热情，当真正着手去做的时候，会发现需要考虑的问题多而复杂。制订创业计划需要创业者以认真务实的态度分析自己所拥有的资源、市场状况等，冷静地分析自己的创业理想是否切实可行，清醒地认识自己的创业机会与风险，明确自己的方向和目标，并对某一项具有市场前景的产品或服务进行总体安排。

（二）寻求外部资源支持

除了使创业者更加了解自己所要做的事情外，创业计划更需要呈现给他人，尤其是那些能够给创业者提供一定资金帮助的人。所以，创业计划的另外一个重要意义就是帮助创业者把新企业推销给风险投资者，说服其投资。

创业计划要说明创办新企业的目的、创办新企业所需要的资金、为什么投资者值得为此注入资金等一些问题。无数的融资实例已充分证明，创业计划的质量以及其作为沟通工具的有效性，对能否引起投资者的兴趣和获得必要的投资是至关重要的。通过创业计划，投资者可以初步判断创业者的基本素养和办事风格。可以说，创业计划是投资者决定是否投资的重要依据，是帮助创业者获得创业资金的敲门砖，如图8–2所示。

图 8–2　大学生寻找投资伙伴

（三）帮助企业员工明确方向

创业计划明确拟建企业需要什么样的员工来从事什么工作，将带来什么样的回报。通过描绘新企业的发展前景和成长潜力，使员工对企业及个人的未来充满信心，并明确要从事什么项目和活动，从而使员工了解将要充当什么角色、完成什么工作，以及自己是否能够胜任这些工作。因此，创业计划可以为企业的发展定下比较具体的方向和重点，从而使新企业的员工了解企业的经营目标，帮助企业员工协调工作，并通过一致的行动完成目标。

任务二　创业计划书制订的准备

一、信息收集

创业前或在创业过程中应对企业所处的环境进行仔细分析，以准确地预测市场行情，而在分析和预测市场行情前，创业者必须收集一些必要的市场信息。信息的搜集过程，就是分析并预测环境进而化解未来不确定性的过程。

创业收集的信息是指在一定的时间和条件下，和生产与服务经营活动相关的各种信息、情报、数据、政策法规、资料等的总称。创业时应该了解与创业有关的或与今后创立的企业相关的市场信息，主要包括以下几个方面。

1．政治政策信息

不同的国家有着不同的社会性质，不同的社会制度对组织活动有着不同的限制和要求。即使社会制度不变的同一国家，在不同时期，政府的方针、政策、对经济活动的态度和影响也是不断变化的。主要的政治政策信息有：

（1）政府管制。体现为企业必须无条件服从和接受，如药品安全、食品卫生、危险品制造等方面。管制的目的是为了保证国家及全民利益不受损害，是强制执行的。如果创业企业在选择项目时不了解相关政策，企业将会遭受损失。

（2）经营许可。个人或企业获得合法经营某项业务的授权。并不是所有经营都要许可，但有些行业是必需的，如我国的医药、食品生产销售、种子经营、林木采伐、资源开采、房屋拆迁、公路客运、汽车维修、民航客票销售代理、营业性射击场、小件寄存、证券资信评估、企业信用评价等。

（3）产业政策与贸易协定。政府的产业政策、投资政策和反垄断法规。入世以来，中国国内的产业已经成为国际产业分工体系的一个组成部分，基本上所有的行业都处于与国际企业同一舞台竞争的地位，因而必须了解有关国际贸易协定的规定和发展趋势信息。

（4）税收优惠与政策鼓励。税收是国家调控经济的政策杠杆，它的变化直接影响着创业企业及创业者个人的收入。关注并利用国家的税收优惠政策可以有效地缓解创业初期资金的压力。此外，需注意搜集地区性的创新创业鼓励政策，如提供政府补贴、基金支持、担保融资、低息甚至贴息贷款、税收减免，给予场地减租等。

不少地方政府对大量安置下岗职工与残疾人的企业给予财政支持或税收减免等，这些都是创业者应该充分利用的政府政策信息。1987年，中国诞生了第一个科技企业孵化器——武汉东湖创业服务中心。他为创业青年提供创业培训、政策引导、资金扶持、融资对接等全方位创业帮扶措施。

2. 经济信息

经济发展状况主要包括宏观和微观两个方面的内容。

宏观经济环境主要包括社会经济结构、经济发展水平、经济体制改革和国家经济政策等方面的内容；微观经济环境主要指企业所在地区或所服务地区的消费者的收入水平、消费偏好、储蓄情况、就业程度等因素。这些因素直接决定着企业目前及未来的市场大小。

主要的经济发展状况信息包括：国内生产总值（GDP）及其增长率、贷款的可得性、可支配收入水平、居民消费（储蓄）倾向、利率、通货膨胀率、规模经济、政府预算赤字、消费模式、失业趋势、劳动生产率水平、汇率、证券市场状况、外国经济状况、进出口因素、不同地区和消费群体间的收入差别、价格波动、货币与财政政策等。

3. 社会文化和人口统计信息

社会文化环境包括一个国家或地区的居民教育程度和文化水平、宗教信仰、风俗习惯、审美观点、价值观念等。文化水平会影响居民的需求层次；宗教信仰和风俗习惯会禁止或抵制某些活动的进行；价值观念会影响居民对组织目标、组织活动以及组织存在本身的认可与否；审美观点则会影响人们对组织活动内容、活动方式以及活动成果的态度。

知识链接

主要的人口统计、社会文化与风土人情的信息包括：人口总数、性别、年龄构成、职业分布、家庭人口、户数、婚姻状况、结婚数、离婚数、出生率、死亡率、人口移进移出率、社会保障计划、人口预期寿命、人均收入、生活方式、平均可支配收入、对政府的信任度、对政府的态度、对工作的态度、购买习惯、对道德的关切、储蓄倾向、性别角色、投资倾向、种族平等状况、节育措施状况、平均教育状况、对退休的态度、对质量的态度、对闲暇的态度、对服务的态度、污染控制、对能源的节约、社会活动项目、社会责任、对职业的态度、对权威的态度、城市与城镇和农村的人口变化、宗教信仰状况等。

4. 技术发展信息

技术发展信息除了要考察与企业所处领域的活动直接相关的技术手段的发展变化外，还应及时了解：①国家对科技开发的投资和支持重点；②该领域技术发展动态和研究开发费用总额；③技术转移和技术商品化速度；④专利及其保护情况等。现在的技术发展信息也更多地与国家政策导向相结合，节能减排、生态环保是国家重要的发展战略，现阶段的技术发展也向节能环保方向高速发展。

5. 竞争者信息

行业竞争者信息实际上是市场同类商品供给者状况的相关信息。要特别注意对主要竞争对手、主要经营者的变动情况，行业龙头企业的技术水平，竞争对手的产品品种、质量标准和服务特色、品牌建设、销售方式、市场占有率等信息的收集。不仅要关注和收集来自同行业的相关信息，还要关注和收集来自供应商、客户、替代品、新加入竞争者等多方面的信息；有些行业新技术不断涌现，产品更新换代很快，特别要注意收集行业技术创新、研发动态和替代品威胁方面的信息。

6. 目标客户信息

目标客户是指创业者所选择的特定的并准备销售和服务的客户。目标客户信息主要包括目标消费者的购买动机、购买意愿、购买水平、购买习惯、品牌认可等。

二、市场调查

市场调查的内容涵盖新创企业从事市场营销活动将要涉及的全部领域，所以市场调查的内容相当广泛。主要的内容和方法有以下几点。

（一）市场调查的内容

1. 市场环境调查

市场环境调查包括政治与法律环境的变化调查、经济和科技的发展调查、人口状况调查、社会时尚变化和竞争状况调查。可以分为政策调查和行业调查。

（1）政策调查：企业总在一定的市场环境下生存，在生产经营中必须遵守国家政策、法律法规和宏观调控的要求，具体包括：

①你所经营的业务、开展的服务项目有哪些有关政策和法律信息？

②国家是鼓励还是限制你所开展的业务？

③国家对你开展的业务有什么管理措施和评价方法？

④宏观经济是否景气？是否影响消费者的购买力？

（2）行业调查：在行业分析中应该正确评价所选行业的基本特点、竞争状况以及未来的发展趋势等内容，具体内容包括：

①该行业的发展程度如何？现在的发展动态如何？

②经济发展对该行业的影响程度如何？政府是如何影响该行业的？

③是什么因素决定着它的发展？过去十年的价格趋势如何？

④该行业竞争的本质是什么？你将采取何种战略？

⑤进入该行业的障碍是什么？你将如何克服？

⑥该行业中典型企业的回报率是多少？未来十年的价格走向如何？

2. 市场需求调查

市场需求调查包括市场需求总量及其构成的调查、各细分市场及目标市场的需求调查、市场份额及变化情况构成调查。

需求调查就是要通过调研搞清楚你的项目的产品或服务在多大程度上可以解决顾客现实生活中的问题和困难，或者你的产品或服务可以为顾客节省多少开支、增加多少收入，具体包括：

①顾客希望企业的产品能解决什么问题？顾客能从企业的产品中获得什么好处？

②企业的产品或服务与竞争对手相比有哪些优缺点？顾客为什么会选择本企业的产品或服务？

③消费者接受网络营销吗？

④目标顾客群都偏好哪种宣传方式？

3. 消费者行为调查

消费者行为调查包括消费者需求调查、购买心理调查、动机调查、购买模式和购买行为调查，影响消费者购买决策的主要因素和消费者需求变化趋势分析等。

①目前该行业还存在哪些“不方便”？有哪些未被满足的需求？

②创新和技术进步在该行业扮演着一个怎样的角色？

③顾客更喜欢什么样的销售模式？

④你的产品可以满足顾客哪些物质或精神的需求？

4. 竞争对手调查

竞争对手调查包括竞争对手产品状况调查、产品价格调查、销售渠道调查、广告和促销状况调查等。

①市场上同类或类似产品的技术水平和受欢迎程度如何？

②同类或类似产品的价格如何？判断未来的价格走向。

③竞争对手的销售渠道和网络如何？

④竞争企业拥有哪些专利、许可证，或与已申请专利的哪些厂家达成了协议？

（二）市场调查的方法

1. 观察法

观察法是指收集信息的工作人员凭借自己的感官和各种记录工具，深入现场，在被观察者未察觉的情况下，直接观察和记录被观察者的行为，以收集市场信息的一种方法。

观察法的优点是可以实地记录市场现象的发生，能够获得直接、具体、生动的材料，具有可靠性高、简便易行、灵活性强等优点。例如，可口可乐的总裁，在来我国参加经济高峰会议期间，亲自到上海大街小巷的商场中“散步”——这是在进行观察法调研。

观察法主要应用于城市集贸市场调查、商品库存调查、消费者需求调查、商场经营环境调查、产品质量调查、广告调查等领域。现在有一种职业叫作神秘顾客，就是应用这种方法来调查市场的。

趣味故事

精细观察的商业密探

帕科·昂得希尔是著名的商业密探，他所在的公司叫恩维罗塞尔市场调查公司。

昂得希尔通常的做法是坐在商店对面，悄悄观察来往的行人。而此时，在商店里他的属下正在努力工作，跟踪在货架前徘徊的顾客。他们的目的是要找出商店生意好坏的原因，了解顾客走进商店以后如何行动，以及为什么许多顾客在对商品进行长时间挑选后还是失望地离开。通过他们的工作给许多商店提出了许多实际的改进措施。

例如，一家主要以青少年为顾客的音像商店，通过调查发现，这家商店把磁带放置过高，孩子们往往够不到。昂得希尔对商店指出应把商品降低放置，结果销售量大大增加。

再如一家叫伍尔沃思的公司发现商店的后半部分的销售额远远低于其他部分，昂得希尔通过观察和拍摄现场解开了这个谜：在销售高峰期，现金出纳机前顾客排着长长的队伍，一直延伸到商店的另一端，妨碍了顾客从商店的前面走到后面，针对这一情况，商店专门安排了结账区，结果使商店后半部分的销售额迅速增长。

2. 调查法或询问法

调查法或询问法是指调查人员将事先拟订的调查项目或问题以当面、书面或电话的方式向被调查者提出询问，要求给予答复，由此获取被调查者或消费者的动机、意向、态度等方面的信息。这是市场调查中最常见的方法，主要分为面谈调查、电话调查、邮寄调查、留置询问表调查四种。

它们有各自的优缺点：①面谈调查能直接听取对方意见，富有灵活性，但成本较高，结果容易受调查人员技术水平的影响；②电话调查速度快，成本最低，但只限于在有电话的用户中调查，且用户往往不耐心回答；③邮寄调查速度快，成本低，但回收率低；④留置询问表调查可以弥补以上缺点，由调查人员当面交给被调查人员问卷，说明方法，由其自行填写，再由调查人员定期收回。

调查法或询问法是通过调查问卷的形式来实现的，所以调查问卷的质量会起到决定性的作用。

3. 网络调查法

泛指在网络上发布调研信息，并在互联网上收集、记录、整理、分析和公布网民反馈信息的调查方法，是企业利用互联网了解和掌握市场信息的方式。它是传统调查方法在网络上的应用和发展，具有自愿性、定向性、及时性、互动性、经济性与匿名性等特点。

网络调查法是通过互联网、计算机通信和数字交互式媒体，按照事先已知的被调查者的 E-mail 地址发出问卷收集信息的调查方法。

网络调查的大规模发展源于20世纪90年代。网络调查与传统的调查方法相比，在组织实施、信息采集、调查效果、调查速度方面具有明显的优势。

任务三　创业计划书的撰写和路演

一、创业计划书的撰写

（一）创业计划书撰写的原则

一份逻辑严密、结构完整、要点突出的创业计划书，可以让创业者系统思考创业的现在和未来，吸引相关方和投资人的关注。尽管创业计划书的用途各有不同，结构也不尽相同，但是在撰写时要遵循一定的原则，具体应该注意以下问题。

1. 突出重点、简明扼要

从篇幅和内容上看，一份创业计划书少则二十多页，多则上百页，既要把创业故事讲清楚，又要讲得精彩，吸引观众。怎样才能做到这一点呢？实际上，任何创业项目一定是存在创新点的，常见的有新材料、新技术推动的产品和服务的创新，新市场推动的营销形式的创新，价值创造和价值增值形式的变化推动的商业模式创新等。创新是创业的原动力，因此，创业计划书中的创新部分应该重点突出，并简练而睿智地说明创新带来的价值和市场空间，让投资人或者相关方能在短时间内捕捉到项目的亮点，并被项目的价值所吸引。特别是经验丰富又富有远见的风险投资人，没有那么多时间把创业计划书从头读到尾，因此必须在一开始就吸引住他们，引导他们继续读下去，不仅看到项目的价值，还要看到创业者的创新意识和创业精神。

2. 结构完整、脉络清晰

从结构上看，一份完整的创业计划书，正文部分包括执行摘要、产品和服务、市场分析、竞争分析、项目运营、团队管理、财务分析、风险管理和退出机制。无论创业计划书的篇幅如何，其结构都应该是完整的，要件应该齐备，而且各部分之间是有逻辑关系的。很多大学生创业团队是分工完成创业计划书的，每个同学撰写一两个部分，这时更应该明确创业计划书各部分之间的逻辑关系，否则很容易出现自相矛盾或者逻辑不清的错误。

通常我们可以这样理解各部分之间的逻辑。首先，在产品和服务、市场分析和竞争分析部分，说明我们要做一个创业项目，项目的产品或服务是什么样的、可以满足消费者的哪些需求，指出市场空间并进行市场定位，目前市场上有没有类似的产品和同行业的企业，并分析项目在竞争中的优、劣势，如果产品有优势，并且核心竞争力明显，则说明有市场发展潜力。接下来，在项目运营、团队管理和财务分析部分，说明我们有一个分工明确、经验丰富、能力互补的团队，有完善的运营计划和财务计划，可以在一定的时间内实现盈亏平衡、收回投资、实现投资分红等，让投资人和相关方看到创业者的激情和能力。最后是风险管理和退出机制两部分，创业一定有风险，要有防范意识，还要有合理的退出机制。

3. 数据真实、规划合理

创业计划本质上是创业者对创业项目未来发展的一种规划，是建立在预测的基础上的。创业过程是动态的，创业者面对的是不可完全预知、快速变化、充满不确定性的未来。尤其是市场分析、竞争分析、财务分析部分有大量的数据，有时效性，也会受到信息获取的限制。即使创业活动面临很大不确定性，创业者也应该努力确保商业计划信息的相对真实性。规划是建立在数据分析的基础上的，只有数据真实，规划才能更加合理。

数据真实是指市场预测必须建立在对创业环境的现有信息进行分析的基础上。规划合理是指要在数据真实的基础上，使用科学的方法进行数据分析，并合理规划项目的未来发展。具体来说，数据真实性表现在以下几方面：①调研问卷的真实性；②市场分析数据的真实性；③竞争者分析的真实性；④财务报表的真实性。规划合理则是体现在对以上真实数据分析的科学性和动态调整。

（二）创业计划书撰写技巧

根据以上撰写原则，为了使创业计划书呈现出项目特色和优势，并最终获得投资人的青睐，创业者在写作创业计划书时还应掌握一些撰写小技巧，具体表现在以下方面。

1. 适用合理的结构体例

多年来，各类组织和投资机构对商业计划书的结构没有硬性规定，但是适用于不同用途的商业计划书的体例基本一致。一方面，在结构和体例上，大学生创业项目一般使用符合基本结构要求的创业计划书，做到结构完整、逻辑清晰、数据真实、论述有理有据。让评委和投资人从创业计划书的目录和执行摘要就可以判断创业团队有没有接受过规范化的创业教育和培训。另一方面，从内容上，要体现大学生创业团队的创业热情，并在创业的道路上不断完善团队管理、项目运营等，做到形式与内容并重。

创业计划的体例看似简单，但仍要努力做到更好。特别是拿给投资人看的创业计划书，是投资人对项目的第一印象，包装不必太精美，但是要规范，可以采用透明的封面和封底来包装计划书。不要过度使用文字处理工具，否则会使创业计划显得不够专业。而一些体例上的用心却可以显示你的细心。例如，设计精美的 LOGO 或者徽标，把它放在计划书封面页和每一页的眉题上，这会充分显示你的用心，给读者留下深刻印象。

按照上文提到的创业计划书的一般格式逐项检查，不能有任何遗漏和错误。封面页信息不全、表格的格式混乱、图表不排序、图片不清晰等，这些小疏漏会使投资人认为创业者准备不充分、不认真、不负责任，进而影响其投资决策。

2. 内容设计与过程组织

创业计划书的内容应建立在市场调研或其他间接来源的真实数据的基础上。在编写正文过程中，涉及市场分析、竞争分析和财务分析的部分，可以先组织撰写市场分析、竞争分析这一部分，再结合总体的发展规划和各项运营目标，编写产品开发以及财务分析等信息。实践中，创业者经常对财务分析部分花费大部分时间，特别是大学生创业项目，团队中如果没有会计学类专业背景的成员，会花费大量时间却不能很好地描述详细的财务计划，反而因此忽略了市场调研，这是不可取的。财务分析应建立在市场预测和竞争分析的基础上，市场分析的内容真实可靠，具有说服力，即使财务分析欠缺一些，投资人和评委也会更青睐有真实数据支撑的项目。

创业计划书的撰写是一个不断完善的过程，随着撰写工作的深入，创业者能够获取的新市场、潜在顾客等相关信息越来越多，或是越来越具体，这时，创业计划书也要做出相应的调整。甚至随着掌握的相关信息越来越多，创业者的个人目标和追求都会随之改变，这些都会影响到企业所有权方式、销售预期、盈利预期以及融资方式等方面的决策。所以创业计划书的内容设计是动态的过程，随时都需要进行调整。因此，在这一过程中，需要以坦诚的态度、开放的心态，不断修改和完善。

相关信息的获取有很多方式，有直接的，也有间接的，如市场调研、行业数据、专家咨询等，其中，市场调研可以获取第一手数据，属于直接信息，要体现真实性；行业数据就属于间接信息，要说明来源和出处。另外，根据技术和市场的新颖性采用的具体方式也有所差异，花费的精力也不同，比如针对新材料、新技术，没有现成的行业信息，这时就需要花费较多的精力和时间进行市场调研。

最后，务必确保创业计划书的内容严谨无误，不得出现任何不当错误。无论创业计划书的其余部分表现如何出色，都必须坚决避免那些足以导致商业计划遭到拒绝的错误，即便是其中任何一个微小失误，也必须予以杜绝。

知识链接

创业计划书的反对意见

美国百森商学院的蒂蒙斯教授一直反对创业计划书，他认为：“商业计划从打印机器出来的那一刻起就过时了，在互联网时代，商业计划在输入打印机以前就已经过时了。”在《Inc.》杂志2004年评出的美国成长速度最快的500家私人企业中，有近一半的公司成立时间不到6年，80%的公司成立时间不到10年。有些学者对这些高成长企业的创业者是否制订商业计划做了分析研究，结果发现有41%根本没有商业计划，26%有一个粗略的计划，只有28%有正式的商业计划；另一项研究则显示，只有40%说曾经撰写了商业计划，这其中又有65%承认后来的行动远远偏离了最初的计划，并且在发展的过程中不断修正计划。

有人认为商业计划是创业者向风险投资家融资的必需工具，有助于创业者获得投资。但事实也并非如此。美国《战略管理》杂志的一项研究显示，商业计划在融资中充其量扮演了微弱的象征性角色，不会对风险投资家的决策产生任何影响。对于风险投资从业者而言，他们并不会花费大量精力对商业计划进行系统的评估，不被花哨的商业计划影响投资决策是成功风险投资家的一项重要技能。戴维·冈普特更是指出：撰写商业计划纯粹是浪费时间，而且会产生不良后果。创业者应该转而关注更可能让风险投资家产生深刻印象的关键任务，比如准备有效的口头报告、清晰且给人印象深刻的提纲以及经得起敲打的财务方案，系统性的计划反而是次要的。

二、创业项目的路演和路演技巧

路演源自英文“Roadshow”，是国际上广泛采用的证券发行推广方式，指证券发行商发行证券前针对机构投资者的推介活动，是在投、融资双方充分交流的条件下促进股票成功发行的重要推介、宣传手段，通过投资银行家或者支付承诺商的帮助，在初级市场上出售股票，以便有助于提高股票潜在的价值。

路演不仅被企业成功地运用，其概念和内涵也在发生改变和延伸，成为包括新闻发布会、产品发布会、产品展示、产品试用、优惠热卖、以旧换新、现场咨询、填表抽奖、礼品派送、有奖问答、卡拉OK比赛、文艺表演、游戏比赛等多项内容的现场活动。如今很多企业的产品或服务都开始积极采用路演的形式，通过和消费者面对面的交流来宣传推广产品。

（一）项目路演PPT制作

PPT演示是向评委展示大赛成果的重要环节。有创意、新颖的PPT不仅可以对在场的观众造成视觉冲击，吸引在座者的目光，还可以拉近展示人员与评委的距离，使评委更加真切地感受到创业者的努力。

1. 制作有说服力的PPT

如果想使PPT更具备说服力。除了注重内容的专业性以外，外在形式也必须给人以专业感。因此，在设计的过程中，创业团队的美工人员不仅要充分地运用有限的PPT空间表达出整个创业团队的团队理念、产品特色等，还要考虑到整个设计工作要符合专业的审美，并且想办法第一时间抓住评委的目光。

（1）PPT要显示项目特色与产品特点。PPT的展示过程就是将团队的创业成果展示给评委，因而，如果能够将PPT的美化与项目特色、产品特色结合起来，那么评委就会更容易深入到展示环节过程中，更容易融入这种氛围之中。

（2）重点列举评委关注点。在陈述过程中，参赛人员的陈述是配合PPT一起进行的。在短时间内要对整个项目的内容进行讲解，那么在PPT制作过程中，就必须将评委对整个项目的关注点浓缩在PPT上，即围绕着“为什么能赚钱”“能赚多少钱”“为什么是我们”“能赚多长时间”这四个评委关注点展开。

（3）有条理地展示陈述内容。拥有一个制作的框架，为整个展示环节理清脉络，可以使评委与观众更清晰直观地了解到演讲内容，从而获得良好的展示效果。

在PPT美化过程中，在适当的位置插入适当的超级链接，将更多的信息浓缩到PPT中，可以取得更加良好的效果。

（4）符合专业的审美要求。PPT应充分考虑PPT的受众，即评委、老师和观众，符合其审美要求。在有条理地介绍整个创业计划的同时，还应当充分展示其专业性。随着大学生各类创业大赛竞争的日益激烈，比赛不仅对参赛人员提出了更高的要求，对PPT的专业性也提出了更高的要求。

（5）设定一个主基调。在制作PPT的过程中，应设定一个反映主题的主基调，最好与项目计划书的风格协调起来，从而保持前后风格的一致，共同突出产品的某种风格或者团队的某种精神风貌。这样的方式既是展现项目的良好时机，也是展现一个团队风貌的良好时机。

（6）增强PPT的视觉冲击性。增强视觉冲击性不是指将PPT做得五颜六色、色彩缤纷，而是将PPT做得更能够使受众接受展示人员的观点，并且使评委与展示人员产生共鸣，从而强化了观众对PPT所展示出来的观点的认同感。这些都需要通过增强PPT的视觉冲击性来达到。

2. PPT制作常见问题

（1）PPT只求多、不求精。在创新创业大赛中，有些团队在制作PPT时盲目追求

PPT 数量。这是一种错误的思路。PPT 应包含几位展示者所讲解内容的所有重点信息，在短短的几分钟内要完成这项浩大的工程是不容易的。很多制作者虽然将所有重要信息分门别类地放在每一张幻灯片上，却造成了 PPT 的操作人员在台上一直不停地按动鼠标，屏幕上的幻灯片一晃而过，以致造成台下观众"神经紧张"，无法在短暂的几十秒内领会陈述人员所要表达的意思，到头来整个展示与其预期效果相去甚远。

（2）动画效果过于夸张。在陈述环节，PPT 的动画不是越多、越夸张越好。合理运用动画效果指 PPT 动画效果的运用要配合前后幻灯片的内容、形式。有时为了突出某一张幻灯片的视觉冲击性，可能要添加一些较为夸张的动画效果或背景音乐。但如果整份 PPT 都千篇一律地采用很震撼的动画效果，那么 PPT 中很有视觉冲击性的动画效果在众多效果中，也会变得非常平淡而失去了应有的作用。

（3）图过少，字过多。PPT 图少字多将导致在陈述时按 PPT 照读的现象。然而，创新创业大赛陈述环节可以看成是一场介于比赛和表演之间的展示。因此，团队成员应该当众把团队项目的重点"表演"出来，而不是读出来。同时，如果一张幻灯片上的字数过多，势必挤占了图片的空间，这明显降低了整个 PPT 的可观赏性，从而在整体上影响展示效果。

（4）未注意计算机屏幕色彩的差异性。在各类创业大赛比赛现场，PPT 的屏幕放映色彩与实际在计算机上放映的色彩是存在差异的。事实上，由于光线的原因，现场 PPT 在放映时，其色彩在很大程度上会被淡化，而这一极为重要的因素被很多 PPT 制作者忽略。因此，制作人员在实际美化的过程中一定要考虑到现场展示色彩要被淡化的因素。如果有条件，制作人员则最好将准备好的模板事先在大屏幕上放映，以观其实际展示效果，最终决定是否需要对 PPT 的色彩做进一步的加强处理。

以上四个要点是在 PPT 美化过程中特别需要注意的问题。当然，这并不是衡量创业大赛中高质量 PPT 的标准，在实际 PPT 制作的过程中，还需要美工人员结合自身技术、项目的特点做出符合实际的美化效果，美工人员的付出与努力才是取得最好效果的根本保证。

（二）项目路演技巧

1. 路演关键要素

进入路演阶段，计划书、创业理念、团队实力将得到综合的展示，这时，将要面对的问题是如何以外在形式，将项目计划书的内容更直观、准确地展现出来，接受评委的评估。如果要达成路演目标，给评委或投资方期待的结果，有以下四个关键要素。如图8–3所示。

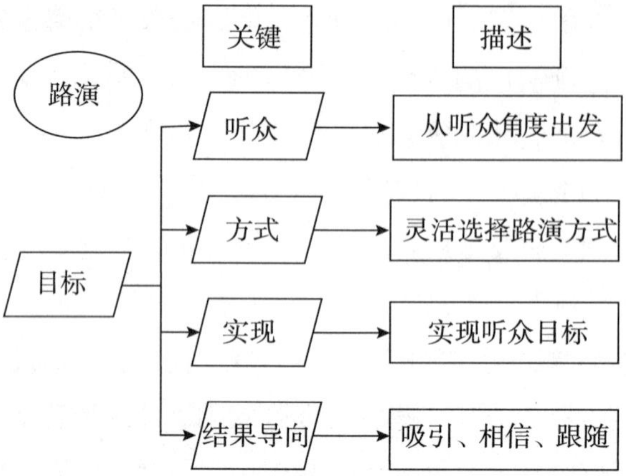

图 8–3　路演的四个关键要素

【小提示】

路演答辩中的关注点

1. 项目核心价值；
2. 项目主体内容；
3. 潜在客户对项目的需求；
4. 项目对潜在客户的短期和长期价值；
5. 项目对投资人的短期与长期价值；
6. 项目对社会的短期与长期价值；
7. 项目投资回报的计划；
8. 项目的竞争对手及市场竞争策略；
9. 项目团队的精神与能力；
10. 项目团队的情感深度与契合程度；
11. 团队运营项目的核心能力；
12. 宏观政策与社会形势对项目的有利因素；
13. 项目风险的概率与规避方法；
14. 项目运营的稳定性与持续性。

2. 路演人员选择

如何以一种积极的心态向评委与观众展示，将团队的创业理念、产品特性、营销策略和财务状况等一系列问题深刻、自然地陈述出来，对整个比赛环节是至关重要的。如何选择能够有效表达项目意图的团队成员，引导评委来了解整个项目的内容是整个路演环节的前导。

展示效果是人员选择的标准。如果创业团队在比赛之初能够选择出最合适的展示人员，那么在展示环节之后的答辩环节即可取得事半功倍的效果。所以要选择出最合适的人来进行陈述及答辩。通过对历届创新创业大赛分析总结，陈述及答辩人员应做到以下几点：表达清楚、专业知识熟练、台风优秀、应变能力强、整体形象协调。

3. 路演前的注意事项

（1）准确聚焦。要清楚自己在跟谁路演，要达成什么样的结果，自己的核心竞争力在哪，有的放矢地展开路演。

（2）路演工具。要事先准备好一份精练的演讲稿、一份美观的路演 PPT，一段3～5 min 的路演视频。

（3）根据要求和内容，选择适合自己的演说风格。

4. 路演中的技巧

（1）充分展示。对路演对象关注的问题要进行充分展示，包括产品优势、市场前景、团队、商业模式等。

（2）精神面貌。在演讲过程中要注意精神饱满、自信，向路演对象展示出你的信心和决心。

（3）把握时间节点，在规定的时间内演说完毕。

（4）采用简洁的语言，告诉评审人项目的主营业务、产品亮点、盈利模式。

（5）演示应保持条理清晰的风格，突出市场前景，刺激评审人的兴奋点。

（6）用讲故事的方式，把市场需求和解决方案形象生动地讲出来，比反复论证那些所谓的事实更加具有说服力。

（7）用自己的语言进行演讲，而不是念 PPT 上的内容。

（8）面对评审人，而不是大屏幕。就算再紧张，也要面对着评审人讲解项目。

（9）诚实。不知道的就是不知道，不要试图欺瞒评审人。

实训　撰写创业计划书

【实训目的】

1. 了解创业计划书的内容要素。

2. 认识创业计划书的撰写要点。

【实训流程】

流程1——了解创业计划书的基本内容

请阅读教材或看相关资料，写出创业计划书应该包括哪几个部分，尝试理解这几部分的内容。

流程2——找创业计划书模板

请找一份创业计划书空白模板，继续了解创业计划书内容撰写框架。当你有一个创业项目要写创业计划书时，你会如何着手？把你的见解与疑问记录下来。

流程3——找一份创业计划书范本

请按照以上模板，找一份有内容的创业计划书范本，看看它的每一部分是怎么写的，请记录你的收获。

流程4——选择创业项目并讨论

根据班级实际情况，将班级分成若干小组，各组要认真考虑，分别选择一个创业项目，小组各成员讨论创业计划书的内容和重点，并做好小组记录。

项目名称：________________
小组成员：________________
计划书的内容： ________________ ________________ ________________
计划书的重点： ________________ ________________ ________________

流程5——撰写创业计划书

针对创业项目，各小组分别撰写一份创业计划书，请将撰写过程中遇到的具体问题记录在方框内。

流程6——小组交流

各小组针对在撰写创业计划书过程中遇到的问题进行交流，一起分析、解决上一步遇到的问题，做好记录。

流程7——交流实训的心得

如果创业之前，不写创业计划书会怎样？在撰写创业计划书的过程中，你有什么感悟？

【思考练习题】

一、名词解释

1. 企业计划

2. 创业计划书

二、简答题

（1）创业计划有哪些？

（2）创业计划的作用有哪些？

思政之窗

大学生创业计划书的撰写贯穿整个创业起始过程，要用严谨的态度与细致的撰写研究，能够让阅读者一目了然。同时也强化大学生本人对于创新创业的认识，进一步推进企业的运作。

项目九　新企业的创建与管理

学习目标

知识目标

★ 掌握企业的组织形式。

★ 掌握新企业的选址策略。

★ 掌握新企业的注册流程。

★ 了解新企业管理的特殊性。

★ 了解新企业成长的驱动因素。

能力目标

★ 能够根据实际情况为新企业选择合适的组织形式。

★ 能够模拟进行新企业的注册。

★ 能够根据实际情况进行新企业选址。

★ 能够根据实际情况对新企业提出成长策略。

素质目标

★ 提升大学生创新创业能力、增强创新活力。

★ 在创业过程中慢慢磨炼自己,提升自我对企业规划的前瞻性。

思政目标

★ 大学生不仅仅需要在书本中学习知识,还应该迈出“第一步”,大学生可以走出校园，走向创业之路。在做事的过程中，要分清主次轻重，每天解决一件关键的事情，比做十件次要的事情会更有效。

案例分享

从有限责任公司到个体工商户

毕业于生物技术专业的赖嘉宝，不顾家人的阻挠，放弃医药公司的高薪工作，利用大学期间创业实践挣得的 5 万元，与同学合伙创立了怡可轩餐饮管理有限责任公司，自己当老板，走上了创业之路。

由于大学期间参加创业大赛，获得大赛冠军，并获得东莞光大集团 200 万元的风险投资，考虑到投资方在东莞的资源优势，他决定将创业项目选址在东莞地区。团队与投资方达成协议，共同注册成立怡可轩餐饮管理有限责任公司，注册资本 300 万元。工商局名称预先核准通过后，银行开立验资户准备验资。就在这个时候，投资方财务顾问给出了一个避税方案，建议创业团队可以以个体工商户的形式先开设个体店，等事业做大，再注册成立公司，股东之间权利与义务可以通过签订协议来约束，这样可以避免沉重的税收及注册资金。最终他们选择了这个方案，并计划在今后进一步发展中，逐步让 3 个合伙人参与到企业法律登记所有人中，将企业由个体工商户变更为目标公司“怡可轩餐饮管理有限责任公司”。

任务一　新企业的创建条件与法律形式

一、新企业的创建条件

1. 股东符合法定人数

设立有限责任公司的法定人数分两种情况：一是通常情况下，法定股东数须是50人以下。二是特殊情况下，国家授权投资的机构或国家授权的部门可以单独设立国有独资的有限责任公司。

2. 股东出资达到法定资本最低限额

法定资本是指公司向公司登记机关登记时，实缴的出资额，即经法定程序确认的资本，法定资本又称为注册资本，全体股东的货币出资金额不得低于有限责任公司注册资本的百分之三十。

3．股东共同制定章程

公司章程是关于公司组织及其活动的基本规章。制定公司章程既是公司内部管理的需要，也是便于外界监督管理和交往的需要。

4．有公司名称，建立符合有限责任公司要求的组织机构

公司作为独立的企业法人，必须有自己的名称。公司设立名称时还必须符合法律、法规的规定，有限责任公司的组织机构是指股东会、董事会或监事会。

5．有固定的生产经营场所和必要的生产经营条件

生产经营场所可以是公司的住所，也可以是其他经营地，生产经营条件是指与公司经营范围相适应的条件。

二、新企业的法律形式

根据有关法律、法规的规定，我国的商事组织主要有三种组成形式：即个人独资企业、合伙企业、公司。

1．个人独资企业

个人独资企业是指依照中国法律在中国境内设立，由一个自然人投资，财产为投资人个人所有，投资人以其个人财产对企业债务承担无限责任的经营实体。设立个人独资企业应当具备下列条件：

（1）投资人为一个自然人；

（2）有合法的企业名称；

（3）有投资人申报的出资；

（4）有固定的生产经营场所和必要的生产经营条件；

（5）有必要的从业人员。

2．合伙企业

合伙企业是指依法在中国境内设立的由各合伙人订立合伙协议，共同出资、合伙经营、共享收益、共担风险，并对合伙企业债务承担无限连带责任的营利性组织。设立合伙企业，应当具备下列条件：

（1）有两个以上合伙人。合伙人为自然人的，应当具有完全民事行为能力；

（2）有书面合伙协议；

（3）有合伙人认缴或者实际缴付的出资；

（4）有合伙企业的名称和生产经营场所；

（5）法律、行政法规规定的其他条件。

3. 公司

公司是指依法在中国境内设立的有限责任公司和股份有限公司。公司是企业法人，有独立的法人财产，享有法人财产权。公司以其全部财产对公司的债务承担责任。有限责任公司的股东以其认缴的出资额为限对公司承担责任；股份有限公司的股东以其认购的股份为限对公司承担责任。

股东可以用货币出资，也可以用实物、知识产权、土地使用权等可以用货币估价并可以依法转让的非货币财产作价出资；但是，法律、行政法规规定不得作为出资的财产除外。全体股东的货币出资金额不得低于有限责任公司注册资本的百分之三十。

【小提示】

我国企业组织形式应寻求多元化发展

在市场经济条件下，生产力的发展水平是多层次的，由此形成了三类基本的企业组织形式，即独资企业、合伙制企业和公司制企业（以有限责任公司和股份有限公司为主）。

这三种企业都属于现代企业的范畴，体现了不同层次的生产力发展水平和行业的特点，但企业形式的法定性不是一成不变、不能变通的。我国企业组织形式应呈现多元化发展的趋势，可以在法定的形式外寻求并借鉴一些国家的企业形式并以法律的形式固定下来。

三、新企业法律形式的选择

1. 企业的法律形态

在市场经济条件下，企业是在法律上和经济上独立的经济实体。任何一个企业都要依法建立。投资人在创建一个企业时，都面临企业的法律形式选择问题。企业的法律形式有很多种，主要包括以下几种：个体工商户、个人独资企业、合伙企业、中外合资企业、中外合作企业、外商投资企业、国有独资企业、无限责任公司、有限责任公司、股份有限公司等。创业企业一般是小型企业，从工商部门统计数据来看，个体工商户、个人独资企业、合伙企业、有限责任公司这四种企业法律形式是我国当前创办企业最常见的企业法律形式，下面分别阐述各企业形式的定义及法律特征。

（1）个体工商户

个体工商户是指有经营能力并依照《个体工商户条例》的规定经工商行政管理部门登记，从事工商业经营的公民。

个体工商户是个体工商业经济在法律上的表现，其具有以下特征：

①个体工商户是从事工商业经营的自然人或家庭。自然人或以个人为单位，或以家庭为单位从事工商业经营，均为个体工商户。根据法律有关政策，可以申请个体工商户经营的主要是城镇待业青年、社会闲散人员和农村村民。国家机关干部、企事业单位职工不能申请从事个体工商业经营。

②自然人从事个体工商业经营必须依法核准登记。个体工商户的登记机关是县以上工商行政管理机关。个体工商户经核准登记，取得营业执照后，才可以开始经营。个体工商户转业、合并、变更登记事项或歇业，也应办理登记手续。个体工商户只能经营法律政策允许个体经营的行业。

③个体工商户对其所负债务承担无限责任，即个体工商户个人经营的，其所负债务由个人财产承担；家庭经营的，以家庭财产承担，而不是仅以投入经营的财产承担。个体工商户一人领取营业执照，家庭成员共同经营的，可以认定为家庭经营，债务以家庭共有财产清偿。个人申请登记的个体工商户以家庭共同财产投资，收益供家庭成员共同使用的，视为家庭经营，其债务以家庭共同财产承担。

（2）个人独资企业

个人独资企业是指依照《个人独资企业法》在中国境内设立，由一个自然人投资，财产为投资人个人所有，投资人以其个人财产对企业债务承担无限责任的经营实体。

个人独资企业具有如下法律特征：

①个人独资企业是由个人创办的独资企业，其投资人是一个自然人。自然人只限于具有完全民事行为能力的中国公民。国家机关、国家投资机构或者国家授权的部门、企业、事业单位等都不能作为个人独资企业的设立人。

②个人独资企业的全部财产为投资人个人所有，投资人（也称业主）是企业财产（包括企业成立时投入的初始出资财产与企业存续期间积累的财产）的唯一所有者。基于此，投资人对企业的经营与管理事务享有绝对的控制权与支配权，不受任何其他人的干预。个人独资企业就财产方面的性质而言，属于私人财产所有权的客体。

③个人独资企业的投资人以其个人财产对企业债务承担无限责任。所谓投资人以其个人财产对企业债务承担无限责任，包括三层意思：一是企业的债务全部由投资人承担；二是投资人承担企业债务的责任范围不限于出资，其责任财产包括独资企业中的全部财产和

投资人的其他个人财产；三是投资人对企业的债权人直接负责。换言之，无论是企业经营期间还是企业因各种原因而解散时，对经营中所产生的债务如不能以企业财产清偿的则投资人须以其个人所有的其他财产清偿。此外，如投资人在申请企业设立登记时明确以其家庭共有财产作为个人出资的，应当依法以家庭共有财产对企业债务承担无限责任。

④个人独资企业是一个不具有法人资格的经营实体，其民事或商事活动都是以独资企业主的个人人格或主体身份进行的。尽管独资企业有自己的名称或商号，并以企业名义从事经营行为和参加诉讼活动，但它不具有独立的法人地位。

（3）合伙企业

合伙企业，是指自然人、法人和其他组织依照《中华人民共和国合伙企业法》在中国境内设立的，由两个或两个以上的合伙人订立合伙协议，为经营共同事业，共同出资、合伙经营、共享收益、共担风险的营利性组织。

合伙企业具有如下法律特征：

①合伙企业以合伙协议为成立的法律基础。合伙协议依法由全体合伙人协商一致以书面形式订立。合伙协议是合伙成立的依据，也是合伙人权利和义务的依据，必须以书面形式订立，且经过全体合伙人签名、盖章方能生效。

②合伙组织作为一个整体对债权人承担无限责任。按照合伙人对合伙企业的责任，合伙企业可分为普通合伙和有限合伙。普通合伙的合伙人均为普通合伙人，对合伙企业的债务承担无限连带责任。有限责任合伙企业由一个或几个普通合伙人与一个或几个责任有限的合伙人组成，即合伙人中至少有一个人要对企业的经营活动负无限责任，而其他合伙人只能以其出资额为限对债务承担偿债责任，因而这类合伙人一般不直接参与企业经营管理活动。

③合伙企业的经营活动，由合伙人共同决定，合伙人有执行和监督的权利。合伙人可以推举负责人。合伙负责人和其他人员的经营活动，由全体合伙人承担民事责任。换之，每个合伙人代表合伙企业所发生的经济行为对所有合伙人均有约束力。

④合伙人投入的财产，由合伙人统一管理和使用，不经其他合伙人同意，任何一位合伙人不得将合伙财产移为他用。只提供劳务，不提供资本的合伙人仅有权分享一部分利润，而无权分享合伙财产。

⑤合伙企业在生产经营活动中所取得、积累的财产，归合伙人共有。如有亏损亦由合伙人共同承担。损益分配的比例应在合伙协议中明确规定；未经规定的可按合伙人出资比例分摊，或平均分摊。以劳务抵作资本的合伙人，除另有规定者外，一般不分摊损失。

（4）有限责任公司

有限责任公司是指由1个以上50个以下的股东出资设立，每个股东以其所认缴的出资额对公司承担有限责任，公司以其全部资产对其债务承担责任的经济组织。有限责任公司包括国有独资公司以及其他有限责任公司。

有限责任公司是一种资合公司，但是也有人合公司的因素，它有如下特征：①有限责任公司的股东，仅以其出资额为限对公司承担责任。②有限责任公司的股东人数，有最高人数的限制，我国《公司法》规定，有限责任公司由1个以上50个以下股东共同出资设立。③有限责任公司不能公开募集股份，不能发行股票。④有限责任公司是将人合公司与资合公司的优点综合起来的公司形式。

2. 企业组织形式选择原则

一般而言，小企业在选择组织形式时，需要依据以下几个原则：

（1）创业资金准备情况

在我国，根据相关法律规定，个体工商户、个人独资企业、合伙制企业对注册资金实行申报制，没有最低限额要求。对于有限责任公司，法律规定了资本最低限额要求。鉴于这些情况，创业者在选择企业法律形式时就要考虑自己创业资金的准备情况。

（2）经营风险

企业法律形式不同，在经营过程中所承担的风险也不同。有限责任公司比私营企业风险要小。因为有限责任公司对外承担有限责任，不会以企业以外的个人资产抵债；而承担无限责任的私营企业，如个人独资企业、合伙企业，一旦经营失败，不但要以企业的全部资产用于抵债，同时企业以外的个人资产也要用于抵债。合伙企业的合伙人也要承担无限连带责任。鉴于这种情况，创办企业要权衡利弊，充分考虑经营风险。

（3）税负因素

税负对于一个企业来说，产生的影响是非常大的。国家为了鼓励一些行业的发展或者限制一些行业的发展，在制定税法时，分别采取了不同的法律规定。对于公司企业而言其经营利润首先应按照税法缴纳企业所得税，然后才能将税后利润作为股息或红利分配给投资者；而投资者取得的股息或红利，根据税法的规定还须缴纳个人所得税，对创办企业的创业者而言，就存在双重纳税的问题。对于个人独资、合伙企业而言，由于不将其作为公司企业看待，企业的经营利润就不缴纳企业所得税，而是比照个体工商户的生产经营所得缴纳个人所得税。

（4）技术因素

创业者往往掌握着不同的专业技术，所注册的企业如果符合注册高新技术企业的条件，可以充分利用国家对高新技术企业的扶持政策，注册高新技术企业，使企业更快地发展起来。另外创业者如有专利等技术，在创业初期可以考虑采用合伙企业的方式，以便更好地保护专有技术。

（5）产权转让便利性

在建立企业时，创业者也应预想到未来企业所有权转换、继承、买卖的问题。例如有限责任公司股东出资一经交付公司，即不得主张退股，但却保证出资转让方相对自由地转让其出资；而合伙企业出资份额的转让则受到严格限制。

（6）筹资的吸引力

在个人独资企业和合伙企业中，创业者筹资能力大小都取决于经营上的成功和创业者个人能量，且由于投资者必须对企业的债务承担无限责任，导致这两种形式的企业筹集大资金相对困难。而有限责任公司投资者仅需承担有限责任且产权主体多元化，筹资相对容易些。

任务二　新企业的注册登记与管理

一、新企业的注册

（一）企业注册条件

1. 股东

股东是股份制公司的出资人，也称投资人，作为出资者按其出资数额，享有所有者的分享收益、重大决策和选择管理者等权利。股东拥有知情质询权、决策表决权、选举权、收益权、直接索赔权、优先权、提议召集权。同时股东也应尽以下义务：遵守法律、行政法规和公司章程；按时足额缴纳出资，不得抽逃出资；不得滥用股东权利损害公司或者其他股东的利益；应当依法承担赔偿责任；不得滥用公司法人独立地位和股东有限责任损害公司债权人的利益。公司股东滥用公司法人独立地位和股东有限责任，逃避债务，严重损害公司债权人利益的，应当对公司债务承担连带责任。

2. 注册资本

注册资本也叫法定资本，是公司制企业章程规定的全体股东或发起人认缴的出资额或认购的股本总额，并在公司登记机关依法登记。第十三届全国人大常委会第六次会议决定，对《公司法》做出修改，并自2018年10月26日起施行。对注册资本的修改主要涉：①将注册资本实缴登记制改为认缴登记制；②放宽注册资本登记条件；③简化登记事项和登记文件。

3. 企业名称

企业名称与自然人名称相对，企业名称是作为法人的公司或企业的名称，该名称属于一种法人人身权，不能转让，随法人存在而存在，随法人消亡而消亡。法人在以民事主体参与民事活动如签订合同、抵押货款时需要使用企业名称。企业名称必须经过核准登记才能取得。构成企业名称的四项基本要素是行政区划、字号、行业或经营特点、组织形式。

4. 许可经营范围

许可经营范围是指国家允许企业法人生产和经营的商品类别、品种及服务项目，反映企业法人业务活动的内容和生产经营方向，是企业法人业务活动范围的法律界限，体现企业法人民事权利能力和行为能力的核心内容。经营范围一经核准登记，企业就具有了在这个范围内的权利能力，企业同时承担不得超越范围经营的义务。一旦超越，不仅不受法律保护，而且要受到处罚。核定的企业经营范围是区分企业合法经营与非法经营的法律界限。

5. 公司注册地址

公司注册地址即公司的住所，根据我国法律规定，公司以其主要办事机构所在地为住所。办事机构所在地，即公司开展业务活动和处理公司事务的公司机构所在地。对于达到一定规模的公司来说，公司的办事机构往往有多处，考虑到公司地址的上述意义，我国法律明确规定公司地址只能有一个，因此在有多处办事机构的情况下，应根据各办事机构所处理业务的性质不同，确立其中一个为主要办事机构，从而该公司的住所便是该办事机构所在地。

公司在成立前应先选定其住所，在申请公司注册登记时，须向登记机关提交住所证明，以证明将要注册的公司对该住所享有使用权。公司地址是公司章程中的绝对必要记载事项之一，假若未做记载，则有违公司存在的合法性，公司也不能成立。经登记的住所若日后变更而未做变更登记，公司不得以变更的住所对抗第三人，即公司地址一经登记即产生了公信力。

6. 企业章程

公司章程，是指公司依法制定的规定公司名称、住所、经营范围、经营管理制度等重大事项的基本文件，也是公司必备的规定公司组织及活动基本规则的书面文件。公司章程是股东共同一致的意思表示，载明了公司组织和活动的基本准则，是公司的宪章。公司章程具有法定性、真实性、自治性和公开性的基本特征。公司章程与《公司法》一样，共同肩负调整公司活动的责任。作为公司组织与行为的基本准则，公司章程对公司的成立及运营具有十分重要的意义，它既是公司成立的基础，也是公司赖以生存的灵魂。

7. 企业董事、监事、财务负责人、法人代表

董事，又称执行董事，是指由公司股东会选举产生的具有实际权力和权威的管理公司事务的人员，是公司内部治理的主要力量，对内管理公司事务，对外代表公司进行经济活动。

监事是公司中常设的监察机关的成员，又称监察人，负责监察公司的财务情况、公司高级管理人员的职务执行情况，以及其他由公司章程规定的监察职责。在中国，由监事组成的监督机构称为监事会，是公司必备的法定的监督机关。监事通常由股东代表和职工代表组成，且不得兼任董事或经理。

财务负责人是指一般由总会计师或财务总监担任，全面负责公司的财务管理、会计核算与监督工作的人。严格地说，必须有会计师资格的人才能胜任，且从事会计工作多年，经验丰富，有一定的管理能力，参与公司重大事项及生产经营决策。

法定代表人指依法律或法人章程规定代表法人行使职权的负责人。我国法律实行单一法定代表人制，一般认为法人的正职行政负责人为其唯一法定代表人，如公司的法定代表人为董事或经理（《公司法》第十条），而证券交易所的法定代表人为理事长《证券交易所管理办法》第二十五条，全民所有制工业企业的法定代表人为厂长或经理。

（二）工商注册登记

《中华人民共和国市场主体登记管理条例》第六条规定，县级以上地方人民政府承担市场主体登记工作的部门（以下称登记机关）应当优化市场主体登记办理流程，提高市场主体登记效率，推行当场办结、一次办结、限时办结等制度，实现集中办理、就近办理、网上办理、异地可办，提升市场主体登记便利化程度。《公司法》第二十九条："设立公司，应当依法向公司登记机关申请设立登记。"

1. 事项类别

行政许可。

2. 法定依据

《中华人民共和国公司法》（2023年12月29日，第十四届全国人民代表大会常务委员会第七次会议第二次修订）。

第二十九条：“设立公司，应当依法向公司登记机关申请设立登记。”

第三十一条：“申请设立公司，符合本法规定的设立条件的，由公司登记机关分别登记为有限责任公司或者股份有限公司；不符合本法规定的设立条件的，不得登记为有限责任公司或者股份有限公司。”

《中华人民共和国市场主体登记管理条例》

第三条：“市场主体应当依照本条例办理登记。未经登记，不得以市场主体名义从事经营活动。法律、行政法规规定无须办理登记的除外。”

3. 事项收费

①收费项目——开业注册登记费。

②收费标准——开业注册登记费按注册资本总额0.8‰缴纳；注册资本超过1 000万元的，超过部分按0.4‰缴纳；注册资本超过1亿元的，超过部分不再缴纳。

③收费依据——国家物价局、财政部《关于发布工商行政管理系统行政事业性收费项目和标准的通知》（价费字〔1992〕414号），国家发展计划委员会、财政部《关于第二批降低收费标准的通知》（计价格〔1999〕1707号）。

④暂不收费时间及依据——自2015年1月1日起暂停征收；依据财政部《关于取消、停征和免征一批行政事业性收费的通知》（财税〔2014〕101号）。

4. 申报条件

①有限责任公司——由全体股东指定的代表或者委托的代理人向公司登记机关提出申请，且满足以下条件：

股东符合法定人数（50个以下）。

有符合公司章程规定的全体股东认缴的出资额。

股东共同制定公司章程。

有公司名称，建立符合有限公司要求的组织机构。

有公司住所。

②股份有限公司——由董事会向公司登记机关申请，且满足以下条件：

发起人符合法定人数（2～200个）。

有符合公司章程规定的全体发起人认购的股本总额或者募集的实收股本总额。

股份发行、筹办事项符合法律规定。

发起人制定公司章程，采用募集方式设立的经创立大会通过。

有公司名称，建立符合股份有限公司要求的组织机构。

有公司住所。

③独资企业——由股东指定的代表或者委托的代理人向公司登记机关提出申请，且满足以下条件：

股东为一个自然人或一个法人的有限责任公司。

股东制定公司章程。

有公司名称，建立符合独资企业要求的组织机构。

有公司住所。

5. 申报材料

①有限责任公司

公司登记（备案）申请书。

指定代表或者共同委托代理人授权委托书及指定代表或委托代理人的身份证件复印件。

全体股东签署的公司章程。

股东的主体资格证明或者自然人身份证件复印件。

董事、监事和经理的任职文件（股东会决议由股东签署，董事会决议由公司董事签字）及身份证件复印件。

法定代表人任职文件（股东会决议由股东签署，董事会决议由公司董事签字）及身份证件复印件。

住所使用证明原件或复印件。

企业名称预先核准通知书。

政府公布的《企业登记前置许可项目目录》（以下简称《目录》）规定设立有限责任公司必须报经批准的，提交《目录》规定的批准文件或者许可证件复印件。

公司申请登记的经营范围中有人民政府公布的《目录》规定必须在登记前报经批准的项目，提交《目录》规定的批准文件或者许可证件的复印件。

②股份有限公司

公司登记（备案）申请书。

指定代表或者共同委托代理人授权委托书及指定代表或委托代理人的身份证件复印件。

由会议主持人和出席会议的董事签署的股东大会会议记录（募集设立的提交创立大会的会议记录）。

全体发起人签署或者出席股东大会或创立大会的董事签字的公司章程。

发起人的主体资格证明或者自然人身份证件复印件。

募集设立的股份有限公司提交依法设立的验资机构出具的验资证明。涉及发起人首次出资是非货币财产的，提交已办理财产权转移手续的证明文件。

董事、监事和经理的任职文件及身份证件复印件。

法定代表人任职文件（公司董事签字的董事会决议）及身份证件复印件。

住所使用证明原件或复印件。

企业名称预先核准通知书。

募集设立的股份有限公司公开发行股票的应提交国务院证券监督管理机构的核准文件。

政府公布的《目录》规定设立股份有限公司必须报经批准的，提交《目录》规定的批准文件或者许可证件复印件。

公司申请登记的经营范围中有人民政府公布的《目录》规定必须在登记前报经批准的项目，提交《目录》规定的批准文件或者许可证件的复印件。

③独资企业

公司登记（备案）申请书。

指定代表或者共同委托代理人授权委托书及指定代表或委托代理人的身份证件复印件。

股东签署的公司章程。

股东的主体资格证明或者自然人身份证件复印件。

董事、监事和经理的任职文件及身份证件复印件。

法定代表人任职文件（提交股东决定的由股东签署，提交董事会决议的由公司董事签字）及身份证件复印件。

住所使用证明原件或复印件。

企业名称预先核准通知书。

人民政府公布的《目录》规定设立独资企业必须报经批准的，提交《目录》规定的批准文件或者许可证件复印件。

公司申请登记的经营范围中有人民政府公布的《目录》规定必须在登记前报经批准的项目，提交《目录》规定的批准文件或者许可证件的复印件。

6. 办理流程

受理—审查—核准—发照。

7. 法定期限

自受理之日起15个工作日。

8. 受理形式

网上或窗口受理。

知识链接

上市公司组织机构的特别规定

根据《中华人民共和国公司法》（第五章 第五节）规定，上市公司董事与董事会会议决议事项所涉及的企业或者个人有关联关系的，该董事应当及时向董事会书面报告。有关联关系的董事不得对该项决议行使表决权，也不得代理其他董事行使表决权。该董事会会议由过半数的无关联关系董事出席即可举行，董事会会议所作决议须经无关联关系董事过半数通过。出席董事会会议的无关联关系董事人数不足三人的，应当将该事项提交上市公司股东会审议。

二、新企业的财务管理

牛根生说 ：“股东投资求回报，银行注入图利息，员工参与为收入，合作伙伴需赚钱，父老乡亲盼税收。只有消费者、股东、银行、员工、社会、合作伙伴六者的‘均衡收益’，才是真正意义的‘可持续收益’；只有与人民大众命运关联的事业，才是‘可持续的事业’。”

（一）财务管理的观念

创业者应树立以下财务管理的观念。

1. 货币时间价值观念

创业者必须明白货币是有时间价值的，一定量的货币在不同时点上具有不同的经济价值。这种由于货币运动的时间差异而形成的价值差异就是利息。创业者必须注重利息在财务决策中的作用，一个看似有利可图的项目，如果考虑货币的时间价值，很可能会变成一个得不偿失的项目，尤其是在通货膨胀的时期。

2. 效益观念

取得并不断提高经济效益是市场经济对现代企业的最基本要求，在财务管理方面必须牢固确立效益观念。筹资时，要考虑资金成本 ；投资时，要考虑收益率 ；在资产管理上，要用活、用足资金 ；在资本管理上，要保值增值，既要“开源”，也要“节流”。有人认为公司经营在本质上是资金的经营。

3. 竞争观念

竞争是市场经济的一般规律。在市场经济条件下，价值规律和市场机制对现代企业经营活动的导向作用在不断强化，无情地执行着优胜劣汰的原则。市场供求关系的变化，价格的波动，时时会给公司带来冲击。针对来自外界的冲击，创业者必须有充分的准备，要强化财务管理在资金筹集、资金投放、资金运营及收入分配中的决策作用，并在竞争中增强承受和消化冲击的应变能力，不断增强自身的竞争实力。

4. 风险观念

风险是市场经济的必然产物，风险形成的原因可归结为现代公司财务活动本身的复杂性、客观环境的复杂性和人们认识的局限性。在财务经营过程中，由于不确定因素的作用，使公司的实际财务收益与预期财务收益发生差异，而带来蒙受经济损失的可能。

（二）财务管理须注意的事项

如果创立的是很小的企业，创业者可称为公司里面眉毛胡子一把抓的经理人，那么，财务决策当然就是创业者个人做主的事了。即便是创立了比较正规的公司，资金规模较大，公司设立了财务部并设有财务经理、财务主管或财务总监，创业者也必须把握公司经营运作的财务状况，必须参与有关财务管理的决策。制定财务决策时，创业者应注重以下几个方面。

1. 掌握资金运动规律

注重从公司经济、市场经济、产业经济的角度出发，对财务问题进行多方面的考虑。

2. 更新方法

不但要注重量的分析，更要注重质的分析，通过专业的财务分析与管理工具，优化理财决策。

3. 充实内容

不能只管资金的收支，还要熟悉在资本市场上融通资金的业务，有效地进行资金预算的编制、现金计划的编制、有价证券以及应收账款和存货等营运资金的管理与控制、长期投资的可行性研究、投资收益的评估等。

4. 收益与风险的权衡

要能够评价和计量经营风险和财务风险，避免公司承担超过收益限度的风险。在追加收益的同时，要努力分散风险和规避风险。

5. 研究资金成本

要注意探讨不同筹资方式下资金成本的计量方法，以及怎样以最低的代价筹集企业生产经营所必需的资金。

6. 关注理财所涉及的法律问题

有必要了解资本市场的交易规则、各类金融工具的权责关系、举债经营的法律责任等问题，要掌握税法。

7．研究目标资本结构

要根据公司内外理财环境的变化，优化公司的资本结构，合理利用经营杠杆和财务杠杆，使公司在良好的财务状态下，获得最大的收益。

8．注意通货膨胀对企业财务的影响

在进行投资融资决策和资产管理时，要注意分析通货膨胀对公司财务的影响，合理调整财务数据，以便正确地评价财务状况。

9．学习国际理财的理论和方法

例如为规避外汇风险，学习国际投资融资决策方法。

10．确保财务安全

要能够准确评价企业的财务状况，预防出现财务危机。当处于财务困境时，有能力提供相应对策。

（三）财务控制的关键

1．财务控制制度

财务控制制度具体包括以下几个方面。

（1）不相容职务分离制度。这要求新创企业合理设置财务会计及相关工作岗位，明确职责权限，形成相互制衡机制。不相容职务包括授权批准、业务经办、会计记录、财务保管、稽核检查等职务。必须尽量使办理销售与收款业务的不相容岗位相互分离、制约和监督。

（2）授权批准控制制度。明确规定财务会计及相关工作的授权批准范围、权限、程序和责任等内容，各级管理人员必须在授权范围内行使职权和承担责任，经办人员也必须在授权范围内办理业务。

（3）会计系统控制制度。良好的会计系统控制制度是企业财务控制得以顺利进行的有力保障。新创企业应依据《会计法》和国家统一的会计制度，制定适合本单位的会计制度，明确会计工作流程。会计系统控制制度包括企业的核算规程、会计工作规程、会计人员岗位责任制、财务会计部门职责、会计档案管理制度等。

2．加强现金流预算与控制

企业财务管理首先应关注现金流量，而不是会计利润。现金流是创业型企业的命脉，其预算与控制是财务控制的一个关键点，新创企业应该通过现金流预算管理来做好现金流量控制。要根据“以收定支，与成本费用相匹配”的原则，采用零基预算的编制方法，按收付实现制来反映现金流入流出（一般而言，权责发生制适用于短期现金流充足的大企业，而收付实现制更适合新创企业）；经过企业上下反复汇总、平衡，最终形成年度现金流量预算，进而制定分时段的动态现金流量预算，对日常现金流量进行动态控制。创业公司要努力保障公司的账上有不少于6个月的现金储备（完成一轮融资通常需要6个月时间），以避免断流。

无论为了权益融资或债务融资准备商业计划，还是做年度或季度预测或预算，都应该分析现金流；并以现金流量表为依据，将每月实际的现金流与预测或预算的相比较，注意各种变化，并研究数字背后的隐含信息，分析现金流出现波动的原因，及时采取相应的控制措施。

预测创业企业的现金流需求，可以进行三个步骤的分析预测。

（1）收入的预测

预测收入的逻辑很简单，需要根据产品（或服务）的定价，对销售进行预测。

因为创业型企业大多规模小，初期资金紧张，必须精打细算，对销售要按照月度来做预测。最好做两份预测，一份“保守的”，一份“乐观的”。

趣味故事

以一家 MP3 播放器公司为例，如果用分销方法去销售，就可以向分销商打听，每月大概可以卖出多少个你的 MP3 播放器；如果采用直销，那你必须考虑广告的投放。比如你在《消费者电玩》杂志上做广告，杂志发行量 10 万份，一般的广告有效率是 2% ～ 3%（一些广告评测机构可以提供类似数据），所以一期《消费者电玩》杂志最多可能带给你 100 000 × 3%=300 个客户。

结论：有了产品定价和客户人数的假设之后，再把它们放进一个时间框架里去。一般来说，投资人会要求你必须做 3 ～ 5 年的预测，同样要以月为单位来进行收入和支出的预测。

（2）计算成本

成本一般包括：固定成本，具体有人员工资、房租、保险、职工福利费、办公费等；可变成本，具体有原材料、包装、运输、直接人工等成本；销售成本，具体有广告、销售、客户服务等成本；设备投入，具体有装修、办公家具、电脑、服务器、生产设备等成本。

（3）分析和调整

当把每月的收入预测和成本预测对应放入同一个时间框架中，就出现了一幅创业公司命脉图：现金流。留心找到“收支平衡点”，把收支平衡点之前的所有费用加在一起，就得出了你需要为企业准备的资金数量。

检查主要数据之间的关系和比率，确保能从财务预测的数据中看到企业的经营是健康合理的，必要时还需要调整、平衡收入和成本之间的关键比率。当然，调整的原则依然是回到每月的原始数据里去分析它们的准确性与合理性。

一般来说，管理成本是相对稳定的，随着收入的增长，它占总成本的比例越来越小，营业利润率便会大大提高。有了财务预测表，创业公司的年增长率也一目了然，看看什么时候能达到 IPO 的标准，看看你的公司是否对投资人、股民具有吸引力。

创业公司的财务预测也不是一成不变的，每个月都应该仔细地对照和监控，要根据运营情况相应地进行调整，使之更符合现实、更加优化；如果实际情况和预测总是相差甚远，要及时找出原因和调整，否则应该当机立断停下来，重新考虑企业未来的策略。

【小提示】

建议创业者做两份预测，一份就是以上所说的“保守的”预测，这样你能对企业的底线胸有成竹，即使出现不测也不会大惊小怪；另一份预测是“乐观的”，看看在理想的情况下，你是否能做得更好更快，迅速把企业做强做大，早日创造 IPO 奇迹，“乐观的”预测会让你的创业理想插上翅膀，给创业者无限的工作动力。

3. 仔细权衡投资的回报与付出

即使在产品销售情况良好、短期现金流充裕的情况下，新创企业仍然需要全面考虑新增投资的回报率、回收期，以及由于新增投资所带来的对企业现有能力的挑战和管理合作等连带问题；更需要客观评价新增投资的发展前景以及对现有业务发展的价值。在新创企业的快速成长阶段，组织的“肌体”还不够结实，市场竞争地位才刚刚确立，经营的过于分散化会削弱企业原有核心业务能力。尤其是当两项业务毫无协同效益时，这样的多元扩张战略会给原本脆弱的新创企业埋下经营危机的种子。新创企业必须明确战略边界，树立“有所为，有所不为”的投资理念，谨慎投资。

4. 充分利用产业平台

对于高科技的新创企业，应该充分利用所在地区的园区、孵化器等产业平台，争取政府基金及相关政策支持，这是一种成本相对较低的缓解现金流短缺的方法。

孵化器通常是大量政府政策资源的聚集地，孵化器内的新创企业在政策资源上有着得天独厚的优势，通过关注、利用政府机构制定的相关法律条例，创业者有可能争取到政策性低息贷款或无偿扶持基金（如创新基金等），以及写字楼或者孵化器提供的廉价房租等。

5. 开源节流

开源节流是企业经营中最朴实、最实用的手段和策略。节流不是简单地减少支出，而是通过费用支出结构分析、支出的必要性和经济性分析，采取措施来改善费用支出的使用效果。对于新创企业，研发费用和销售费用是加强管理和控制的主要对象。在研发投入上，技术偏好的创业团队容易考虑技术本身的追求而忽略成果的市场需求，新创企业在研发投入决策上需要重点关注研发方向的商品化前景。在营销投入上，除了规范内部制度，防止“跑冒滴漏”外，新创企业要注意克服两个倾向。

①要避免因为短期的成功而简单复制到未来的营销策略上。

②要避免病急乱投医，在企业遇到困难时自乱阵脚。新创企业往往对市场导入期估计不足，实施几次营销策略不见明显成效时就乱了方寸，导致胡乱投入，寄希望于地毯式、轰炸式广告宣传，浪费资金，陷入更大的危机。

6. 财务风险控制

对于处于早期或成长期的公司来说，需要大量的运营资本来应付快速增长的应收账款和存货，举债经营成为企业发展的途径之一。有效利用债务可以提高企业的收益，但企业举债经营会对企业自有资金的盈利能力造成影响，由于负债要支付利息，债务人对企业的资产有优先权利，万一公司经营不善，或有其他不利因素，则公司资不抵债、破产倒闭的危险就会加大。

7. 资金控制

新创企业资金控制的主要内容有货币资金控制、销售与收款控制、采购付款控制、成本费用控制等。

在市场竞争非常激烈的今天，新创企业往往不得不以信用形式进行业务交易，经营中应收账款比率难以降低。

应收账款是一个重要的财务控制点。应收账款是指尚未收回的货款或者所提供服务应得的款项，许多大公司认为可以延迟支付小公司或新创公司的欠款，因为小公司或者新创公司几乎没有讨价议价的能力。

另外，许多新创企业或者处于发展早期的公司经常通过给那些风险更大、在别处贷不到款的客户更大的个人信誉度（以个人信誉来担保的应收账款）来获得业务，但这样做的隐患很大，许多初创期企业由于未能收回欠款导致破产。

控制好应收账款应注意处理好三方面的问题：①客观评价客户资信程度；②建立合理的信用标准；③对所发生的应收账款和客户要强化管理，制订催款计划，定期向赊销客户寄送对账单和催缴欠款通知书，或者拨打催款电话，同时要对经常性业务往来的赊销客户进行单独管理。

三、新企业的人力资源管理

“人力资源”概念最早由彼得·德鲁克在《管理实践》一书中提出，他认为，“与其他所有的资源相比，唯一的区别就是人，人具有其他资源所没有的协调能力、融合能力、判断能力和想象能力”。

1. 人力资源管理认知

人力资源管理是指在经济学与人本思想指导下，通过招聘、甄选、培训、报酬等管理形式对组织内外相关人力资源进行有效运用，满足组织当前及未来发展的需要，保证组织目标的实现与成员发展的最大化的一系列活动的总称。企业人力资源管理主要目的是达到以下预期目标。

（1）得到和保持一定数量具备特定技能、知识结构和能力的人员；

（2）充分利用现有人力资源；

（3）能够预测企业组织中潜在的人员过剩或人力不足；

（4）建设一支训练有素、运作灵活的劳动力队伍，增强企业适应未知环境的能力；

（5）减少企业在关键技术环节对外部招聘的依赖性。

2. 人力资源管理的功能

企业中的人力资源管理的功能主要体现在获取、整合、保持和激励、调控以及发展五个方面。

（1）获取

根据企业目标确定的所需员工条件，通过规划、招聘、考试、测评、选拔来获取企业所需人员。获取职能包括工作分析、人力资源规划、招聘、选拔与聘用等活动。

（2）整合

通过企业文化、信息沟通、人际关系和谐、矛盾冲突的化解等有效整合，使企业内部的个体、群众的目标、行为、态度趋向企业的要求和理念，使之形成高度的合作与协调，发挥集体优势，提高企业的生产力和效益。

（3）保持和激励

保持是通过薪酬、考核、晋升等一系列管理活动，保持员工的积极性、主动性、创造性，维护劳动者的合法权益，保证员工在工作场所的工作环境安全、健康、舒适，以增进员工满意感，使之安心满意地工作；激励是指企业通过为员工提供与绩效相匹配的奖酬，最大限度地调动员工积极性和创造性，增强组织的绩效。

（4）调控

调控是对员工实施合理、公平的动态管理的过程，通过绩效考核和绩效管理等活动，发挥人力资源管理中的评价、控制和调整的功能，对企业中的人力资源进行再配置，促使员工提高工作效率，帮助员工寻找到与员工需要和能力相匹配的发展路径。

（5）发展

通过员工培训、工作丰富化、职业生涯规划与开发，促进员工知识、技巧和其他方面素质提高，使其劳动能力得到增强和发挥，最大限度地实现其个人价值和对企业的贡献率，以达到员工个人和企业共同发展的目的。

3. 初创企业人力资源管理策略

通过有效的人力资源管理得以人事相宜、人尽其才，已经成为初创企业生存和发展的关键。

（1）设置合理，管理规范

初创企业首先要将岗位设置制度化、规范化，对人力资源配置进行谋篇布局，并在此基础上知人善任。可以根据自身的实际情况，通过在企业内部设立专人专职或者采取人力资源管理外包方式灵活实现企业的规范化人力资源管理。人力资源管理专业人员对人力资源管理相关政策和法规、人力资源管理工具和方法把握得较为准确，通过恰当的人力资源管理诊断，能及时在日常管理中发现问题和解决问题。

（2）完善考核，促进成长

绩效考核是人力资源发展的基本保证，既可以对员工进行甄选区分，也可以保证企业目标的实现。一方面，绩效考核为员工的晋升和发展提供公平竞争的平台，有助于消除初创企业“家族色彩”带来的任人唯亲的弊端；另一方面，绩效考核对员工的个人目标进行正确导向，使之与企业整体目标契合，引导员工和企业共同发展。

很多员工之所以愿意任职于一个中小企业，是看重中小企业相对于大企业可以有更多的发展空间和机会。企业给员工带来的成长机会使员工感到安全，但需要认识到并不是为员工提供稳定的工作和适度的退休金，员工就会感到安全。员工的安全感来自他们所掌握的各种技术和能力。公司为员工提供的学习技能的机会越多，就越能鼓励员工学习，激活员工队伍的能动性和创造性，同时也就越有助于公司为员工提供更好的未来职业安全保证。

（3）有效激励，吸引人才

初创企业往往规模有限，大多是中小企业，这样规模的企业所能提供的工资水平总是比不上大企业，企业未来发展的愿景也不明确，并且更为不利的是，小企业有失败、兼并和被收购的倾向，所以小企业的员工承担着企业的一部分经营风险，一旦企业倒闭，他们将面临失业。因此，企业员工大多存在着短期思想，企业一有风吹草动，员工队伍就极不稳定，这给企业的长期稳定发展带来较大的风险。企业应围绕员工职业生涯规范展开培训，规范企业管理制度，建立起有效的激励机制。

四、新企业的市场营销管理

市场营销是指在创造、沟通、传播和交换产品中，为客户、合作伙伴以及整个社会带来价值的一系列活动、过程和体系。市场营销基于人类需求多样性和有限物质资源之间的矛盾，有限解决人类的选择性问题。由于信息的不对称性以及人们获取信息的有限性，现代市场营销不仅联系着需求和供给，还引导着人们的消费趋向。

（一）营销理论

营销理论的发展大致经历了生产观念、产品观念、推销观念、市场营销观念和社会营销观念五个阶段。4P、4C、4R 理论，是营销学发展史上的三大经典营销策略组合理论。

1. 4P 理论

密歇根大学教授杰罗姆·麦卡锡于1960年提出了4P 理论，包括产品（Product）、价格（Price）、促销（Promotion）、渠道（Place）四要素。其中的产品包括核心产品、实体产品和延伸产品。广义的产品可以是有形的实体，也可以是无形的服务、技术、知识或智慧等。定价的方法则包括竞争比较法、成本加成法、目标利润法、市场空隙法等，这些方法的目标是使产品成为可交换的商品。传统意义的促销是人员推广、广告、公关活动和销售促进。这些方式在营销过程中有着非常广泛的应用。渠道则是产品从生产方到消费者终端所经历的销售路径：普通消费品会经过代理商、批发商、商场或零售店的环节；B2C 模式中则有电话直销、电视直销、网络直销、人员直销、专卖店直销等模式。

2. 4C 理论

到20世纪90年代，随着市场竞争的激烈、消费者主权和消费个性化的日益突出，加之媒体的迅猛发展，传统的4P 逐渐被4C 所挑战。从本质上讲，4P 思考的出发点是以企业（生产者）为中心，是企业经营者要生产什么产品，希望获得怎样的利润而制定相应的价格，要将产品以怎样的卖点传播和促销，并以怎样的路径来销售，这其中忽略了顾客作为购买者的利益特征，忽略了顾客是整个营销服务的真正对象。以客户为中心的新型营销理念出现，以顾客为导向的营销理论应运而生。1990年，美国学者劳特朋教授提出了与4P 相对应的4C 理论。

4C 理论的基本原则是以顾客为中心进行企业营销活动规划设计，从产品到如何实现顾客需求（Consumer Needs）的满足，从价格到综合权衡顾客购买所愿意支付的成本（Cost），从促销的单向信息传递到实现与顾客的双向交流与沟通（Communication），从普通的产品流动到实现顾客购买的便利性（Convenience）。可见，4C 的核心是顾客战略，这也是许多成功企业的基本战略原则。比如，沃尔玛实行的基本价值观就是“顾客永远是对的”。

4C 理论包括四个营销要素，具体如下：

一是顾客需求。顾客需求有显性需要和潜在需要之分。显性需要的满足是迎合市场，潜在需要的满足是引导市场。营销人的首要功课是要研究客户需求，发现其真实需求，再来制定相应的需求战略，以影响企业的生产过程。由于市场竞争的加剧，客户对于同质化产品表现出消费疲惫，而适度创新则是引导和满足客户需求的竞争利器。顾客的需求层次也是进行市场细分的依据之一。满足何种需求层次，直接决定了目标市场定位抉择。

根据马斯洛的需求层次理论，顾客需求从基本的产品需求向更高的心理需求满足的层次发展。因此，企业不仅要做产品，还要做品牌、做生活，通过创建品牌核心价值，营造新型生活方式，实现顾客在社会认同、生活品位等层次需求的满足。

二是顾客成本。顾客成本是顾客购买和使用产品所发生的所有费用的总和。价格制定是单纯的产品导向，而顾客成本则除了产品价格之外，还包括购买和熟练使用产品所发生的时间成本、学习成本、机会成本、使用转换成本、购买额外配件或相关产品的成本付出的总和。对于这些成本的综合考虑，更有利于依据目标客户群的特征进行相关的产品设计和满足顾客的真实需要。

三是顾客沟通。顾客沟通是以顾客为导向而非企业导向或竞争导向。传统的许多企业以竞争导向制定促销策略，结果陷入了恶性竞争的迷茫之中，而唯有顾客导向才能使企业实现竞争的差异化和培养企业的核心竞争力。顾客沟通也更强调顾客在整个过程中的参与和互动，并在参与互动的过程中，实现信息的传递以及情感的联络。一方面，沟通要选择目标客户经常接触的媒介渠道；另一方面，由于社会信息爆炸，消费者的眼球（注意力）处于疲劳状态，单向的信息传递很容易被消费者过滤而造成传播效率低下。而沟通所强调的客户参与，则使顾客在互动的过程中能够充分接收传播信息并产生记忆。当前的体验销售就是客户在体验的过程中，了解产品与自身需求的契合，发现产品的价值所在，并在无形中领悟品牌文化，在潜移默化中使其感动。而体验的过程中，顾客的心声被企业接纳，又成为下一次创新的方向。

四是顾客便利。顾客便利的目标则是通过缩短顾客与产品的物理距离和心理距离，提升产品被选择的概率。例如，牛奶、可乐随处皆可买到，房地产的售楼专车，驾校提供上门接送服务，快餐店送餐上门……这些都是在通路设计上实现产品到达的便利性。

与4C关联性很强的一种营销策略概念是4S。所谓4S，是指满意（Satisfaction）、服务（Service）、速度（Speed）和诚意（Sincerity）。它主要强调从消费者需求出发，建立起一种"消费者占有"的导向，要求企业针对消费者的满意程度对产品、服务、品牌不断进行改进，从而达到企业服务品质最优化，使消费者满意度最大化，进而使消费者对企业产品产生一种忠诚。

3. 4R理论

随着时代的发展，以顾客战略为核心的4C理论也显现了其局限性。当顾客需求与社会原则相冲突时，顾客战略也是不适应的。例如，在倡导节约型社会的背景下，部分顾客的奢侈需求是否要被满足，这不仅是企业营销问题，更成为社会道德范畴问题。2001年，美国的唐·舒尔茨提出了关联（Relevancy）、反应（Reaction）、关系（Relationship）和报酬（Rewards）的4R新说，侧重于用更有效的方式在企业和客户之间建立起有别于传统的新型关系。4R理论包括四个营销要素，具体如下：

一是关联，企业与顾客是一个命运共同体，建立并发展与顾客之间的互助、互需、互求的关系是企业经营的核心理念和最重要的内容。

二是反应，在相互影响的市场中，对经营者来说最现实的问题不在于如何控制、制订和实施计划，而在于如何站在顾客的角度及时转变商业模式，变成高度回应需求的商业模式。

三是关系，在企业与客户的关系发生了本质性变化的市场环境中，抢占市场的关键已转变为与顾客建立长期而稳固的关系。与此相适应产生了5个转向：从一次性交易转向强调建立长期友好合作关系；从着眼于短期利益转向重视长期利益；从顾客被动适应企业单一销售转向顾客主动参与到生产过程中来；从相互的利益冲突转向共同的和谐发展；从管理营销组合转向管理企业与顾客的互动关系。

四是报酬，任何交易与合作关系的巩固和发展，都是经济利益问题。因此，一定的合理回报既是正确处理营销活动中各种矛盾的出发点，也是营销的落脚点。

4R营销理论的最大特点是以竞争为导向，在新的层次上概括了营销的新框架，根据市场不断成熟和竞争日趋激烈的形势，着眼于企业与顾客的互动与双赢，不仅积极地适应顾客的需求，而且主动地创造需求，运用优化和系统的思想去整合营销，通过关联、关系、反应等形式与客户形成独特的关系，把企业与客户联系在一起，形成竞争优势。

（二）营销渠道

营销渠道就是商品和服务从生产者向消费者转移过程的具体通道或路径，它是由企业生产者、批发商和零售商所组成的一种统一的联合体。建立和完善高效的市场营销渠道管理，可以给企业带来高额的利润回报，有助于提高企业竞争力和盈利能力。创业企业的营销渠道建设需要从整体上来布局，对所有可能的渠道进行调研和综合评估，逐步构建渠道价值网络。

1. 渠道管理思维形成

创业企业的营销管理者必须建立正确的渠道管理思维，要做到以下三个方面：

（1）营销渠道和品牌定位相结合

营销渠道不仅要解决客户买得到产品的问题，更重要的是要与品牌定位和产品特点相匹配，相得益彰，发挥协同效应。品牌所定位的层次也要与营销渠道层次相吻合，建设渠道和打造品牌双管齐下。

（2）和渠道合作商密切合作

渠道是合作伙伴，而不是最终消费者，创业企业需要帮助渠道伙伴顺利分销产品，直至产品被最终客户购买和使用，这才算渠道工作的真正完成。

（3）建立渠道影响力

渠道是独立的企业，就必然会因为利益上的分歧带来管理的冲突。对待渠道成员应该恩威并施，尽量成为渠道的领导者，通过建立品牌、掌握渠道核心工作和建立后备梯队等方式来获得渠道权力。

2. 渠道战略决策

企业要考虑营销渠道是自建还是借用现成渠道。绝大多数新企业都会考虑借用营销中介机构和零售机构的现成渠道，只有少数工业品企业会一开始就自建营销渠道。渠道本身也是一种企业形态，你可以创办自己的营销公司、加盟店、超市等。

在几乎所有快速消费品和部分耐用消费品行业，企业都是借用外部渠道（加盟连锁店也算是外部渠道）而不是自建渠道。工业品企业一般既有外部渠道也有自建的渠道，通常会自建销售队伍专门开发大客户，传统的代理或经销渠道则满足中小客户的需求或提供服务支持。

因此，对于借助外部渠道资源的快速消费品企业，其自有销售人员主要开展渠道服务和促销工作；耐用消费品企业通常也借用外部渠道资源，但企业会有服务于渠道的销售队伍和外聘的终端促销人员队伍支持，品牌发展到一定程度可能会自建销售公司和品牌专卖店；工业品企业则可以先使用外部代理或经销商渠道，然后自建销售队伍。

3. 渠道系统设计

（1）渠道系统设计步骤

渠道系统设计分为三个步骤：一是分析顾客的服务需求，了解顾客对于批量大小、空间便利、产品品种、等候时间、服务支持等方面的需求水平；二是识别出主要的渠道选择方案；三是对渠道方案进行评估，从经济性、可控性和适应性三个方面来评价和选择最合适的方案。

（2）渠道系统设计要点

创业型企业需要设计一套适合自身情况的渠道方案，考虑的要点是渠道资源是否优质和渠道合作意愿如何。创业者常常会发现优质渠道商的合作意愿不强烈，不愿意与新企业合作。新创企业的渠道设计应该把握两个关键思想：品牌先行和渠道创新。

其一，品牌先行。先做打造品牌的渠道，再做提升销量的渠道。由于新企业的产品对于目标客户来说是不熟悉的，这时需要能够为客户提供介绍、展示、使用等渠道服务，这类渠道就是可以打造品牌的渠道。例如，专卖店就是做品牌的一种终端渠道，五星级酒店、高端会所等高档次消费场所也是品牌型渠道。

其二，渠道创新。作为弱小的新企业，在渠道资源的选择上需要另辟蹊径，并开拓新的渠道，避开强势竞争对手的锋芒，建立属于自己的特殊渠道系统。创业型企业在设计渠道时，需要找好新渠道切入点，以此来立足市场，然后基于这一渠道建立的品牌优势，向一般的渠道拓展，与主流品牌同台竞技。例如，食品企业开发休闲娱乐消费终端甚至医药零售端，像金丝猴奶糖就开拓了连锁药店渠道，采乐洗发水为了突出其中草药特色而选择先进入医药连锁终端。

趣味故事

露华浓的渠道创新

美国的露华浓公司就是渠道创新的典型代表，这家公司成立于 1932 年，当时正是美国经济大萧条时期。露华浓公司最先开发出了指甲油这一款产品，聪明的创始人首先选择了美容院作为其渠道，并通过奖励和培训美容师这一化妆品领域的意见领袖来向顾客推广其品牌。等到露华浓品牌在美容院建立了影响力之后才将产品拓展到百货商场、化妆品专卖店和大型卖场，结果在美容院用过露华浓产品的顾客也到其他终端购买其产品。露华浓就是用这种高超的渠道创新在经济大萧条时期创业成功并发展壮大。

4. 营销渠道管理

营销渠道建立之后需要进行长期的管理和维护，持续改进渠道绩效。管理营销渠道的方法主要有以下四个方面：

（1）选择合适的合作伙伴

渠道成员的选择上，需要对渠道成员的资源能力、合作意愿和行业口碑等方面进行综合评价，选择资源能力符合要求、合作意愿强烈且口碑不错的渠道合作伙伴。

（2）加强对渠道成员的管理

①对渠道成员进行培训，包括产品知识和营销技巧的培训，这种培训能直接提高渠道成员的销售能力和意愿，是很有必要做的渠道服务工作。

②要制定一套激励措施，定期给予渠道成员一定的激励，如年终返点、销售竞赛等活动。

③对渠道成员的绩效进行评估，包括销售指标完成情况、合作水平、特别贡献等方面的综合评估，对业绩优异的渠道成员进行奖励和经验推广，对于业绩不理想的渠道成员则寻找原因甚至更换。

（3）开拓新的渠道

创业企业在稳定了现有渠道的基础上，要适时关注渠道的发展趋势，保持对新兴渠道形式的密切关注，努力向新兴渠道延伸市场，如开辟网上渠道、增加专卖店等，扩大市场覆盖面。

企业增加新渠道，通常都会受到现有渠道成员的反对，但只要新渠道瞄准的目标消费者和现有的消费者有区别，就可以建立多渠道系统，关键是如何解决渠道冲突问题。例如，耐克公司在现有的经销渠道基础上，增加了直营的耐克专卖店渠道，这一新渠道的建立在起初遭到了众多原有经销商的反对，但真正建立起来了之后反而提高了其他经销商的销售业绩。

（三）市场定位

企业销售的首要工作是找准目标市场，也就是找到最看重你的产品或服务的消费群体。创业者常常错误地认为只要购买我产品的都是我的顾客，那我为什么要去选择目标市场呢？面对激烈的市场竞争，企业应从实际出发，发挥优势，将自身优势与社会需求相结合，让产品与目标市场定位无缝对接。

市场定位的原则是：

第一，做别人不做的。自己产品能填补市场空白，受到消费者喜爱。

第二，做我有，别人没有的。自己产品独一无二，具有研发或创新成分，足够吸引人们的注意力。

第三，做只有我能做，别人做不到的。在生产或经营管理上有别人不具有的能力或特点。

1. 市场细分

市场细分对于企业市场定位具有重要意义，企业要想对市场进行细分必须找到适当的、科学的依据。一般情况下，典型的因素主要由地理、人口统计、心理以及行为组成，如表9-1所示。

表 9-1　市场主要细分变量

细分标准	典型细分		
地理	区域	城市或主城区大小	人口密度
	地形地貌	气候	交通条件
	农村	城市	其他
人口统计	年龄	家庭规模	家庭生命周期
	性别	收入	职业
	受教育程度	宗教	种族
	代系	国籍	社会阶层
心理	生活方式	个性	购买动机
	社会阶层	其他	—
行为	时机	利益	使用者情况
	使用频率	品牌忠诚情况	准备程度
	对产品的态度	其他	—

2. 目标市场选择

凡事都不要苛求得到所有人的认同。对于刚刚起步的创业者来说，不管你的前期工作做得多细、产品多么好，也不可能得到所有人的认同。所以，选择自己的目标市场尤为重要。一般地说，有三种目标市场战略可供选择。

（1）无差异市场营销

这是指企业将细分市场之间的差异忽略不计，推出一种产品，运用一种市场营销组合方案，试图吸引尽可能多的顾客，为整个市场服务。无差异市场营销的核心，是针对市场需求中的共性开展市场营销，舍去其中的差异性。这种战略优点是可以减少品种，扩大批量，易于达到规模效益。

（2）差异市场营销

这是指企业针对各个细分市场的特点，分别设计不同的产品，制定不同的市场营销组合方案，满足各个细分市场的不同需求。采用差异性营销战略的优点：一方面，可以更好地满足不同消费者的需要，有利于扩大销售；另一方面，企业可以同时在几个细分市场上占有优势。

（3）集中性市场营销

集中性市场营销也称密集性市场营销，就是企业选择一个或几个有利的细分市场作为目标市场，制定一套营销组合方案，集中力量为之服务，争取在这些目标市场上拥有较大市场份额。采用集中性市场营销战略的优点是：由于企业集中所有力量为一个或少数几个细分市场服务，企业就能比较深入地了解一个或少数几个细分市场的需要及其他情况，便于采取有针对性的市场营销战略，使之在竞争中居于有利的地位，从而提高企业的知名度。

3. 市场定位的策略

在市场上树立起企业产品形象并非是轻而易举的，企业必须采用恰当的市场定位策略，通常，可供选择的定位策略有以下几种。

（1）针锋相对定位

把本企业的产品定位在与竞争者相似或相近的位置上，同竞争者争夺同一细分市场。创业者必须“知己知彼，知天知地”，充分了解市场的容纳度（是否可以容纳两个或几个竞争者），明确自己不同于竞争者的优劣势，有没有比别人更多的资源和能力，会不会比竞争者做得更好。然后，还要选择恰当的时机和地点。

实行这种定位策略的企业，必须具备以下三个条件：能比竞争者生产出更好的产品；该市场容量足以吸纳两个以上竞争者的产品；有比竞争者更多的资源和更强的实力。

趣味故事

可口可乐与百事可乐

可口可乐面对百事可乐的挑战时，毫不畏惧地推出“这才是可乐”的宣传口号，强调自己是可乐的发明者，是正宗的可乐，同时也给消费者心理暗示“可口可乐是可乐行业的领导者”。百事可乐也不甘示弱，打出了“百事可乐，年轻人的选择”，既突出自己的亮点，又从侧面打击可口可乐市场时间久、产品老化、消费群体年龄偏大等不足。

（2）填空补缺定位

寻找新的、尚未被占领的，但为许多消费者所重视的位置进行定位。即填补市场上的空白。例如，金利来进入中国大陆市场时，就是填补了男士高档衣物的空位。

通常在以下两种情况下适用这种策略：一是这部分潜在市场即营销机会没有被发现，在这种情况下，企业容易取得成功；二是许多企业发现了这部分潜在市场，但无力去占领，这就需要有足够的实力才能取得成功。

（3）另辟蹊径定位

当企业意识到自己无力与同行强大的竞争者相抗衡，从而获得绝对优势地位时，可根据自己的条件取得相对优势，即通过宣传自己与众不同的特色，在某些有价值的产品属性上取得领先地位。

趣味故事

七喜的市场攻略

七喜在刚进入市场时，面临着可口可乐和百事可乐联手控制市场的局面，不管是企业实力，还是品牌声望都无法与这两家大企业相比。所以，七喜采取了回避竞争策略：设计广告语“七喜，非可乐”，成功地把自己的产品与所有可乐区分开来，突出宣传其不含咖啡因的特点，把自己定位在可乐之外最有影响力的一种饮料，成为非可乐型饮料的领先者。如图 9–1 所示。

图 9–1　七喜饮料

（4）产品特色定位

产品特色定位是指企业在具体产品特色上定位。迪士尼乐园可以宣称自己是世界上最大的主题游乐场。“大”也是一种产品特色，它间接地暗示了一种利益，即从中可享受到更多的娱乐。

（5）属性利益定位

产品本身的属性及由此获得的利益、解决问题的方法及需求满足的程度，能使顾客感受到它的定位。例如，在汽车市场，德国的大众享有“货币价值”之美誉，日本的丰田侧重于经济可靠，瑞典的沃尔沃讲究耐用。在有些情况下，新产品更应强调某一属性。如果这种属性是竞争者无暇顾及的，这种策略就容易见效。

（6）使用者类型定位

企业常常试图把其产品推荐给适当的使用者即某个细分市场，以便根据该细分市场的看法塑造恰当的形象。我国康佳集团针对农村市场的特点，充分考虑农民消费者的特殊需求，定位为质量过硬、功能简单、价位偏低，同时了解到农村市场电压不稳，研制了宽频带稳压器等配件产品。

（7）竞争需求定位

定位于与其相似的另一种类型的竞争者或产品的档次，以便与之对比。例如，有一种冰淇淋，该企业广告称其与奶油的味道一样。或者，通过强调与同档次的产品并不相同进行定位，特别是当这些产品是新产品或独特产品时。例如，不含阿司匹林的某种感冒药，定位时应突出与其同档次产品的不同特点。

（8）比附定位

定位于与竞争者直接有关的不同属性或利益。例如，美国的阿维斯公司将自己定位于汽车出租业的第二位，强调“我们是老二，我们将更加努力”，暗示要比第一位的企业提供更好的服务。生产七喜汽水的公司做广告说，七喜汽水是“非可乐”，强调它不是可乐型饮料，意在响应美国当时的反咖啡因运动，暗示可乐饮料中含咖啡因，对消费者健康不利。

（9）差异定位

任何产品都不可能完全一致，企业定位完全可以从差异中找寻机会。产生差异的方面很多，如产品的质量、性能、服务、安全性等方面的差异，售后、送货、包装、安装等服务方面的差异，销售、能力、技能、性格等的人员差异，还有企业或品牌形象差异等，差异越明显，就越可能受到消费群体的关注。

（四）产品定价

产品价格是直接与收入挂钩的关键因素，也是市场竞争的基本武器。创业者由于缺乏市场经验和专业知识，对于产品的定价常常是凭感觉，认知比较片面。常见的一个误区就是认为薄利多销，因此不敢定高价。其实这样会带来更大的麻烦，很容易使企业在应对竞争与市场变化时失去灵活性，以致陷入被动。

1. 产品定价影响因素

（1）消费者的价值认知

消费者的价值认知也就是消费者最高愿意花多少钱满足他的需求或解决他的问题，这是产品定价的上限。

（2）产品的成本

新产品的价格应该高于成本，这是定价的底线（注意成本的范围包括直接的成本与间接的成本，如建立服务体系所需要的推销成本，事实上，产品的成本管理也是一项比较复杂的技术）。

（3）竞争对手的价格

创业企业的新产品一般要以竞争对手的价格为参照，在其价格周围选择。

（4）考虑到未来的调整空间

产品定价应考虑到未来的调整空间，如对企业其他产品的影响，要基于产品的生命周期综合定价。

2. 产品定价方法

（1）成本加成定价法

成本加成定价法，就是在成本的基础上加一个利润百分比，这是最简单的定价法，为中小企业所常用，因为它非常简单、直观、易操作，看上去“公平合理”。

（2）认知价值定价法

认知价值定价法，就是以顾客愿意出的最高价格来定价，对于创新程度高的独特产品，可以定这种高价。

（3）通行价格定价法

通行价格定价法，就是跟着主要竞争对手的价格走，这样一般不会犯错误。

（4）拍卖式定价法

拍卖式定价法，这种方法适合于网上销售定价。

3. 产品定价策略

新产品的定价高低主要看其创新程度如何，以及竞争对手模仿的速度有多快。如果新产品创新程度非常高，引领潮流，则定价高是完全可行也是必要的，由此获得高额利润，补偿其高投入或高风险，并支撑其营销与服务体系、后续研发所需要的高投入。如果竞争对手能够快速模仿你的新产品，则宜定一个相对低一点的价格来迅速扩大市场份额，以此来阻击竞争对手。

（1）撇脂定价策略

撇脂定价策略是以高价位来获得高额市场利润的一种定价策略。撇脂定价策略成功的条件是：有充足的市场需求量；市场价格敏感度低，需求弹性小；良好的产品品质及功能，吸引消费者愿意出高价；竞争者在短期内难以加入市场；在小规模的生产成本下，仍有充足的利润。

趣味故事

拍立得和英特尔的定价策略

“拍立得”快速照相机刚上市时，销售此类照相机的只有一家公司，所以该公司推出一种昂贵的机种，赚取大量利润后，再逐渐推出简单型的便宜机种。

英特尔公司就常用撇脂定价法，每次推出最新的芯片都会定一个很高的价格，从专业用户那里获得高额利润，等竞争对手也可以生产出来的时候就迅速大幅度降低价格，来进入大众市场并打击竞争对手。

（2）渗透性定价策略

渗透性定价策略是以较低的价格打入市场，期望获得大量的市场占有率。渗透性定价策略的成功条件是：有足够大的市场需求；高度的价格敏感度及需求弹性；大量生产能产生显著的成本规模效益；低价是减少潜在竞争者的最佳策略。

（3）组合定价策略

如果企业开发出一系列产品，且产品之间关联性很强，开发的主产品必须使用特定的附属产品，或主产品使用过程中，附属产品也必须使用本企业开发的产品，对这种产品的定价策略是将主产品价位降低，甚至可以降低到成本以下以吸引更多的顾客，而对配置的附属品则采取高价策略，以期获取尽可能多的利润。这就是组合定价策略，如彩色喷墨打印机与喷头。企业以盈利为首要目标，所以定价要兼顾销售效率和企业效益。

（4）心理定价策略

根据消费者求廉、仰慕品牌或对数字认识的某种心理制定商品价格，如特意将几款商品定价很低，以此来招揽客户；制定特殊尾数价格，使顾客产生价格低廉的感觉。

（5）适时调整策略

产品价格确定后，在营销中还需随时根据市场情况、服务对象等交易条件来调整价格。如节日折扣、数量折扣、现金折扣、以旧换新等多种减价手段。

任务三　新企业的建设

一、新企业的企业文化建设

李嘉诚说过："商业的存在除了创造繁荣和就业，最大作用是服务人类的需要。企业是为股东谋取利润的，但应该坚持固定文化，这里经营的其中一项成就，是企业长远发展最好的途径。"

企业文化被称作企业的灵魂和精神支柱，是企业发展的动力之源。没有真正深入人心的良好企业文化，创业就是建立在沙滩之上，随时有可能出现严重的风险事故，甚至是灭顶之灾。而企业文化精髓是创业者的创业精神，这是凝聚员工的一笔"不可复制"的财富，更是初创企业生存和发展的关键。

华为总裁任正非曾说过："资源是会枯竭的，只有文化才会生生不息。"自创业之初，任正非就亲手培育和创建了生生不息的华为文化，并以企业文化为先导来经营企业，才有了今天的华为。

1. 着力形成比较固定的企业价值观

价值观是企业文化的基石和核心。企业价值观是指企业及其员工的价值取向，是指企业在追求经营成功过程中所推崇的基本信念和奉行的目标，因此它对企业员工有着巨大的内聚作用。

大多数快速成长的企业都有比较固定的企业价值观，创业者往往倾注全部心血使企业的价值观延续，用以支撑初创企业的生存和健康发展。

知识经济时代需要创业企业形成符合企业实际、独具特色、充满挑战性的理想与追求，并能为广大员工所接受的核心价值观。

【小提示】

迪士尼——健康而富有创造力。

惠普——对个人的充分尊重。

苹果——非同凡想。

联想——成就客户、创业创新、精准求实、诚信正直。

万科——创造健康丰盛的人生。

阿里巴巴——客户第一：关注客户的关注点，为客户提供建议和资讯，帮助客户成长。

华为——在电子信息领域实现顾客的梦想，并依靠点点滴滴、持之以恒的艰苦追求，使我们成为世界级领先企业。

2. 营造浓郁的企业文化氛围

企业文化是企业的无形资产，作为一种资源，是创业初期企业的第一桶金，创业者应当用心培育和塑造。

企业文化的培育是个长期的过程，需要在企业内营造一个浓郁的文化氛围。培育创业企业文化应当突出个性，不要千篇一律的口号，既要追求时代特色，又要符合企业实际。

个性鲜明、富有特色的企业文化，对内能使员工目标明确、行动统一、行为规范、积极奋进、创新创业、勇攀高峰；对外则能使社会加深对企业的了解及理解，树立企业良好形象，增加对企业的信任度和美誉度。

二、新企业的品牌建设

新企业的品牌建设实际上就是产品的创新与规划品牌建设两个方面的管理。

（一）产品的创新

现代企业所销售的产品概念和以往已经有了很大不同，不再是传统的“物品”，而是涵盖了服务、产品、个性等多方面的内容。菲利普·科特勒提出“整体产品”的观点，认为整体产品分为五个层次：核心产品、形式产品、期望产品、附加产品、潜在产品，每个层次都增加了更多的顾客价值及创新性。

1. 核心产品是产品为顾客带来的基本效用和利益。例如，消费者购买口红的目的不是得到某种颜色某种形状的实体，而是为了通过使用口红提高自身的形象和气质。

2. 形式产品是指核心产品借以实现的形式或目标市场对需求的特定满足方式。形式产品一般由五个特征构成，即品质、式样、特征、商标及包装。

3. 期望产品是指购买者在购买产品时期望得到的与产品密切相关的一整套属性和条件。例如，旅馆的客人期望得到清洁的床位、洗浴香波、浴巾、电视等服务。

4. 附加产品是指顾客购买形式产品和期望产品时，附带获得的各种利益的总和，包括说明书、保证、安装、维修、送货、技术培训等。

期望产品和附加产品可以让消费者更好地享用产品，包括方便、安全、舒适等方面的保障。通常，企业的市场竞争就发生在第三和第四这两个层次。

5. 潜在产品是指现有产品包括所有附加产品在内的，可能发展成为未来最终产品的潜在状态的产品。例如，彩色电视机可发展为放映机、电脑终端机等。这个层次意味着下一代新产品开发的方向。

创业者需要从“整体产品”的高度来看待企业生产的产品和提供的服务，以清晰地看到自己产品满足客户需求的程度，并为产品创新提供方向指导。

（二）规划品牌建设

品牌建设是指品牌拥有者对品牌进行的设计、宣传、维护的行为和努力。品牌建设的内容涵盖了品牌资产建设、信息化建设、渠道建设、客户拓展、媒介管理、品牌搜索力管理、市场活动管理、口碑管理等多方面的建设活动。

趣味故事

蜜雪冰城的品牌建设

盛夏 6 月，平民饮品蜜雪冰城刷屏网络，以一系列歌曲强势占据消费者心智。近年来，新中式茶饮在线上线下遍地开花，不同于喜茶、奈雪的茶等高端品牌，蜜雪冰城可谓平民饮品中的佼佼者。在产品定价上，均价 6 元 / 杯的市场价格可谓相当接地气；在市场布局上，蜜雪冰城则采取农村包围城市的打法，在三、四线市场紧密布局；在营销手段上，蜜雪冰城通过塑造“雪王”这一 IP 形象和品牌“咒语”实现了多轮次传播。同时，借助唱歌免费领取甜筒这一营销手段，蜜雪冰城打通线上线下平台，实现了消费引流与口碑扩张。

目前，企业的品牌意识越来越强，纷纷将品牌视为企业占有市场、获取最佳效益和良好信誉的有力保证与象征，将打造成功品牌作为自身努力的目标。强势品牌不是短时间能够累积起来的，需要一个循序渐进的过程。一般而言，企业品牌的建设分为品牌创立阶段、品牌扩张阶段和品牌维护阶段三个阶段。这三个阶段分别以建立品牌知名度、提升品牌美誉度、提高品牌忠诚度为中心展开建设工作，如图9–2所示。

图 9–2　企业品牌建设流程

1. 品牌创立阶段

此阶段企业品牌建设的主要任务在于在了解消费者和市场需求的基础上进行品牌定位，然后通过营销推广提高品牌的知名度。此阶段的核心工作内容包括品牌调研与分析、提炼品牌核心价值、品牌化决策、品牌定位、品牌设计等。

2. 品牌扩张阶段

此阶段企业品牌建设的主要目标在于通过分析消费者对品牌的反响，进一步提高品牌的美誉度。此阶段的核心工作内容为品牌的传播与推广。

3. 品牌维护阶段

此阶段企业品牌建设的主要目标在于提高消费者对品牌的忠诚度。此阶段的核心工作内容为品牌的维护与延伸。

三、新企业的可持续发展

（一）企业生命周期与创业成长

1. 企业生命周期

世界上任何事物的发展都存在生命周期，企业也不例外。企业生命周期如同一双无形的手，始终左右着企业发展的轨迹。所谓企业的生命周期，是指企业诞生、成长、壮大、衰退直至死亡的过程。虽然不同企业的寿命有长有短，但各个企业在生命周期的不同阶段所表现出来的特征却具有某些共性。了解这些共性，便于企业了解自己所处的生命周期阶段，从而修正自己的状态，尽可能地延长自己的寿命。

美国著名的管理学家艾迪斯在1989年提出了企业生命周期理论（Corporate Life Cycles），是根据其灵活性和可控性的内部关系定义的，而不是按照年龄、销售或资产，或雇员人数定义，包括孕育期、婴儿期、学步期、青春期、盛年期、稳定期、贵族期、官僚化早期、官僚期、死亡期10个基本阶段。根据企业在生命周期演化中呈现的规律，就可以形成系统的方法，对企业作出诊断，给出针对性的改进方案，从而改进、延长企业的健康与寿命。

（1）孕育期

创始人将焦点放在构思和未来的可能性上，制定和谈论雄心勃勃的计划。他们对风险的承担，意味着下一阶段的开始。

（2）婴儿期

创始人的注意力已由构思和可能性转移到成效。销售额的渴望驱动着这个阶段的行动导向，这是机会驱使的阶段。没人花太多的注意力在书面工作、控制、系统、规程上。创始人每天工作16 h，每周工作六七天，想自己干完所有的事情。

（3）学步期

这是一个迅速成长的阶段。创始人这时相信他们做什么都是对的，因为他把所有的事情都看作机会，这常常会种下祸根。他们更愿意按照人而不是职能组织企业。

（4）青春期

这个阶段，公司采取新格局。创始人雇请首席运营官，但发现难以移交那份激情。老人和新人的冲突妨碍着运作。人们具有太多的冲突，而留给顾客的时间很少。

（5）盛年期

公司按照新的图景在控制和柔性之间建立了平衡。兼有纪律和创新，新的业务在组织中萌生，它们分别提供开始新生命周期的机会。

（6）稳定期

这是生命周期中第一个衰老的阶段。此时企业通常有稳定的市场份额，组织良好。人们趋向于保守，内部的关系网日益重要，老好人多了。

（7）贵族期

贵族期的基本特征是有钱常花在控制系统、福利措施和一般设备上；讲究做事情的方式；讲究穿着与称谓；缺乏创新；拘泥传统。

（8）官僚化早期

这一阶段的主要行为特征有喜欢追究问题责任；内部斗争激烈，客户反而被忽视；偏执狂束缚了企业等。

（9）官僚期

这个阶段，在公司中的成功不是如何令客户满意，而是看其政治手腕。厚厚的规程手册、大量的文书工作、规则、政策等窒息了革新和创造力。等到病入膏肓就进入了死亡周期。

（10）死亡期

死亡期可能突然到来，或者持续数年。当公司无法产生所需的现金，支出榨干了所有收入，公司终于崩溃。

整个生命周期分为成长阶段和老化阶段，而转折点就是稳定期。

2. 创业成长

创业成长阶段是新企业从初生到逐渐成熟的关键过渡时期。在这个阶段，企业不仅要面对创业期的种种挑战，还要为未来的成长打下坚实的基础。在创业成长阶段，新企业既包含了创业期的一些特点，也初具了企业成长期的某些特征，主要包括以下几方面。

（1）脆弱性

这一阶段，虽然新企业渡过了创业时的艰难，但是企业仍然很脆弱，抵御风险的能力还很弱，特别是对来自市场或企业内部损伤的抵御能力差。在这个时期，新企业要巩固生存的基础，因此，创业者制定管理目标时应该围绕如何降低经营风险，使企业在竞争激烈的市场中长久地存在，固化自己的商业模式。

（2）摩擦性

新企业创立之初，各方面的要素组合都处于探索阶段，由于资源配置产生的摩擦较少。但是，新企业转向创业成长阶段之后，由于组织成员意见不一致或者本身资源的局限，往往会产生较多摩擦。因此，这个时期，创业者要开始进行自身的角色转换，要从创业者角色逐步转化为企业家的角色，以便更好地配置资源，减少组织内部的摩擦和冲突。

（3）可变性

这一时期新企业存在不同发展方向的选择。而新企业对市场的把握程度则决定了其发展方向与目标。如果对市场的把握存在偏差，可能导致其生产的产品或服务难以满足市场需求，此时，新企业就必须及时调整发展方向。正是由于新企业在这一时期的可变性，所以创业者需要及时制定和调整准确、可行以及长远的企业发展战略，以指导企业未来的发展。

（4）快速性

随着新企业商业模式的成熟，其生产规模和营业额都会不断扩大，利润将不断增加。这一时期的新企业发展十分迅速，对各种资源的需求不断扩大。

3. 创业成长管理

创业成长管理是指创业者基于新企业未来发展的考虑，对创业期形成的商业模式进行的一种过渡性的管理行为及过程，主要包括以下三层含义。

（1）创业成长管理是承前启后的过渡性管理。

创业成长管理承接了新企业在创业期及成长期的管理，是一种承上启下的过渡管理。这个过程中，创业者既要对创业阶段的管理经验进行总结，也要对未来进行理性思考。在此过程中，创业者要思考自己如何向企业家的角色转变，思考如何定位新企业未来的发展。

（2）创业成长管理是对新企业的规范性管理

创业成长管理是在对新企业创新性活动成果总结的基础上，进行成果管理。新企业的创业阶段，形成了相对成熟的组织管理经验、生产运作标准等创新性成果。创业成长管理正是在总结这些成果的基础上，对这些成果进行同化，以形成企业的商业模式。

（3）创业成长管理是对新企业的扩张性管理

创业成长管理建立在新企业快速成长的基础之上，在这一时期新企业各个方面都不同程度地表现出整体扩张态势。人力资源、物质资源以及财务资源等方面大多急剧扩张；技术资源、组织资源和信息资源急需完善与改进。创业成长管理要对新企业的这种扩张性发展进行管理。

（二）企业成长战略管理

企业战略是对企业发展进行的重大性的、全局性的谋划，即企业处理市场和竞争中的战略性因素和组织管理获得长期成功的基础架构或规划。企业战略要解决企业长期发展中的非具体的和包含某种策略和战术性质的问题，具有整体性、长期性等特点。

关于企业战略比较全面的描述是加拿大的茨伯格教授提出的5P 模型。5P 模型从不同的视角对企业战略进行了较为全面的阐释，至今仍然被广泛使用。

1. 战略是一种计划（Plan）

战略是一种有意识、有预计、有组织的行动程序，是解决一个企业如何从现在的状态达到将来位置的问题，如发展方向和目标、发展途径、处理某种特定情况的方针政策。根据这个定义，战略具有两个特定：战略是在企业发生经营活动之前制定的，战略先于行动；战略是有意识、有目的开发和制定的计划。战略作为一种计划与其他计划不同，战略计划时间跨度长、设计范围广、包含内容多，是企业经营成功的保障。

2. 战略是一种计策（Ploy）

企业战略是一种设计的计谋，是要在竞争中战胜竞争对手，或令竞争对手处于不利地位及受到威胁的智谋。战略既可以作为要辅助实施的计谋，也可以作为一种恐吓手段，但可能不付诸实施。根本来讲，企业战略是企业如何在竞争中获胜。

3. 战略是一种模式（Pattern）

企业战略是指企业一系列行动的模式或行为模式，或是与企业行为相一致的模式。战略可以体现为企业一系列的具体行动和现实结果，而不仅仅是行动前的计划或手段。即无论企业是否事先制订了战略，只要有具体的经营行为，就有事实上的战略。企业行为模式是在历史中形成的，因此，在制定企业战略过程中就必须了解企业发展史，在战略选择时要充分考虑并尊重企业原有的行为模式，因为它会在很大程度上决定企业未来战略的选择和战略实施的有效性。若要改变企业的行为模式，首先必须充分认识到推行这种变革的难度。

4. 战略是一种定位（Position）

企业战略是指一个组织在其所处环境中的位置，对企业而言，就是确定自己在市场中的位置。企业战略涉及的领域很广，可以包括产品生产过程、顾客与市场、企业的社会责任与自我利益等任何经营活动及行为。但最重要的是，制定战略时应充分考虑到外部环境，尤其是行业竞争结构对企业行为和效益的影响，确定自己在行业中的地位和达到该地位所应采取的各种措施。把战略看成一种定位就是要通过正确地配置企业资源，形成有力的竞争优势。

5. 战略是一种观念（Perspective）

企业战略表达了企业对客观世界固有的认知方式，体现了企业对环境的价值取向和组织中人们对客观世界固有的看法，进而反映了企业战略决策者的价值观念。企业中存在员工的个人价值观念，更需要在企业中形成共同的价值观念。

（三）企业成长创新管理

为了保持企业的竞争力和创业的活力，创业者需要进行创新管理，积极拓展新的发展渠道。企业创新是指企业主动适应环境，把握机会，不断开发新产品和新技术，突破束缚，变革障碍，实现组织发展的过程。企业创新是企业创造力和顽强生命力的体现，是一种有组织的、系统的整体创新行为，是通过构建适当的机制、营造适当的环境，经过卓有成效的人力资源管理活动来实现的。

1. 企业成长创新的内容

作为一个整体的创新行为，企业创新应该在不同的维度上展开，并结合成为一个有机系统。总体上来说，企业成长创新包含八个维度。

（1）文化创新

企业文化是企业的灵魂和个性，包括企业理念、企业精神、价值观念、行为准则、道德规范和企业形象等。作为一种被群体所共有的精神系统，企业文化是提高企业创新能力的重要手段。企业文化以企业精神为核心，把企业成员的思想行为引导到企业确定的发展目标上来，它又通过企业所形成的价值观念、行为准则和道德规范等，以文字或社会心理方式对企业成员的思想、行为施加影响、控制，进而激发员工责任心和创造性，培养企业团队学习精神，提高企业整体效率。企业的各项创新靠企业文化来支撑，靠企业文化来维系。

（2）制度创新

制度创新是指在企业中建立适应社会主义市场经济的资源配置机制，使其面向市场，成为自主经营、自负盈亏、自我发展的微观经济主体。企业可以通过不断调整和完善用以指导员工行动的规则、规章和制度，如产权制度、经营制度、人事制度、营销制度等，优化企业内部各利益相关者的关系，在政策上鼓励创新，在制度上支持创新，合理配置相关要素，满足企业内部的一系列的创新要求。

（3）管理创新

管理创新是统筹经营过程的综合性创新。管理创新包括企业的组织形式、管理机制、机构设置、规章制度等广泛的内容，它是企业实施创新战略的基础和保证。企业应该从组织结构及机制上创造环境，使创新战略能够顺利实施。企业应通过组织管理创新，促进科技与知识资源的优化配置，建立企业创新机制，提高创新能力。学习型组织和自我团队都是现在管理创新的一些典范。

管理是经营的配套，初创企业老板要想运作好企业，必须从管理角度抓好以下几项关键工作：一是关键人才。人才是企业发展之本，初创老板要善于管理企业最重要的经营要素——人才，特别是企业高层团队、中层干部及业务骨干，老板要成为一个优秀的导师和合格的人力资源管理者，让企业人才有梯队和层次，并最终形成企业人才的群体效应。二是制度建设。一定不能靠人治，要有规范有制度，建立现代企业管理制度才能让企业健康成长。三是绩效模式。初创企业老板必须善于激励，特别是核心人才和关键人才的激励必须亲自来做，增强团队荣誉感、归属感，激发潜能，实现个人与企业的协调发展。

（4）市场创新

市场创新是指从企业与市场的关系入手进行创新。有了新技术、新产品，如果市场开发不好，企业照样没有效益。市场是复杂多变的，企业必须不断适应市场需求，经常做市场调查，研究市场，捕捉市场机会，发现市场新的需求和变化，寻找企业最佳的市场定位。

市场定位是20世纪70年代由美国营销学家艾里斯和杰克特劳共同提出的，指的是企业根据竞争者的现有产品在市场上所处的位置，针对顾客对该类产品某些特征或属性的重视程度，为本企业产品塑造与众不同的、给人印象深刻的形象，并将这种形象生动地传递给顾客，从而确定该产品在市场上的适当位置。

趣味故事

味全每日 C 拼字瓶

虽然饮料品牌玩瓶子营销并不新鲜，从可口可乐的个性标语到百事可乐的 emoji 瓶，消费者已经开始逐渐审美疲劳，不过，味全每日 C 推出的一系列更强调互动的瓶子创意还是成功引发年轻人的兴趣。

从空白的“Say Hi”瓶到与电视剧合作的台词瓶，以及拼字瓶，这一系列更新瓶身的做法不仅让这个进入中国多年的老品牌变得年轻起来，也直接促进了每日 C 的销量大幅提升。

（5）技术创新

技术创新是指新工艺设想的提出和实施以及其他领域的技术在企业经营管理上的应用。一方面，企业要加强技术开发机构建设，增强企业的研究开发能力；另一方面，企业要加强与科研单位的合作，积极推进产、学、研结合，坚持企业自主研究开发和引进先进技术相结合，努力使企业成为技术开发的主体。技术创新也包括生产流程环节的创新，一般发生在产品创新之后。流程创新既可以体现工艺的先进性，又可以体现投入与产出的合理性。

趣味故事

沃尔沃汽车安全中心引领全球汽车安全技术

沃尔沃汽车被誉为全球最安全的汽车。就安全性而言，通过几十年的发展，沃尔沃拥有全球最先进汽车主动和被动安全技术，在新技术的研发方面有相当雄厚的实力。吉利收购沃尔沃之后，通过内部间的创新技术扩散，吉利计划使用沃尔沃领先的安全技术于吉利汽车旗下的三个品牌（帝豪、全球鹰、英伦）。技术的内部扩散使吉利汽车能在短时间内快速地掌握汽车安全技术方面最前沿的科技，提升其产品质量和制造工艺，减少研发成本，增强品牌影响力。

自 2000 年成立以来，沃尔沃汽车安全中心已经成为沃尔沃汽车众多安全技术创新的摇篮。除了拥有先进的设备，该中心还能不断模拟真实事故，每年做 400 多次实车碰撞测试，成立一线交通事故调查组。截至 2024 年，在沃尔沃汽车安全中心孕育了很多客户在沃尔沃汽车上能看到的新功能，如 RSC 侧倾稳定控制系统、IDIS 智能驾驶系统、BLIS 盲点信息系统、ACC 自适应巡航控制系统等。对于消费者来说，车企能够不遗余力地研究安全也是一件好事。毕竟汽车是为人服务的，人的生命安全永远是第一位的。

（6）产品创新

产品创新是指第一次上市的产品、从未出现过的产品，或对现有产品进行了主要结构、功能等方面较大的改进。技术创新最终要落实在产品创新上，这种创新是指开发适应消费者需要的新产品。

趣味故事

特仑苏的颠覆式创新

蒙牛利用产品创新策略推出特仑苏非常成功。特仑苏有哪些创新的地方呢？除了典雅、高贵的包装外观，整箱不分零的终端销售方式，其奶蛋白含量超过 3.3%，高出国家标注 13.8%。在营养成分上优于普通产品。蒙牛在特仑苏纯牛奶包装盒上将“3.3”作了放大处理，此举对普通纯牛奶产生了极大的杀伤力，吸引了大批关注营养和健康的消费者。随后，蒙牛又推出 OMP “造骨蛋白” 概念，以高科技突出品牌的技术优势，从而烘托出品牌价值。产地优势，位于乳都核心区和林格尔，北纬四十度左右优质奶源带，1 100 m 海拔、年日照近 3 000 h、昼夜温差大等层层地缘优势，滋养 12 国精致牧草。如此优越的地理位置和环境，加上蒙牛作为乳业领头羊的优势加工技术，使得特仑苏产品天生就含有丰富的天然优质乳蛋白，其整体营养含量更是高于普通牛奶。如图 9–3 所示。

图 9–3　特仑苏牛奶

（7）营销创新

营销创新是指企业为了能提供给顾客与社会新的经济满足，实现企业的经营目标，使其营销行为在理念、体系、策略、方式等诸方面实现新的创意。与产品创新相比较，营销创新的非固定投入相对要低一些。

（8）战略创新

战略创新是指对企业过去传统的发展战略进行改造和更新使之更加符合企业适应未来竞争的需要，并确保企业能够长久快速发展，永葆青春活力。

综上所述，企业创新应具备三个特点：一是务实性，即创业创新始终坚持以市场为导向，使产业发展与科技活动紧密结合并较好地解决科技与经济脱节的难题；二是先导性，即企业创新以高新技术及其产品的研制、开发、生产、销售和服务为核心，率先涉足新的领域，率先采用新的理念以及组织管理的方式，为其他企业树立榜样；三是灵活性，不仅强调企业创新要能随市场的需求而及时反应，同时要求企业的组织结构要灵活和具有应变能力。

实训　模拟企业财务管理

【实训目的】

1. 能合理地进行财务运算。
2. 能合理地进行现金管理。

【实训流程】

流程1——编制财务预算

根据某一新创企业或你自己的企业的经营情况，编制现金预算表。

	第一期	第二期	第三期	第四期
支付广告费				
采购原材料				
更新生产设备				
投资新生产线				
借短期贷款				
借长期贷款				
应收款变现收入				
产品研发				
管理费				

续表

	第一期	第二期	第三期	第四期
维护费				
长期贷款利息				
ISO				
开拓市场				
还短贷本息				
收入小计				
支出小计				
明年初需要偿还的长/短贷和利息				
期初现金				
收入合计				
支出合计				
期末现金				

流程2——进行现金管理

在现金预算的基础上，为进行有效的现金管理，请按照以下内容制定出相关的控制制度或管理方案。

财务控制制度

____

____

____

____

____

现金预算控制方案

____

____

____

应收账款控制方案

固定资产控制方案

成本控制方案

风险控制方案

流程3——制订企业发展规划

财务管理对企业的发展有哪些影响？你还会通过什么方法来保证企业的财务正常运转？

【思考练习题】

一、名词解释

1. 营销理论

2. 企业生命周期

二、简答题

（1）新企业创建条件有哪些？

（2）你认为公司的可持续发展离不开什么？

思政之窗

在新时代背景下，我国积极实施创新驱动发展战略，大力推动创新创业，从而催生了一大批充满活力和潜力的新兴企业。这些新企业的成功创建与稳健运营，不仅对于促进国家经济的高质量发展具有举足轻重的意义，而且日益成为大学生创业教育不可或缺的重要组成部分。因此，从思想政治教育的视角深入研究和探讨新企业创建与运营的相关问题，不仅能够引导广大青年学生全面而深刻地理解创业的价值与意义，还能够有效传承和弘扬创业精神，激励更多的后来者投身创新创业的伟大实践，为国家的繁荣富强贡献青春力量。

参考文献

[1] 李俊．创业基础与实践 [M]. 北京：北京师范大学出版社，2021.

[2] 于春杰．创业基础 [M]. 北京：清华大学出版社，2021.

[3] 王强，陈姚．创新创业基础案例教学与情境模拟 [M]. 北京：中国人民大学出版社，2021.

[4] 李俊琦．创新创业基础训练 [M]. 北京：中国商务出版社，2020.

[5] 汤锐华．大学生创新创业基础 [M]. 北京：高等教育出版社，2020.

[6] 葛海燕，黄华．大学生创新创业指导与训练 [M]. 北京：清华大学出版社，2021.

[7] 刘志阳，林嵩，路江涌．创新创业基础 [M]. 北京：机械工业出版社，2021.

[8] 刘延，高万里．大学生创新创业基础 [M]. 武汉：华中科技大学出版社，2020.